Naima Tahiri
Einführung in die Syntax des Deutschen

Sprachwissenschaft, Band 57

Naima Tahiri

Einführung in die Syntax des Deutschen

Frank & Timme

Verlag für wissenschaftliche Literatur

ISBN 978-3-7329-0911-7
ISBN E-Book 978-3-7329-9039-9
ISSN 1862-6149

Herstellung durch Frank & Timme GmbH,
Wittelsbacherstraße 27a, 10707 Berlin.
Printed in Germany.
Gedruckt auf säurefreiem, alterungsbeständigem Papier.

www.frank-timme.de

Inhaltsverzeichnis

Vorwort

Der Inhalt dieser Einführung ist größtenteils im Zusammenhang mit meinen eigenen Einführungsveranstaltungen in die Syntax während meiner Tätigkeit als Linguistin im marokkanischen Hochschulkontext entstanden. Viele der hier aufgeworfenen Fragen, Beschreibungen und Erklärungen resultieren aus den während dieser Veranstaltungen entstandenen Diskussionen. Die Themenschwerpunkte sind daher auch bewusst so gewählt, dass sie insbesondere für Germanistikstudierende im nicht deutschsprachigen Raum gut geeignet sind, sich die wichtigsten Grundlagen syntaktischen Wissens anzueignen. Das Buch soll jedoch keineswegs als Einführung nur für die sogenannte Auslandsgermanistik verstanden werden. Es ist auch für Studienanfänger der Germanistik im deutschsprachigen Raum (aber genauso auch für den DaF- oder DaZ-Bereich) geeignet, wo die schulgrammatischen Kenntnisse ausreichen, um es fürs Selbststudium zu nutzen. Lehrende können das Buch als Orientierung für ihre eigenen Einführungsveranstaltungen nutzen.

Der Inhalt dieses Buches kann ganz ohne linguistisches Vorwissen gelesen und verstanden werden. Es werden wichtige Begriffe eingeführt und anhand von konkreten Beispielen erklärt. Verschiedene Analysemethoden werden aufgezeigt, ohne dass dabei der Auseinandersetzung mit den Syntaxtheorien an sich ein nennenswerter Raum geboten wird. Theorien werden nur insoweit angesprochen, als sie einen Nutzen für die besprochenen Analysemethoden bzw. das Begriffsinstrumentarium haben.

Auch wenn das Buch der Vermittlung von Basiswissen dienen soll, so wird an entsprechenden Stellen doch immer wieder auf nicht geklärte Fragen bzw. strittige Themen hingewiesen und diese durch entsprechende Literaturhinweise bzw. Zitate ergänzt, um Anregungen für eine vertiefende Auseinandersetzung mit den Themen zu geben, die hier nicht weiterverfolgt werden können.

Fès, im Oktober 2022   Naima Tahiri

© Frank & Timme   Verlag für wissenschaftliche Literatur

1 Einleitung

Wer sich mit der Sprachwissenschaft beschäftigen möchte, muss sich unweigerlich zunächst mit dem Begriff *Sprache* auseinandersetzen. Schon der Name dieser Disziplin weist darauf hin, was hier im Interesse des wissenschaftlichen Interesses steht. Natürlich bezieht sich auch der Begriff *Linguistik*, dessen Ursprung im lateinischen *lingua* zu suchen ist, auf nichts anderes als auf die Sprache (lat. *lingua* ,Zunge, Rede, Sprache'). Die Sprache ist also das zentrale Objekt bzw. der Untersuchungsgegenstand der Sprachwissenschaft. Dabei dreht sich das Interesse an Sprache nicht etwa um jede Art von Sprache, wie z. B. die Sprachen der Tierwelt oder die Computersprachen, sondern ausschließlich um die menschliche Sprache in all ihren Facetten. Was ist aber unter (menschlicher) *Sprache* zu verstehen?

Jeder/jede hat irgendeine Vorstellung davon, was mit dem Begriff *Sprache* gemeint sein kann. Man denkt dabei an die Kommunikation in Alltagssituationen, wie z. B. im familiären Umfeld, in der Schule, beim Einkaufen. Auch der Erstspracherwerb der Kinder oder die Schwierigkeiten, die mit dem Erwerb einer Fremdsprache verbunden sind, können mit dem Begriff *Sprache* assoziiert sein. Die Sprache ist ein wichtiger Bestandteil des alltäglichen Lebens und sie erfüllt dabei wichtige Funktionen. Neben den konkret alltagsweltlichen und weniger alltäglichen Zusammenhängen des Menschen als Individuum oder auch in seiner Eingebundenheit in gemeinschaftliche bzw. gesellschaftliche Vernetzungen lässt sich Sprache auch auf einer abstrakteren Ebene betrachten: Man macht sich z. B. auch Gedanken darüber, wie die sprachlichen Einheiten einer Sprache organisiert, wie „leicht" oder „schwer" bestimmte Sprachen im Vergleich zu anderen Sprachen sein können oder welche Gemeinsamkeiten und Unterschiede bestimmte Sprachen haben können. Als Laien ist man sich dessen bewusst, dass Sprache in unterschiedlicher Art und Weise mit den Menschen verbunden ist. Vage hat also jeder bzw. jede tatsächlich eine individuell geprägte Vorstellung davon, was Sprache sein könnte.

Sobald man jedoch versucht, *Sprache* als Begriff wissenschaftlich umfassend definieren zu wollen, stellt man schnell fest, dass sehr unterschiedliche

Konzepte berücksichtigt werden müssten. Jede Definition ist als theoriegebundene Definition zu betrachten. Für eine erste Annäherung an den Begriff Sprache ist die von Ferdinand de Saussure (1995 [1916]) geprägte Definition nicht nur für die moderne Linguistik wichtig, sondern auch aufgrund ihrer einfachen und einleuchtenden Inhalte besonders für sprachwissenschaftlich Interessierte ohne Vorkenntnisse von grundlegender Relevanz. Ferdinand de Saussure, der Begründer des europäischen Strukturalismus, entwickelte in seinem *Cours de linguistique générale* (de Saussure 1995 [1916]) eine Theorie der Sprache, die durch verschiedene Dichotomien gekennzeichnet ist. Eine wichtige Dichotomie für die strukturalistische Betrachtung von Sprache ist die von *Langue* und *Parole*. Unter *Sprache* wird in dieser Theorie einerseits die Sprachfähigkeit des Menschen an sich und andererseits eine bestimmte Einzelsprache verstanden. Im ersten Fall spricht de Saussure von der „faculté de langage" (oder nur „langage") und meint damit die generelle Fähigkeit des Menschen, Sprache zu erwerben und auch zu gebrauchen. Diese Fähigkeit ist nicht nur angeboren, sondern auch das Ergebnis eines Entwicklungsprozesses, der aus der Hirnreifung bzw. der Veränderungen der Sprechorgane und der Sozialisation des Individuums besteht. Diese Fähigkeit taucht dann auch als konkrete Sprache zeitlich und räumlich begrenzt innerhalb einer Sprachgemeinschaft auf, wie z. B. als deutsche, französische, arabische oder berberische Sprache. Um diese erste Bedeutung von *Sprache* (nämlich der Sprachfähigkeit des Menschen) von der Bedeutung von *Sprache* als Einzelsprache zu unterscheiden, verwendet de Saussure den Terminus *Langue*. Er bezieht sich mit diesem Terminus auf das abstrakte Sprachsystem bzw. die Gesamtheit aller Teilbereiche einer bestimmten Sprache, wie z. B. des Deutschen. Auf dieses Sprachsystem greifen alle Sprecher und Sprecherinnen einer Sprachgemeinschaft zurück, um mit anderen zu kommunizieren. Die Individuen besitzen ein implizites oder explizites Wissen von diesem Sprachsystem. De Saussure schreibt der Langue eine soziale Komponente zu. Erst mit der Realisierung der Langue in konkreten Gesprächssituationen durch Individuen wird die systemsprachliche Ebene verlassen und der konkrete Akt des Sprechens bzw. der Rede betreten. Der Begriff *Sprache* hat in diesem Fall neben der *Langage* und der *Langue* nach de Saussure noch eine weitere Bedeutung: die *Parole*. Die Parole bezieht sich auf den Aspekt des individuellen, in konkreten Situ-

© Frank & Timme   Verlag für wissenschaftliche Literatur

ationen realisierten Sprachgebrauchs. Die Parole ist daher auf einer Ebene angesiedelt, die durch Individualität, Raum-Zeit-Begrenzung und empirische Nachweisbarkeit gekennzeichnet ist. De Saussure gibt der wissenschaftlichen Betrachtung der Langue in ihrer zeitlich und räumlich begrenzten Form den Vorzug. Er interessiert sich also für die Untersuchung einer Einzelsprache auf der synchronen Ebene. Genau diese Perspektive auf Sprache wird auch in der vorliegenden Einführung eingenommen, wenn im Folgenden die syntaktische Ebene des Deutschen betrachtet wird.

So, wie sich die (menschliche) *Sprache* nicht mit wenigen Worten definieren lässt, ist im Grunde auch die Sprachwissenschaft aufgrund ihres Untersuchungsgegenstands eine facettenreiche Wissenschaft. Sprache lässt sich aus verschiedenen Perspektiven und mit verschiedenen Methoden untersuchen und es ist je nach Forschungsinteresse möglich, bestimmte Aspekte und Ebenen der Sprache zu fokussieren und auch in Beziehung zu inner- oder außersprachlichen Konstellationen zu betrachten. Man kann Experimente durchführen, wie z. B. Tests zur Aussprache bestimmter Vokale durch Fremdsprachenlernende. Die materielle Seite der Sprache ist hörbar bzw. messbar, wie z. B. in Form von Schallwellen. Solche beobachtbaren Daten rücken die Sprachwissenschaft in den Bereich der Naturwissenschaften. Gleichzeitig hat der Untersuchungsgegenstand der Sprachwissenschaft aber auch eine geistige Komponente, wie z. B. wenn man an die Bedeutungsseite sprachlicher Einheiten oder die soziokulturellen Funktionen von Sprache denkt. Man kann also sagen, dass die Sprachwissenschaft abhängig von den verwendeten Methoden und dem Forschungsziel entweder als Naturwissenschaft oder als Geisteswissenschaft betrachtet werden kann. Zudem lässt sich je nach Erkenntnisinteresse entweder nur eine Einzelsprache, wie z. B. nur das Deutsche oder nur das Arabische, untersuchen oder aber zwei und mehr Sprachen werden mit kontrastiven Methoden analysiert, um generelle Aussagen über Sprachen im Allgemeinen machen zu können. Der einzelsprachlichen Linguistik, die sich für die Struktur und den Gebrauch einer Einzelsprache interessiert (man nennt sie je nach der untersuchten Sprache z. B. germanistische, romanistische, slawistische Linguistik), steht die sogenannte Allgemeine Linguistik gegenüber, die sich z. B. für die Formen und Funktionen sprachlicher Einheiten in verschiedenen Sprachen interessiert.

Die wissenschaftliche Linguistik entwickelte sich Anfang des 19. Jh.s mit Arbeiten von z. B. Wilhelm von Humboldt und Jacob Grimm. Zu dieser Zeit standen komparative Methoden im Vordergrund, um durch Sprachvergleich ältere Sprachstufen zu rekonstruieren. Gegen Ende des 19. Jh.s begannen einige Linguisten, sich abwendend von dieser historischen Perspektive, dann Sprache strukturell und synchron zu analysieren, wie dies im europäischen Raum insbesondere Ferdinand de Saussure (1857–1913) tat. Der amerikanische Strukturalismus ist dagegen von Leonard Bloomfields Werken geprägt (vgl. Bloomfield (1973 [1933]) oder Bloomfield (2001) in deutscher Sprache). Es entwickelten sich im Laufe der Jahrzehnte neue Disziplinen, die den Untersuchungsgegenstand Sprache von sehr unterschiedlichen Perspektiven untersuchten.

Die **Phonologie** beschäftigt sich genauso wie die naturwissenschaftlich orientierte Phonetik mit den sprachlichen Lauten, aber das Hauptaugenmerk wird dabei auf verschiedene Aspekte gelenkt und es werden auch unterschiedliche Methoden angewandt. Während die Phonetik den Untersuchungsgegenstand rein naturwissenschaftlich erfasst und sich z. B. dafür interessiert, wie und wo Laute produziert werden, welche akustischen Eigenschaften (Schallwellen) sie aufweisen oder wie sie von einem Hörer wahrgenommen werden, legt die Phonologie den Schwerpunkt auf die Frage nach der Funktion der Sprachlaute innerhalb des Sprachsystems. Sie bedient sich jedoch eines Teilbereichs der Phonetik (der artikulatorischen Phonetik), indem sie die Termini dieser phonetischen Teildisziplin verwendet, um die Laute einer Sprache zu klassifizieren.

Die **Graphematik** (oder auch **Graphemik**) ist als linguistische Teildisziplin an den Schriftzeichen einer Sprache interessiert und untersucht dabei diese als die kleinsten Grundeinheiten zur Repräsentation der Laute/Phoneme oder Silben derselben Sprache. Trotz der Tatsache, dass in verschiedenen Sprachen dasselbe Schriftsystem (z. B. das lateinische Schriftsystem im Deutschen, Französischen, Englischen usw.) verwendet wird, so gibt es doch große Unterschiede in den Graphem-Phonem-Korrespondenzen. Für jede Sprache ist das Inventar an einzelnen Schriftzeichen (Graphemen) und ihrer Kombinierbarkeit daher gesondert zu untersuchen.

Die **Morphologie** ist die Lehre von den Formen, konkret die Lehre von den Wörtern bzw. den Wortformen. Wörter sind aus kleineren Bestandteilen

 © Frank & Timme   Verlag für wissenschaftliche Literatur

zusammengesetzt, die selbst eine Bedeutung tragen, wie z. B. bei (*du*) *kannst*, das aus den kleineren Einheiten *kann-* und *-st* besteht. Diese Teildisziplin der Linguistik untersucht dabei diese Bestandteile von Wörtern in formaler und inhaltlicher Hinsicht, d. h. sie fragt nicht nur nach der Form, sondern auch nach der Bedeutung. Die Morphologie interessiert sich dabei auch für die Kombinierbarkeit dieser kleinsten bedeutungstragenden Einheiten (also der *Morpheme*) zu Wortformen in syntaktischen Kontexten (Flexion) oder zu Wörtern mit anderen Bedeutungen (Wortbildung). Eng verknüpft mit der Morphologie ist die **Lexikologie**, die sich genauso wie die Morphologie mit den Wörtern einer Sprache beschäftigt, diese aber vor allem hinsichtlich des Wortschatzes (des Lexikons) und dessen Struktur beleuchtet. Die Lexikologie lässt sich nur auf der Grundlage von Morphologie und Semantik betreiben.

Die **Syntax** interessiert sich für die Sätze. Alle Wörter einer Sprache lassen sich nach bestimmten Regeln zu größeren Einheiten, den Wortgruppen, miteinander kombinieren. Wortgruppen wiederum lassen sich durch weitere Kombinationen so verknüpfen, dass Sätze gebildet werden. Das Wissen um die Kombinierbarkeit der Wörter zu Wortgruppen und schließlich zu Sätzen erfordert ein Wissen von den Wortarten und deren Flektierbarkeit oder Nichtflektierbarkeit. Morphologie und Syntax bilden daher innerhalb der Grammatik sehr eng miteinander verbundene Teilbereiche.

Die **Semantik** ist die Teildisziplin der Linguistik, die sich mit der Bedeutung von Wörtern oder Sätzen beschäftigt. Sie wird daher auch als Bedeutungslehre bezeichnet. So geht es u. a. darum, die Bedeutungskomponenten einzelner Wörter zu bestimmen, wie z. B. die Bedeutung des Wortes *Baum*, oder auch den Sinn der Sätze, der sich nicht zwingend aus den Einzelbedeutungen der verwendeten Wörter erschließen lässt. Es wurden unterschiedliche Theorien entwickelt, die versuchen, Bedeutungen zu erfassen bzw. zu beschreiben.

In der **Pragmatik** werden sprachliche Äußerungen in Abhängigkeit von ihren Kontexten untersucht. Wie die Semantik fragt auch die Pragmatik nach Bedeutungen, aber während die Semantik die Bedeutung von Wörtern oder Sätzen unabhängig von der Situation und dem Sprecher/Hörer untersucht, ist innerhalb der Pragmatik die Berücksichtigung des Kontextes obligatorisch. Sie fragt also nicht nach Wort- oder Satzbedeutungen, sondern nach kommunikativen Bedeutungen von Äußerungen.

Oberhalb der Satzebene ist der Text zu finden. Mit dieser Einheit beschäftigt sich die **Textlinguistik**. Texte können darauf untersucht werden, welche sprachlichen Elemente verwendet werden, damit aus Sätzen zusammenhängende Texte gebildet werden, wie z. B. durch die Verwendung anaphorischer Pronomen oder durch Konjunktionen und Subjunktionen. Die Textlinguistik klassifiziert aus systematischen Gründen auch verschiedene Texte zu sogenannten Textsorten und fragt zunächst danach, was einen Text in formaler und inhaltlicher Hinsicht charakterisiert.

Eng verknüpft mit der Pragmatik ist die **Gesprächsanalyse**. Sie beschäftigt sich – wie der Name schon sagt – mit Gesprächen und damit mit gesprochener Sprache. Die Gesprächsanalyse untersucht z. B., wie Gespräche organisiert sind, wie z. B. der Wechsel von einem Sprecher bzw. einer Sprecherin zum/zur anderen vollzogen oder wie ein Gespräch beendet wird.

Gerade weil die Sprache das menschliche Wesen und die ganze Menschheit geprägt hat bzw. prägt, spielt die Sprache auch in anderen Wissenschaften eine Rolle. Dadurch haben sich auch interdisziplinäre Zugänge zum Untersuchungsobjekt Sprache entwickelt. Zwei Beispiele sollen hier erwähnt werden, die innerhalb der Sprachwissenschaft ein relativ großes Gewicht haben. Dazu gehört die Soziolinguistik, die aus der Verbindung der Linguistik mit der Soziologie hervorgegangen ist. Die Soziolinguistik beschäftigt sich mit der Sprache bzw. mit dem Gebrauch von Sprache in Abhängigkeit gesellschaftlicher/ sozialer und kultureller Faktoren. Dabei kann bei dieser Teildisziplin nicht von einem einheitlichen Forschungsbereich gesprochen werden. So gehören z. B. die Mehrsprachigkeitsforschung und die Sprachkontaktforschung genauso zur Soziolinguistik wie auch die Dialektologie oder die Kreolistik. Die Psycholinguistik geht als interdisziplinäres Forschungsgebiet der Frage nach, wie der Mensch das Sprechen, das Sprachverstehen und den Erwerb von Sprache mental verarbeitet und auch repräsentiert. Viele weitere Teilgebiete bzw. interdisziplinäre Forschungsgebiete der Linguistik lassen sich noch aufzählen: Patholinguistik, Neurolinguistik, Ethnolinguistik und Anthropologische Linguistik, Computerlinguistik, Forensische Linguistik usw.

Die o. g. Teildisziplinen der Linguistik stellen keinesfalls eine umfassende Liste dar. Je älter die Linguistik als Wissenschaft wird, desto zahlreicher und komplexer werden die darin behandelten Teildisziplinen. Heute ist die Linguistik so facettenreich, dass es selbst für erfahrene Linguisten bzw. Linguistinnen nicht möglich ist, alle Teilgebiete zu kennen. Zum Standardwissen gehören jedoch Kenntnisse im Bereich der Phonologie, der Graphematik, der Morphologie und in enger Verbindung dazu auch der Lexikologie, der Semantik und der Pragmatik. Die Syntax, auf die in der vorliegenden Einführung nun der Blick gelenkt wird, zählt selbstverständlich ebenfalls zum Kern linguistischen Wissens.

2 Bevor es richtig losgeht: Einige sprachtheoretische Grundlagen

2.1 Einleitende Worte

In diesem Kapitel soll zunächst auf einige sprachtheoretische Grundlagen bzw. einige Grundbegriffe des Strukturalismus näher eingegangen werden, die vor allem in methodologischer und zeichentheoretischer Hinsicht für die moderne Linguistik von großer Relevanz sind. Diese Begriffe sind primär durch Ferdinand de Saussures *Cours de linguistique générale* (1995 [1916]) beeinflusst bzw. in die Linguistik eingeführt wurden. Der Grund für die Behandlung strukturalistischer Grundbegriffe liegt in der Tatsache, dass diese die moderne Linguistik stark beeinflusst haben und die „strukturalistischen Schulen [...] sich allesamt mehr oder weniger explizit auf den *Cours de linguistique générale* [...] von Ferdinand de Saussure, sei es in bewusster Adaption der darin enthaltenen sprachtheoretischen Grundannahmen, sei es in (partieller) Konfrontation damit" beziehen (Kucharczik 2009: 680, Hervorhebungen im Original). Doch auch über die Linguistik hinaus ist der Einfluss des Saussure'schen Strukturalismus nachweisbar: „Die modernen[sic!] Linguistik ist ohne die Saussure'sche Sprachtheorie, insbesondere seine Identifizierung der Langue als Untersuchungsgegenstand und den Fokus auf die synchrone Analyse von Einzelsprachen, undenkbar, aber auch Disziplinen in den Sozialwissenschaften und die Literaturwissenschaft profitieren von Saussures Erkenntnissen." (Klabunde 2018: 203).

Für dieses Kapitel werden zunächst die paarigen Termini *Objektsprache* und *Metasprache*, *Langue* und *Parole*, *Synchronie* und *Diachronie* sowie *Syntagma* und *Paradigma* behandelt, die für das strukturalistische Grundverständnis unabdingbar sind. Daneben wird auf das sprachliche Zeichen näher eingegangen. Das Modell des sprachlichen Zeichens von de Saussure ist ein bis heute relevantes Modell, welches das Sprachzeichen als bilateral und rein psycholinguistisch repräsentiert, ohne es jedoch in Kommunikationskontexte einzubetten. Die Betrachtung des sprachlichen Zeichens innerhalb einer Kommunikationssituation ist in Bühlers „Organonmodell der Sprache" berücksichtigt. In diesem Kommunikationsmodell wird das sprachliche Zeichen in Abhängigkeit vom Sprecher, Hörer und von den Gegenständen und Sachverhalten besprochen.

2.2 Objektsprache und Metasprache

Die *Objektsprache* ist die Sprache, mit der man auf die außersprachliche Realität hinweist, wie z. B. mit der Äußerung „Dieser Baum ist unglaublich groß". Hier kann man sich eine Person vorstellen, die in einem Nationalpark vor einem großen Baum steht und von der Größe des Baumes beeindruckt ist. „Ich fühle mich gerade nicht wohl" kann ebenso objektsprachlich sein, wenn diese Äußerung von jemandem kommt, der sich gerade nicht wohl fühlt. Objektsprachliche Äußerungen beziehen sich auf Handlungen, Vorgänge, Zustände, bzw. auf Sachverhalte und Gegenstände, die mit der außersprachlichen Realität zusammenhängen. Man kann seinen alltäglichen Sprachgebrauch völlig unreflektiert gebrauchen und für die Erreichung der kommunikativen Ziele einsetzen. Im Alltag macht man sich tatsächlich wenig Gedanken über die Worte bzw. die Äußerungen, die man beim Sprechen verwendet. Wenn man sich aber z. B. aus wissenschaftlichen Gründen mit der Sprache beschäftigen möchte, dann werden die sprachlichen Daten zum Untersuchungsgegenstand und dieser muss mit einer Sprache der Analyse betrachtet werden. Die zu dem sprachlichen Material (dem Korpus, dem Untersuchungsgegenstand) gemachten Äußerungen beziehen sich dann nicht auf die außersprachliche Realität, sondern auf die untersuchten sprachlichen Einheiten. Diese Sprache der Analyse bezeichnet man in der Linguistik mit dem Begriff *Metasprache*. Die *Metasprache* ist also die Sprache, mit der über Sprache gesprochen wird. Hier ist die Objektsprache Gegenstand der Betrachtung. Nimmt man z. B. den schon oben aufgeführten Satz *Dieser Baum ist aber unglaublich groß*, der jetzt nicht als Äußerung einer bestimmten Person in einem bestimmten Kontext wichtig ist, sondern als sprachlich komplexes Gebilde, welches z. B. hinsichtlich seiner graphematischen, morphologischen oder syntaktischen Merkmale untersucht und beschrieben werden kann, dann betritt man in logischer Hinsicht eine andere Ebene der Sprache, nämlich die Metaebene. Möglich ist z. B. die Betrachtung der grammatischen Beziehung zwischen dem demonstrativen Artikelwort *dieser* und dem Substantiv *Baum*. Auch die Lautstruktur des Wortes *Baum* lässt sich auf der Metaebene besprechen. Linguisten und Linguistinnen verwenden die Metasprache, um über Sprache zu sprechen bzw. zu schreiben. Die Metasprache kann sich aus derselben Sprache speisen wie die Objektsprache: z. B. wird objektsprachliches Deutsch metasprachlich auf Deutsch betrachtet. Es ist aber auch möglich, dass die Metasprache Deutsch und die Objektsprache in einer anderen Sprache (z. B. Arabisch, Französisch, Chinesisch) ist. In einsprachigen Wörterbüchern sind die einzelnen Einträge im Bereich der Objektsprache und die Paraphrasierungen (semantischen Umschreibungen) im Bereich der Metasprache anzusiedeln. In der Linguistik werden objektsprachliche Ausdrücke kursiv geschrieben, wie z. B. in der Aussage „Das Wort *Baum* ist ein Substantiv". Handelt es sich bei den metasprachlichen Äußerungen um Bedeutungswiedergaben der entsprechenden objektsprachlichen Einheiten, dann werden diese in einfache Anführungszeichen gesetzt, wie z. B. für das objektsprachliche Wort *hoffen*, welches mit folgender Bedeutung erfasst werden kann: ,zuversichtlich erwarten; wünschen und damit rechnen, dass etwas eintreten oder der Wirklichkeit entsprechen wird'.[1] Auch Bedeutungswiedergaben fremdsprachiger Ausdrücke können in sprachwissenschaftlichen Abhandlungen durch diese einfachen Anführungszeichen gekennzeichnet werden: z. B. *la maison* (franz.) ,das Haus'.

2.3 Langue und Parole

In der Einleitung (s. Kap. 1) sind schon die von de Saussure geprägten Termini *Langage*, *Langue* und *Parole* erwähnt worden. Für de Saussures Sprachtheorie ist vor allem die Dichotomie von *Langue* vs. *Parole* von besonderer Bedeutung. Diese Termini bilden den Ausgangspunkt für weitere Dichotomien. Zur Wie-

----

1 Quelle der Bedeutungserklärung: https://www.duden.de/rechtschreibung/hoffen (letzter Zugriff: 06.10.2022).

derholung sollen hier die schon in der Einleitung aufgeführten Definitionen de Saussures nochmals kurz aufgegriffen werden:

- die *Langage* ist die allgemeine Sprachfähigkeit des Menschen;
- die *Langue* bezieht sich auf das Sprachsystem, also auf das Systemgefüge der Einzelsprache;
- die *Parole* ist der Sprachgebrauch, d. h. der individuelle Gebrauch einer Sprache in seiner mündlichen und seiner schriftlichen Ausdrucksform.

Die *Langue* steht damit für das von Individuen unabhängige System einer Einzelsprache, wie z. B. das Deutsche, das Englische oder das Arabische. Dieses lässt sich als abstraktes System beschreiben, von dem jedes Mitglied einer Sprachgemeinschaft ein bestimmtes Wissen hat. Es besteht aus verschiedenen Teilbereichen, wie z. B. aus einem System von Lauten, einem Inventar von Wörtern, aus grammatischen Elementen usw. Die Langue – oder zumindest ein Teil davon – finden wir z. B. in Grammatikbüchern. In Anlehnung an die Normen dieser Sprache können die einzelnen Sprecher einer Sprachgemeinschaft diese Langue individuell realisieren. Sobald die Langue von Individuen entweder mündlich oder schriftlich verwendet wird, spricht man von der *Parole*. Gemeint ist damit der konkrete Sprachgebrauch bzw. das Reden an sich im Gegensatz zum abstrakten Sprachsystem. Das abstrakte System lässt sich nach de Saussure aber nur über die Parole erfassen. Möchte man sich also mit dem Sprachsystem (also der Langue) beschäftigen, so lässt sich dies nur über das Sprechen (also die Parole) bewerkstelligen. Die Trennung zwischen diesen beiden Begrifflichkeiten führt auch zum nächsten Begriffspaar: *Synchronie* und *Diachronie*. Für de Saussure spielen beide Begriffspaare für die strukturalistische Betrachtung einer Einzelsprache eine entscheidende Rolle.

2.4   Synchronie und Diachronie

Synchronie und *Diachronie* stehen in engem Zusammenhang mit der Sprachbetrachtung in Abhängigkeit von der Zeit. Sprache lässt sich z. B. innerhalb einer bestimmten Zeitstufe untersuchen. In diesem Fall handelt es sich um eine synchrone Analyse von Sprache, bei der es darum geht, einen Sprachzustand zu einem bestimmten Zeitpunkt zu beschreiben. Interessiert man sich jedoch dafür, wie sich eine Sprache oder bestimmte Elemente einer Sprache im Laufe der Zeit verändern, dann ist dies eine diachrone Sprachbetrachtung. Hier steht die Untersuchung eines Sprachzustands im Vergleich zu einem anderen bzw. einer sprachlichen Erscheinung über verschiedene Zeitstufen hinweg im Vordergrund. Bei einer derartigen Betrachtung von Sprache bzw. sprachlicher Elemente betritt man den Forschungsbereich der Sprachgeschichte bzw. des Sprachwandels. Die Dichotomie von *Synchronie* und *Diachronie* bezieht sich auf eine Gegenüberstellung von Zustand und Wandel einer Sprache. Die diachrone Sprachbetrachtung schließt allerdings immer auch eine synchrone mit ein. Eine diachrone Betrachtung ist z. B., wenn man untersuchen möchte, wie sich das Marokkanisch-Arabische aus dem klassischen Arabisch entwickelt oder welche strukturellen Entwicklungen das Deutsche seit dem Mittelalter durchgemacht hat. Möchte man eine grammatische Beschreibung des Marokkanisch-Arabischen, des Hocharabischen oder des Deutschen nur zu einem bestimmten Zeitpunkt (z. B. in der heutigen Zeit) erstellen, dann spricht man von der synchronen Sprachbetrachtung.

Sowohl die *Langue* als auch die *Parole* (soweit diese selbst natürlich in irgendeiner Art und Weise dokumentarisch festgehalten sind) lassen sich synchron und diachron untersuchen. Aber de Saussure gibt nicht nur der *Langue* den Vorzug, sondern auch der Synchronie. Damit steht für ihn die synchrone Untersuchung der *Langue* im Fokus seiner wissenschaftlichen Beschäftigung mit Sprache, was jedoch nicht bedeutet, dass de Saussure die diachrone Sprachbetrachtung an sich ablehnt. Aber mit der Schwerpunktlegung auf die Synchronie wurde der bisher sprachhistorisch und komparativ orientierten Sprachwissenschaft Konkurrenz gemacht.

2.5 Syntagma und Paradigma

Was heute in der Linguistik unter *Syntagma* und *Paradigma* bzw. unter *syntagmatischer* und *paradigmatischer Beziehung* geläufig ist, wird bei de Saussure unter „rapports syntagmatiques" und „rapports associatives" geführt (de Saussure 1995: 170). Somit ist lediglich der Terminus *Syntagma* bzw. *syntagmatisch* auf de Saussure zurückzuführen. Als paarige Begriffe existieren *Syntagma* und *Paradigma* in de Saussures Theorie zumindest nicht in der Form, wie sie heute allgemein in der Linguistik gebraucht werden.[2]

Das Syntagma bezieht sich auf die Beziehung von Ausdrücken bzw. sprachlichen Elementen in ihrer linearen Abfolge. Das ist die horizontale Ebene der Beziehung von sprachlichen Einheiten in einer Äußerung. Die syntagmatische Achse ist die Achse der Kombinierbarkeit. Auf der Ebene der Syntax werden Wörter bzw. Wortformen entsprechend der grammatischen Regeln als Folge realisiert. Wörter, die entsprechend der syntaktischen Regeln miteinander verbunden werden, stehen in einer syntagmatischen Beziehung. Weil das sprachliche Zeichen bzw. das Wort durch diese syntagmatische Beziehung in Opposition zu den vorangehenden bzw. nachfolgenden Zeichen steht, erhält es einen bestimmten Wert. Die syntagmatischen Relationen bezieht de Saussure nicht nur auf einzelne Wörter, sondern auch auf Wortgruppen und Sätze.

Wörter bzw. Wortfolgen innerhalb eines Syntagmas können durch andere Wörter bzw. Wortfolgen an derselben Stelle ersetzt werden. Hier spricht man vom Paradigma, in der die Austauschbarkeit sprachlicher Elemente innerhalb einer Äußerung untersucht wird. Diese vertikale Ebene ist die Achse der Selektion. Welches Wort in einer linearen Abfolge von Wörtern gewählt wird, lässt sich auf der paradigmatischen Achse bestimmen. Wörter aus bestimmten Wortklassen werden gewählt und auf der horizontalen Achse zu Syntagmen verbunden. Syntagma und Paradigma stehen somit in einer Wechselbeziehung, die gekennzeichnet ist durch Austausch und Kombination sprachlicher Elemente. Im folgenden Schaubild wird diese Wechselbeziehung veranschaulicht:

----

2   Vgl. hierzu Auers (2013) Hinweis: „Das Begriffspaar kommt im *Cours* nicht vor (dort heißt es ‚syntagmatisch‘ vs. ‚assoziativ‘), hat sich aber dennoch in der strukturalistischen Linguistik – oft unter Verweis auf Saussure – einen zentralen Platz erobert." (Auer 2013: 32; Hervorhebungen im Original).

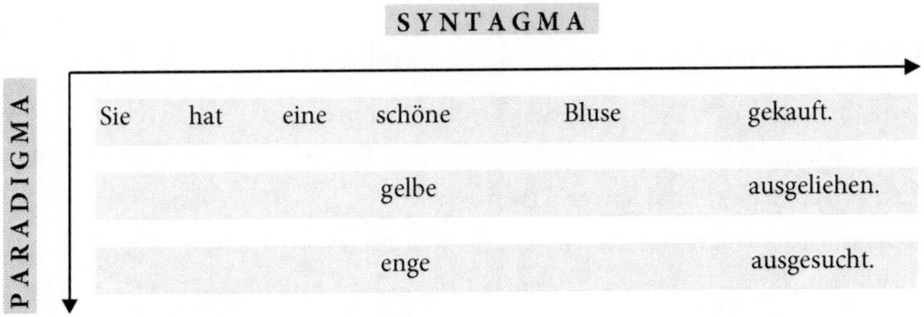

	Sie	hat	eine	schöne	Bluse	gekauft.
P A R A D I G M A				gelbe		ausgeliehen.
				enge		ausgesucht.

Abbildung 1: Paradigma und Syntagma.

Auf der syntagmatischen Ebene ist die Kombination der verschiedenen Wörter zu Wortgruppen und dieser selbst wiederum zu einem Satz zu sehen. So bildet z. B. *eine schöne Bluse* eine Wortgruppe, die aus drei Wörtern besteht, die grammatische Merkmale tragen, welche eine enge grammatische Zusammengehörigkeit dieser einzelnen Bestandteile signalisieren (z. B. ist der indefinite Artikel *eine* realisiert, weil das Substantiv *Bluse* ein feminines Genus aufweist). Auf der paradigmatischen Ebene lässt sich z. B. das Adjektiv *schöne* durch ein anderes Adjektiv austauschen, wie z. B. *gelbe* oder *enge*. Ebenso könnte man z. B. *ausgeliehen* oder *ausgesucht* an die Stelle des Partizips *gekauft* setzen.

Die paradigmatische Relation ist aber nicht nur auf der syntaktischen Ebene zu finden, sondern auch im Bereich der Phonologie und der Morphologie. In der Phonologie können durch den Austausch von Lauten, die im selben Kontext stehen, Minimalpaare gebildet werden und so die Phoneme eine Sprache – also die kleinsten bedeutungsunterscheidenden Einheiten einer Einzelsprache – ermittelt werden (vgl. z. B. die Minimalpaare *Satz* vs. *Schatz* oder *blau* vs. *schlau*, in denen durch den Austausch von einem Phonem jeweils eine andere Bedeutung bei den einzelnen Wörtern entsteht). In der Morphologie ist der paradigmatische Austausch bei der Bildung verschiedener Wortformen bzw. Flexionsformen zu finden, wie z. B. den Konjugationsformen eines bestimmten Verbs oder den Kasusformen eines Substantivs.

2.6 Das sprachliche Zeichen

2.6.1 Zeichentypen: Index, Ikon, Symbol

In der Semiotik, der Lehre von den Zeichen, werden grundsätzlich drei Typen von Zeichen unterschieden: *Index, Ikon* und *Symbol*. Aber nur einer dieser Zeichentypen ist für die Sprachwissenschaft von großer Relevanz: das Symbol. Gemeinsam ist den Zeichentypen, dass sie für etwas stehen. Die dreiteilige Gliederung der Zeichentypen geht auf Charles Sanders Peirce (1839–1914) zurück, der als Begründer der modernen Semiotik gilt (zu den einzelnen Zeichentypen vgl. z. B. Merrell 2005).

Ein **Index** (Plural: Indizes) weist auf etwas hin, d. h. es ist ein Indikator für etwas, das in einem realen bzw. kausalen Zusammenhang steht. Es ist eine Beziehung, die von Ursache und Folge geprägt ist. So ist z. B. Rauch als Folge von Feuer ein indexikalisches Zeichen. Ebenso verhält es sich mit Symptomen, die auf Krankheiten schließen lassen: Fieber ist ein Index für eine Infektion. Zitternde Hände während einer Prüfung können auf die Angst des Geprüften hinweisen. Zwischen dem indexikalischen Zeichen und dem, was damit bezeichnet wird, gibt es weder eine Ähnlichkeit, noch ist der Bezug konventionell – d. h. durch gesellschaftliche Übereinkunft – geregelt.

Ein **Ikon** (griech. ‚Bild‘) ist ein akustisches oder visuelles Zeichen, das in einem direkten Zusammenhang zu einem Objekt steht, auf das es referiert. Bestimmte Aspekte des realen Gegenstandes bzw. Objekts werden abgebildet. Der Bezug zwischen dem Ikon und dem Bezeichneten ist der der Ähnlichkeit, wobei bestimmte Merkmale genutzt werden, um diese Ähnlichkeit herzustellen. Bilder von Personen gehören ebenso zu den Ikonen wie Verbotsschilder (wie z. B. beim Verbot von Handys oder des Rauchens in bestimmten Räumen) und Landkarten.

Anders als beim Index ist beim **Symbol** (griechisch ‚Erkennungszeichen, Kennzeichen‘) die Beziehung zwischen dem Zeichen und dem Bezeichneten nicht durch ein Ursache-Folge-Verhältnis gekennzeichnet. Das Verhältnis basiert auch nicht auf Ähnlichkeiten. Vielmehr ist die Beziehung zwischen dem Zeichenkörper und dem Inhalt, also zwischen dem Bezeichnenden und dem Bezeichneten. Das symbolische Zeichen repräsentiert ein Objekt gemäß Konvention, d. h. gemäß der gesellschaftlichen Übereinkunft. Da Sprachzeichen in der Regel symbolische Zeichen sind, wird weiter unten noch ausführlicher auf das Verhältnis zwischen dem Bezeichneten und dem Bezeichnenden eingegangen werden.

2.6.2 De Saussures Zeichenmodell

2.6.2.1 Strukturelle Merkmale des sprachlichen Zeichens

Die Theorien des sprachlichen Zeichens sind gekennzeichnet von konzeptueller und terminologischer Uneinigkeit. Auf diese Problematik kann hier nicht eingegangen werden, aber verkürzt kann man sagen, dass die Zeichenmodelle zwei- oder dreistellig sind. Ein Beispiel für ein zweistelliges Zeichenmodell bildet de Saussures Modell und für ein dreistelliges steht hier exemplarisch Bühlers Organonmodell (vgl. unten Abschnitt 2.6.3).

De Saussure entwickelte ein bilaterales (zweiseitiges) Zeichenmodell, welches durch eine Bedeutungsseite (Vorstellung, Signifikat etc.) und eine Ausdrucksseite (Lautbild, Signifikant etc.) gekennzeichnet ist (vgl. Abbildung 2).

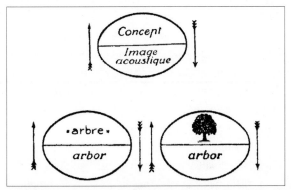

Abbildung 2: Die Natur des sprachlichen Zeichens nach de Saussure (1995 [1916]: 99).

Vorstellung und Lautbild können nach de Saussure nicht getrennt werden, so wie die beiden Seiten eines Blattes nicht getrennt werden können. Beide haben rein psychologischen Charakter, weil sie beide nur im Kopf des Individuums existieren. Er bezeichnet diese als „concept" und „image acoustique" bzw. als „signifié" und „signifiant". Beide Seiten stehen in einer engen Verknüpfung, so dass die Vorstellungsseite immer ein Lautbild und ein Lautbild immer eine entsprechende Vorstellungsseite hervorruft. Diese beiden Seiten des sprachlichen Zeichens werden in der obigen Darstellung in einer Ellipse zusammen dargestellt. Die obere Ellipse zeigt diese Verbindung und in den beiden unteren Ellipsen wird dies anhand eines Beispiels verdeutlicht. Für de Saussures *signifié* und *signifiant* gibt es verschiedene Benennungsmöglichkeiten. Man kann für *signifié* (*concept*) auch die Begriffe *Signifikat, Bezeichnetes, Inhalt, Bedeutung* oder *Vorstellung* verwenden und für *signifiant* (*image acoustique*) auch *Signifikant, Bezeichnendes, Lautbild, Ausdruck* oder *Form*.

2.6.2.2 Verhältnis von Inhalt und Form

Nach de Saussure ist das sprachliche Zeichen durch die drei Aspekte *Arbitrarität, Konventionalität* und *Linearität* gekennzeichnet. Der Terminus **Arbitrarität** (lat. *arbitrium* ‚Willkür, Unmotiviertheit, Willkürlichkeit') bezeichnet die willkürliche, also nicht von Natur aus gegebene Beziehung zwischen dem Bezeichnenden und dem Bezeichneten, zwischen der Ausdrucks- und der Inhaltsseite des sprachlichen Zeichens. Eine kausale Begründung dafür, dass z. B. der Bedeutung ‚Buch' das Lautbild /buːx/ für das Deutsche, /kitaːbun/ für das Hocharabische bzw. /lktaːb/ für das Marokkanisch-Arabische zugeordnet wird, ist nicht gegeben. In jeder Sprache werden die Dinge und Sachverhalte unterschiedlich bezeichnet. Es gibt keinen natürlichen Grund, warum die Ausdrücke für die jeweiligen Bedeutungen so sind, wie sie sind. Nur die sogenannten Onomatopoetika (nachgeahmte Naturlaute, Lautmalerei) weisen einen relativ engen Zusammenhang zwischen dem Bezeichneten und dem Bezeichnenden auf: z. B. *Kuckuck, kikeriki, wau-wau*.

Damit die Menschen sich jedoch auch verstehen können, wenn sie miteinander sprechen, braucht die Arbitrarität auch Grenzen. Es ist nicht möglich, dass jeder bzw. jede Einzelne innerhalb einer Sprachgemeinschaft die Dinge und Sachverhalte benennen kann, wie er oder sie möchte. Das Individuum kann nur die Ausdrücke verwenden, die in der entsprechenden Sprachgemeinschaft für die jeweiligen Bedeutungen vorgesehen sind. Die arbiträre Beziehung zwischen dem Bezeichneten und dem Bezeichnenden ist durch gesellschaftliche Übereinkunft beschränkt. Diese soziale Determiniertheit des sprachlichen Zeichens wird **Konventionalität** genannt. Nur so können die Sprachteilnehmer/-innen einer Sprachgemeinschaft sich gegenseitig verstehen. Es muss schließlich gewährleistet werden, dass die verschiedenen Sprecher/-innen bzw. Hörer/-innen mit dem jeweiligen Bezeichnenden auch die entsprechende Bedeutung assoziieren. Diese Regelung ist aber keine explizit vereinbarte Norm oder anders formuliert: die Konventionalität ist nicht das Ergebnis von vertraglich vereinbarten Bestimmungen zwischen den Mitgliedern einer Sprachgemeinschaft, sondern eine historisch gewachsene Verhaltensnorm.

Der Aspekt der *Linearität* bezieht sich auf die zeitliche bzw. räumliche Abfolge sprachlicher Zeichen. Sprachliche Zeichen bzw. Äußerungen sind in ihrer mündlichen Realisierung an den Verlauf der Zeit gebunden, d. h. dass die einzelnen Einheiten sprachlicher Äußerungen aufeinander folgen. In ihrer schriftlichen Form tritt an Stelle des zeitlichen Verlaufs der räumliche. Diese Linearität betrifft alle Ebenen der Sprache, wie z. B. die einzelnen Laute, die Wortbestandteile, die Bestandteile von Wortgruppen oder Sätzen. Ausnahmen bilden z. B. diskontinuierliche Elemente, wie die Partizipialmorpheme *ge-...-t* in *ge-lach-t*, oder diskontinuierliche Elemente auf der Satzebene, wie z. B. das Perfekt oder Plusquamperfekt im Deutschen. So ist z. B. im Satz *er ist vor lauter Freude in die Luft gesprungen* die Tempusrealisierung auf zwei sprachliche Elemente verteilt und an unterschiedlichen Stellen im Satz positioniert: *ist ... gesprungen*. Hier ist die Linearität unterbrochen.

2.6.3 Sprache als Werkzeug: Bühlers Organonmodell der Sprache

Das Organonmodell ist ein linguistisches und semiotisches Modell, welches von Karl Bühler in seiner 1934 publizierten Sprachtheorie aufgestellt wurde. Sprache ist nach Bühler (1965 [1934]) ein Werkzeug zur Erreichung kommunikativer Ziele. Bühler sieht das sprachliche Zeichen nicht nur als eine rein psychologische Entität. Er geht einen Schritt weiter und positioniert es in seinem *Organonmodell der Sprache* in eine Kommunikationssituation, in der dann auch die drei Funktionen des sprachlichen Zeichens erkennbar werden. *Organon* kommt aus dem Griechischen (*órganon*) und bedeutet ,Instrument, Werkzeug'. In der folgenden Abbildung ist Bühlers Organonmodell zu sehen (Abbildung 3):

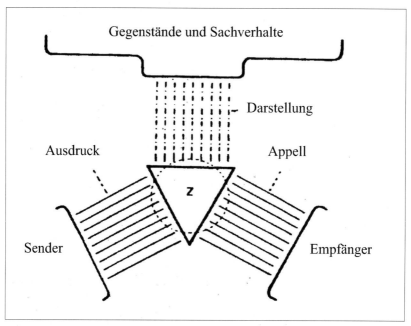

Abbildung 3: Bühlers Organonmodell der Sprache (Bühler 1965 [1934]: 28).

Bühler beschreibt das Modell wie folgt:

> „Der Kreis in der Mitte symbolisiert das konkrete Schallphänomen. Drei variable Momente an ihm sind berufen, es dreimal verschieden zum Rang eines Zeichens zu erheben. Die Seiten des eingezeichneten Dreiecks symbolisieren diese drei Momente. Das Dreieck umschließt in einer Hinsicht weniger als der Kreis (Prinzip der abstraktiven Relevanz). In anderer Richtung wieder greift es über den Kreis hinaus, um anzudeuten, daß das sinnlich Gegebene stets eine apperzeptive Ergänzung erfährt. Die Linienscharen symbolisieren die semantischen Funktionen des (komplexen) Sprachzeichens." (Bühler 1965 [1934]: 28).

Im Zentrum dieses Kommunikationsmodells ist ein Kreis zu finden, der für das „konkrete Schallphänomen" steht und ein mit einem „Z" gekennzeichnetes Dreieck, welches das Sprachzeichen symbolisiert. Mit „Schallphänomen" ist die

© Frank & Timme   Verlag für wissenschaftliche Literatur

vom Sprecher artikulierte Lautkette gemeint (das ist die phonetische Ebene), wie z. B. die Artikulation von [bal] für *Ball*. Damit dieses Lautphänomen nun zu einem sprachlichen Zeichen „erhoben" werden kann, sind drei „variable Momente" bzw. Faktoren von entscheidender Wichtigkeit: der Sender, der Empfänger und die Gegenstände und Sachverhalte. Erst durch diese drei Einflussgrößen erfährt das Sprachzeichen seine Existenz, weshalb hier das Sprachzeichen in Form eines Dreiecks präsentiert wird. Dass das sprachliche Zeichen (das im Kopf des Individuums zu finden ist) und das Schallphänomen (also die konkrete Realisierung in einer Äußerung) nicht identisch sind, ist deutlich daran zu erkennen, dass sich beide an bestimmten Stellen nicht überdecken. Entweder ragt der Kreis aus dem Dreieck heraus oder die Ecken des Dreiecks ragen über die Fläche des Kreises hinaus. Auf diese beiden nicht deckungsgleichen Flächen bezieht sich Bühler mit den Bezeichnungen „apperzeptive Ergänzung" und „abstraktive Relevanz". Die apperzeptive Ergänzung (dargestellt an den Ecken des Dreiecks, die über den Kreis hinausgehen) bezieht sich darauf, dass die akustischen Informationen, die durch z. B. falsche Aussprache oder störende Nebengeräusche verloren gehen, durch den Hörer bzw. die Hörerin ergänzt werden können. Bei der abstraktiven Relevanz enthält das Lautphänomen mehr akustische Informationen als für die Interpretation des Zeichens notwendig sind, wie dies z. B. durch Pausenfüller wie *ähm* geschieht. Solche „überflüssigen" Lautketten können vom Hörer ignoriert werden.

Was noch nicht erklärt ist, das sind die mit „Ausdruck", „Appell" und „Darstellung" bezeichneten Linien. Wenn ein Individuum (Sender) mit einem anderen Individuum (Empfänger) über Dinge und Sachverhalte kommuniziert, dann ergeben sich durch diese Interaktion drei Funktionen des sprachlichen Zeichens. Zu den Funktionen des sprachlichen Zeichens schreibt Bühler:

> „Es ist *Symbol* kraft seiner Zuordnung zu Gegenständen und Sachverhalten, *Symptom* (Anzeichen, Indicium) kraft seiner Abhängigkeit vom Sender, dessen Innerlichkeit es ausdrückt, und *Signal* kraft seines Appells an den Hörer, dessen äußeres oder inneres Verhalten es steuert wie andere Verkehrszeichen." (Bühler 1965 [1934]: 28, Hervorhebungen im Original).

Das sprachliche Zeichen hat eine Symbol-Funktion, weil es auf Objekte und Sachverhalte in der Realität referiert und somit eine repräsentative Funktion ausübt (dargestellt durch die mit „Darstellung" bezeichneten Linien). Die zweite Funktion des sprachlichen Zeichens bezeichnet Bühler mit „Symptom" und meint damit, dass mit Hilfe des Sprachzeichens die Innerlichkeit des Sprechers bzw. der Sprecherin (des Senders) zum Ausdruck gebracht wird, was somit eine expressive Funktion darstellt (die mit „Ausdruck" bezeichneten Linien im Schaubild beziehen sich auf diese Funktion). Die dritte Funktion schließlich ist die Signal-Funktion, die darin besteht, dass das Sprachzeichen das Verhalten des Hörers bzw. der Hörerin (des Empfängers) steuert, was auch als appellative Funktion bezeichnet werden kann (dargestellt durch die mit „Appell" bezeichneten Linien).

© Frank & Timme   Verlag für wissenschaftliche Literatur

3   Syntax und Satz:
eine erste Annäherung

Die Syntax (aus dem griechischen *sýntaxis* ‚Zusammenordnung‘) als Teildisziplin der Grammatik und der Linguistik beschäftigt sich mit dem Bau von
Sätzen, weshalb man auch von der Satzlehre spricht. Der Gegenstandsbereich
bzw. der Untersuchungsgegenstand der Syntax ist somit der Satz. Allerdings
handelt es sich hierbei um die größte sprachliche Einheit, die innerhalb der
Syntax untersucht werden kann. Auch Einheiten unterhalb der Satzebene
werden in der Syntax untersucht. Eine sprachliche Einheit, die sowohl in der
Syntax als auch in der Morphologie (Lehre von den Wortformen) eine wichtige
Analyseeinheit darstellt, ist das Wort. Genau an dieser Stelle kommt es zu einer Überschneidung zwischen der Syntax und der Morphologie (vgl. folgende
Darstellung für die Untersuchungseinheiten der Syntax und der Morphologie
sowie den Überschneidungspunkten):

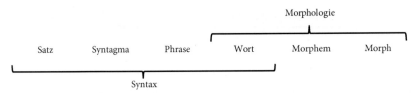

Abbildung 4: Untersuchungseinheiten der Syntax und der Morphologie.

Der Überschneidungspunkt zwischen Syntax und Morphologie ist deswegen
das Wort, weil diese sprachliche Einheit sowohl auf der morphologischen als
auch auf der syntaktischen Ebene von großer Relevanz ist. In der Morphologie wird das Wort bezüglich seiner morphologischen Bestandteile untersucht
und in der Syntax ist das Wort als Baustein größerer Einheiten zur Bildung
von Wortgruppen und Sätzen wichtig. Bevor auf den Begriff *Satz* eingegangen werden kann, soll hier zunächst das Wort als morphologische und syntaktische Untersuchungseinheit etwas genauer behandelt werden. Man kann

Wörter von ganz unterschiedlichen Perspektiven betrachten. Einerseits ist es möglich, danach zu fragen, wie neue Wörter gebildet werden können, um andere Bedeutungen zu erhalten, wie z. B. bei der Ableitung von *Reichtum* aus den zwei Bestandteilen {reich} und {-tum}. Andererseits können Wörter hinsichtlich ihrer Formen innerhalb einer syntaktischen Struktur betrachtet werden, wie dies z. B. für die Verbalform *gibt* in *er gibt ihm ein Buch* der Fall ist. Diese unterschiedlichen Betrachtungsweisen bilden auch die Grundlage für die Differenzierung zweier Teilbereiche der Wortanalyse im Bereich der Morphologie, und zwar auf der einen Seite die **Wortbildung** und auf der anderen die **Flexion**. Als *Wortbildung* bezeichnet man alle Prozesse zur Bildung neuer Wörter (Lexeme) mit bestehenden Einheiten einer Sprache. Dazu gehören Ableitungen mit Affixen, wie z. B. mit *-heit, -keit, -tum* wie in *Freiheit, Freundlichkeit, Reichtum*, genauso wie Zusammensetzungen mit lexikalischen Morphemen, wie z. B. {schreib} und {Tisch} > *Schreibtisch*. Die Möglichkeiten der Wortbildung sind theoretisch sehr groß, aber nicht alle werden genutzt. So können z. B. mit dem Suffix *-lich* Wörter wie *friedlich, dümmlich, lieblich, glücklich* oder *köstlich* gebildet werden, aber nicht z. B. Wörter wie **krieglich*,[3] **schlaulich*. Der Bereich der Wortbildung ist für die Syntax nicht im gleichen Maße wichtig wie die Flexion. Wenn man die Morphologie als die Lehre von den Wortformen versteht, dann hängt dies damit zusammen, dass Wörter untersucht werden, die sich durch ihre Verwendung in syntaktischen Strukturen morphologisch verändern. Wenn man z. B. die Wörter *Freude* und *Glück* zu einer Genitivkonstruktionen miteinander verbinden möchte, so ist es unabdingbar, das Zweitglied im Genitiv zu markieren: *die Freude des Glücks*. Diese morphologische Veränderung von Wörtern in syntaktischen Kontexten wird als *Flexion* bezeichnet. *Flexion* ist dabei ein Oberbegriff für *Konjugation* (Flexion von Verben) und *Deklination* (Flexion von Substantiven, Adjektiven, Pronomen, Artikelwörtern). Das Ergebnis der Flexion sind Wortformen bzw. Flexionsformen. Nach bestimmten Regeln werden wortartspezifische Kategorien markiert. So wird z. B. beim Verb das Tempus und beim Substantiv der Kasus markiert. Anders als bei der Wortbildung werden bei der Flexion somit

....

3   Die Kennzeichnung eines objektsprachlichen Beispiels mit einem hochgestellten Sternchen (*XY) steht in der Linguistik für falsche bzw. nicht existente Formen bzw. Strukturen.

keine neuen Benennungseinheiten gebildet. Die lexikalische Bedeutung eines Wortes bleibt von der Flexion völlig unberührt. Am einfachsten ist das zu verstehen, wenn man z. B. die Verbkonjugation betrachtet. Verben lassen sich nach verschiedenen Kategorien konjugieren, wie z. B. nach Tempus, Modus, Person und Numerus. Konjugiert man z. B. das Verb *schreiben*, dann ändert sich das Verb zwar auf der grammatischen Ebene, aber die lexikalische Bedeutung bleibt immer gleich:

Beispiel 1: Flexionsformen des Verbs *schreiben* im Präsens und Präteritum.

a) Im Präsens: *Ich schreibe, du schreibst, er/sie/es schreibt, wir schreiben, ihr schreibt, sie schreiben.*

b) Im Präteritum: *Ich schrieb, du schriebst, er/sie/es schrieb, wir schrieben, ihr schriebt, sie schrieben.*

Wörter flektieren bei ihrer Verwendung in sprachlichen Mitteilungen nach festen Regeln. Eine besondere Form der Regelhaftigkeit ist die sogenannte ***Kongruenz***. Was das genau ist, kann man am besten verstehen, wenn man z. B. einen Satz wie *Meine Nachbarn sind sehr nett* in Bezug auf die grammatischen Markierungen näher betrachtet. Die Wörter, die in diesem Satz vorkommen, würden in einem Wörterbuch in der folgenden Form stehen: *mein, Nachbar, sein, sehr, nett.* Das possessive Artikelwort *mein* wird in der Pluralform *meine* realisiert, weil das übergeordnete Substantiv selbst im Plural steht. Es wäre also falsch, das begleitende Pronomen im Numerus nicht an das im Plural stehende Substantiv *Nachbarn* anzupassen (also nicht *mein Nachbarn). Beide sind im Plural markiert, weil sie innerhalb einer Wortgruppe – nämlich einer Nominalphrase – stehen (zum Phrasenbegriff vgl. Abschnitt 5.2). Aber diese beiden Wörter teilen sich nicht nur das gleiche Numerus. Das possessive Artikelwort folgt dem Substantiv hier auch in Bezug auf den Kasus. Falsch wäre, wenn man z. B. den Begleiter in einer Dativform realisieren würde (*Meinen Nachbarn sind sehr nett), da es sich bei der Wortgruppe *Meine Nachbarn* um ein Subjekt handelt und Subjekte im Deutschen nur im Nominativ erscheinen. An dem Satz *Meine Nachbarn sind sehr nett* fällt noch eine weitere Übereinstimmung in grammatischer Hinsicht auf: Das Verb *sein* steht im Satz in einer Pluralform und nicht etwa im Singular. Grammatisch falsch wäre also *Meine Nachbarn ist sehr nett, weil das Subjekt im Plural steht, das finite Verb hingegen im Singular. Genau diese grammatische Übereinstimmung zwischen bestimmten Wörtern oder Wortgruppen im Satz bzw. in Äußerungen – wie oben beispielhaft gezeigt an den Übereinstimmungen zwischen *Meine* und *Nachbarn* sowie zwischen *Meine Nachbarn* und *sind* – wird in der Fachterminologie *Kongruenz* genannt. Für das Deutsche kann man drei verschiedene Typen von Kongruenz unterscheiden (vgl. Pafel 2011: 46). Neben der schon oben erwähnten Subjekt-Verb-Kongruenz und der Kongruenz zwischen den Wörtern innerhalb einer Nominalgruppe existiert auch eine Kongruenz zwischen dem Pronomen und seinem übergeordneten Bezugswort. Die grammatischen Merkmale, die bei der Kongruenz zum Tragen kommen können, sind Folgende:

- „Person: 1., 2., 3. Person
- Numerus (grammatische Zahl): Singular und Plural
- Genus (grammatisches Geschlecht): Maskulinum, Femininum, Neutrum
- Kasus (Fall): Nominativ, Akkusativ, Dativ, Genitiv" (Duden 2016: 952).

Ein Beispiel für die Subjekt-Verb-Kongruenz ist schon oben erwähnt worden (vgl. das Subjekt *Meine Nachbarn* und das finite Verb *sind*). Das Subjekt und das finite Verb teilen sich im Deutschen die grammatischen Kategorien Numerus und Person. Insbesondere bei der Verwendung von pronominalen Subjekten ist die Kongruenz in Bezug auf Numerus und Person zu sehen: *er schläft* (nicht aber *er schlafen*); *wir schlafen* (aber nicht *wir schlafe*). Das Subjekt kann in verschiedenen Erscheinungsformen vorkommen: als Pronomen, als Nomen, als nominale Gruppe (Nominalphrase), als Nebensatz. Erscheint das Subjekt in Form eines Nomens oder einer Nominalphrase, dann steht das finite Verb immer in der 3. Person entweder im Singular oder im Plural. Nominale Subjekte weisen nämlich keine grammatische Kategorie Person auf. Erst wenn man diese pronominalisiert, d. h. durch Pronomen ersetzt, dann kann das finite Verb auch in der 1. oder 2. Person markiert werden. Wird ein Subjekt in Form eines Nebensatzes realisiert (im Folgenden Beispiel unterstrichen), dann steht das finite Verb in der 3. Person Singular: _Dass meine Nachbarn sehr nett sind_, ist bekannt oder _Dass mein Nachbar sehr nett ist_, ist bekannt. Hier sieht man zweierlei: innerhalb eines jeden Nebensatzes kongruiert das finite Verb mit dem Subjekt des Nebensatzes und innerhalb des übergeordneten Hauptsatzes kongruiert das finite Verb mit dem gesamten Subjekt-Nebensatz. Aber der _dass_-Satz wird hier immer als Subjekt in der 3. Person Singular betrachtet (vgl. zur Kongruenz zwischen den verschiedenen Formen des Subjekts und dem finiten Verb detaillierter Duden 2016: 1014–1029). Betrachtet man _Meine Nachbarn_ gesondert, dann rückt das Interesse für die Kongruenz der Wörter innerhalb dieser nominalen Gruppe in den Fokus. Wenn in Nominalphrasen mehrere Elemente gleichzeitig grammatische Markierungen erhalten, spricht man auch von der Wortgruppenflexion. Dabei stimmen die Flexionsendungen der Artikelwörter und Adjektive mit den grammatischen Merkmalen der Substantive (Genus, Numerus, Kasus) überein. Welche Markierungen die Adjektive und Artikelwörter erhalten, hängt davon ab, ob diese „Hauptmerkmalträger" oder „Nebenmerkmalträger" (Duden 2016: 955) sind. Adjektive sind dann Hauptmerkmalträger (starke Deklination), wenn kein Artikelwort oder ein Artikelwort ohne Endungen vorangeht: Die starke Deklination von Adjektiven bei fehlendem Artikelwort liegt z. B. bei den Nominalphrasen _wildes Tier_ (im Vergleich zur Phrase mit definitem Artikel: _das wilde Tier_) oder _frecher Junge_ (im Vergleich zur Phrase mit Artikel: _der freche Junge_) vor. Die starke Deklination nach endungslosem Artikelwort ist gegeben, wenn man den indefiniten Artikel oder das possessive Artikelwort verwendet: _ein/mein wildes Tier_ oder _ein/mein frecher Junge_. Geht ein dekliniertes Artikelwort voran, dann werden Adjektive schwach dekliniert und die Hauptmerkmalträger sind dann die Artikelwörter und nicht die Adjektive: _das/dieses wilde Tier_ und _der/dieser freche Junge_. Die Kongruenz zwischen Pronomen und ihren Bezugswörtern ist in Sätzen zu finden, in denen z. B. ein Relativpronomen oder eine Anapher verwendet wird. Erweitert man den obigen Satz _Meine Nachbarn sind sehr nett_ um einen Relativsatz, dann erhält man z. B. _Meine Nachbarn, die erst neulich eingezogen sind, sind sehr nett_. Das hier unterstrichene Relativpronomen _die_ kongruiert mit dem Subjekt _Meine Nachbarn_. Es steht genauso im Plural wie das Subjekt des Hauptsatzes selbst, welches das Bezugswort darstellt. Würde man z. B. das Subjekt in den Singular setzen, dann würde das Relativpronomen *der* (für *mein Nachbar*) oder *die* (für *meine Nachbarin*) lauten. Im Falle eines Neutrums müsste man *das* verwenden. Das bedeutet, dass das Relativpronomen sich in Bezug auf das Numerus und das Genus nach dem übergeordneten Bezugswort richtet. Pronomen, die sich anaphorisch oder kataphorisch auf Nomen bzw. Nominalphrasen beziehen, kongruieren in Bezug auf das Genus, das Numerus und die Person mit denselben. Ein anaphorischer Bezug eines Pronomens auf das Subjekt *Meine Nachbarn* in *Meine Nachbarn sind sehr nett* kann z. B. so aussehen (anaphorisches Pronomen ist unterstrichen): *Meine Nachbarn sind sehr nett. Sie sind erst neulich eingezogen.* Das Pronomen steht in der 3. Person Plural und kongruiert daher mit dem Subjekt im vorangehenden Satz. Wird das Subjekt in den Singular gesetzt, dann erkennt man auch eine Genuskongruenz: *er* (für *mein Nachbar*) und *sie* (für *meine Nachbarin*). Bei einem Neutrum lautet das entsprechende Pronomen *es* (z. B. für *das Mädchen*). Nicht alle Pronomen können anaphorisch verwendet werden[4] (zum Verhältnis des Pronomens zu seiner Bezugsphrase vgl. weitere Regeln und Einschränkungen ihrer Verwendung als Anaphern z. B. Duden 2016: 1011–1014).

Bisher wurden hier verschiedene Begriffe immer wieder mit Bezug auf die Einheit Satz verwendet. Geklärt wurde diese sprachliche Einheit in begrifflicher Hinsicht jedoch noch nicht. Der Satz als größtmögliche Untersuchungseinheit der Syntax ist in der Sprachwissenschaft weder einheitlich definiert, noch existiert eine Definition, die allgemein akzeptiert ist. „[D]ie Satzdefinition gehört zu den unlösbaren Problemen der Linguistik." (Hentschel/Weydt 2021: 319). Es ist „bislang keine unproblemat[ische] Satzdefinition gelungen […]." (Glück 2016a: 583). Die Unterschiedlichkeit der Definitionen liegt in der Verschiedenheit der berücksichtigten „Ebenen der Betrachtung" (Hentschel/ Weydt 2021: 319). Und Engel (2004) schreibt mit Bezug auf die Frage „Was ist ein Satz" in treffender Weise: „Fragen dieser Art sollten eigentlich in der Wissenschaft nicht gestellt werden, denn wir wissen vorderhand noch nicht einmal, ob es so etwas wie Sätze überhaupt gibt. Wie könnte man da nach ihrer

....

4   „Das Personalpronomen […] dient nicht in allen Formen der Wiederaufnahme von Inhalten. Die 1. und 2. Person einschließlich der Höflichkeitsformen (*ich, du; wir, ihr; Sie, Ihr*) stellen die Personendeixis in der Sprechsituation her. Nur die 3. Person (*er, sie, es; sie*) bildet unbetont die typische **Anapher**. Betont sind auch diese Formen deiktisch." (Duden 2016: 1122; Hervorhebungen im Original).

Beschaffenheit, nach ihrer Definition fragen?" (Engel 2004: 82). Das sind wahre Worte, die uns aber trotzdem nicht davon abhalten sollten, dem Satzbegriff aus einem einfachen Grund definitorisch ein wenig zu nähern: „Die Rechtfertigung dieses Kunstprodukts ‚Satz' liegt darin, dass wir den Satz irgendwie brauchen, um mit der Sprachbeschreibung zu Rande zu kommen: Es ist einfach praktisch, einen Satzbegriff zu verwenden, ja es scheint unumgänglich zu sein." (Engel 2004: 82). Der Mensch tendiert dazu, alles um sich herum zu klassifizieren. Dies ist für seine Orientierung in der Welt von größter Wichtigkeit. Das Klassifizieren geschieht dabei auch in Bezug auf die Sprache. Wenn man die Annahme macht, dass eine sprachliche Einheit existiert, die man als *Satz* bezeichnen kann, dann hilft dies auch dabei, die zwischen der Morphem-/ Wort- und der Textebene liegende Einheit entsprechend erfassen und beschreiben zu können. Engel (2004) plädiert daher dafür, nicht die Frage „Was ist ein Satz?", sondern „Was verstehen wir unter einem ‚Satz'?" (Engel 2004: 82) zu stellen. Er weist – wie alle anderen Linguisten/Linguistinnen, die sich mit der Syntax beschäftigen, auch – darauf hin, dass es unterschiedliche Definitionen gibt, die dem Satzbegriff entsprechend unterschiedliche Konzepte zugrunde legen. Es würde zu weit führen, sich hier auf die verschiedenen Definitionen – oder einen Teil davon – einzulassen (beachte z. B. den Hinweis auf die Existenz von bis zu „300 möglichen Definitionen" in Hentschel/Weydt 2021: 319). Die vorliegende Einführung hat nicht den Anspruch, eine Definition des Satzes zu liefern, die allen Ansprüchen genügen könnte. Ziel ist lediglich, eine erste Orientierung zu bieten. Wer sich mit dem Satzbegriff intensiver auseinandersetzen möchte, hat die Möglichkeit, entsprechende Fachliteratur zu konsultieren (vgl. z. B. die *Podiumsdiskussion zum Satzbegriff* in Hoffmann 1992 mit Beiträgen von Hoffmann 1992, Buscha 1992; Ehlich 1992; Heidolph 1992; Strecker 1992; vgl. zudem ebenso Zifonun et al. 2011 [1997]: Kap. B). Der Einfachheit halber wird hier Engels (2004) Satzbegriff aufgeführt,[5] der auf

---

5   Im Vergleich z. B. zur Definition der Duden-Grammatik ist die von Engel (2004) viel klarer formuliert. Aber auch in der Duden-Grammatik werden drei Kriterien für den Satzbegriff genannt, die hier der Vollständigkeit halber erwähnt werden sollen: (1) „Ein Satz ist eine Einheit, die aus einem Prädikat mit einem finiten Verb und den zugehörigen Ergänzungen und Angabe besteht." (Duden 2016: 776). (2) „Ein Satz ist eine abgeschlossene Einheit, die nach bestimmten Regeln (den syntaktischen Regeln) gebildet worden ist." (Duden 2016: 776).

dem finiten Verb als wichtigstem definitorischen Merkmal basiert und daher auch besonders für den Bereich der Fremdsprachenvermittlung geeignet ist: „Ein Satz enthält immer ein **finites Verb**. Damit sind Infinitivkonstruktionen generell keine Sätze, weil sie nur infinite Verben (Infinitive) enthalten." (Engel 2004: 83; Hervorhebungen im Original). Ein Satz wie bspw. *Heute Morgen hat er die erste Prüfung geschrieben* wäre nach diesem Kriterium ein Satz, wohingegen eine Infinitivkonstruktion wie *um sich zu entspannen* nicht zu den Sätzen zählen, weil hier kein finites Verb zu finden ist. Da auch Nebensätze (wie z. B. *obwohl es schon sehr spät ist*) ein finites Verb enthalten, müssten man diese nach dem in Engel (2004) erstgenannten Kriterium ebenso zu den Sätzen zählt. Sie sind jedoch nicht selbständig und das ist schon ein weiteres Kriterium, das Engel (2004) für den Satzbegriff zugrunde legt: „So legen wir als zweites Merkmal von Sätzen fest, dass sie mindestens **potentiell autonom** sind." (Engel 2004: 83; Hervorhebungen im Original). Nebensätze sind nicht autonom, weil sie von übergeordneten Sätzen abhängen. Engel (2004) nennt noch ein weiteres Merkmal, das seinen Satzbegriff bestimmt: ein Satz ist eine „**Konstruktion, die sich in besonderer Weise zur Vereindeutigung von Sprechakten eignet.**" (Engel 2004: 84; Hervorhebungen im Original). Mit einem Satz lässt sich ein Sprechakt hinsichtlich seiner Art präzisieren. Am Beispiel der verblosen Äußerung „Dreimal daneben" verdeutlicht Engel (2004), wie verschieden die Interpretation ausfallen kann. Um eine Eindeutigkeit hinsichtlich des Sinns zu erreichen, müsste man einen Satz bzw. einen komplexen Satz mit einem sprechaktbezeichnenden Verb verwenden, wie bspw. „Ich verlange von dir, dreimal daneben zu schießen" (Engel 2004: 83). Engel (2004) verwendet einen Oberbegriff für alle Konstruktionen, die ein Verb aufweisen, denen aber eines der oben genannten Merkmale (z. B. das finite Verb oder die Autonomie) fehlt. Er bezeichnet diese als „satzartige Konstruktionen" (Engel 2004: 84). Zu den satzartigen Konstruktionen gehören die nicht autonomen Nebensätze (z. B. *wenn es dunkel wird*) und die Infinitivkonstruktionen (z. B. *um es zu glauben*).

---

(3) „Ein Satz ist die kleinste Einheit, mit der eine sprachliche Handlung vollzogen werden kann." (Duden 2016: 777). Mit dem dritten Kriterium vollzieht die Duden-Grammatik (2016) im Vergleich zu Duden (2009) insofern eine Wende, als nun auch das sprachliche Handeln Berücksichtigung findet.

Im Folgenden wird der Begriff Satz nicht immer ausschließlich für Einheiten verwendet, in denen alle drei Merkmale vorkommen. So können z. B. auch die Nebensätze oder die Relativsätze als Sätze oder Teilsätze bezeichnet werden. Nur Konstruktionen ohne ein finites Verb werden hier *Infinitivkonstruktionen*, *satzwertige Konstruktionen* o. ä. genannt.

4 Wörter und Wortarten aus syntaktischer Perspektive

4.1 Wort

Wie im obigen Kapitel erwähnt, sind Wörter als Bausteine für die Bildung von Sätzen wichtig. Der Begriff *Wort* ist in der Alltagssprache allgegenwärtig. Der Wortbegriff ist selbst jedoch auch schon ein vager Begriff. **Was ist ein Wort?** Auf solch eine Frage gibt es keine einfache Antwort. Einfach scheint die Antwort nur auf den ersten Blick. Erst bei einem kriteriengeleiteten Abgrenzungsversuch werden die Probleme deutlich. Betrachtet man folgendes Beispiel, dann kann es sein, dass die Antwort auf die Frage, wie viele Wörter darin zu finden sind, ganz unterschiedlich ausfällt:

Beispiel 2: Textausschnitt aus Kästner (1993 [1961]).

„Früher liebte ich die Abenteuer, heute liebe ich meine Ruhe. So ändern sich die Menschen. Früher war mir England, meine Heimat, zu klein, und nun ist mir der Obstgarten, wo ich sitze und schreibe, fast zu groß. So ändert sich das Augenmaß." (Kästner 1993 [1961]: 7).

Je nach dem, was man genau unter einem Wort versteht bzw. wie man es definiert, kann die Anzahl unterschiedlich hoch angegeben werden. Im ersten Satz sind entweder acht oder zehn Wörter zu finden, je nachdem, ob man *liebte* und *liebe* sowie das zweimalige Erscheinen des Personalpronomens *ich* als ein Wort oder zwei verschiedene Wörter betrachtet. Berücksichtigt man auch die nächsten Sätze, so erscheint *ich* insgesamt drei Mal, in der flektierten Form *mir* zwei Mal. Die Wörter *sich, meine, früher, so* und *zu* tauchen jeweils zwei Mal auf. Wie sind *Obstgarten* und *Augenmaß* zu zählen? Liegen hier je zwei Wörter vor (*Obst* und *Garten* sowie *Auge* und *Maß*) oder ist es doch nur jeweils ein Wort? Obwohl allein schon die Orthografie das Zählen erleichtert, weil Leerstellen (Spatien) zwischen den einzelnen Einheiten gesetzt werden, ist die Antwort auf die Frage nach der Anzahl der Wörter nicht so einfach, wie man glaubt. Zudem zeigt dieser kleine Textausschnitt auch, dass man zwischen Wörtern in syntaktischen Kontexten und jenen in ihrer isolierten Form, wie man sie auch in Wörterbüchern findet, unterscheiden muss. Die beiden Verben *liebte* und *liebe* sind zwei Erscheinungsformen ein und desselben Worts *lieben*, welches auch als Wörterbucheintrag dient. Im ersten Fall spricht man von **Wortformen** oder von syntaktischen Wörtern und im zweiten Fall vom **Lexem**. Wortformen sind die paradigmatischen Formen eines Wortes, wie sie in syntaktischen Kontexten vorkommen können (z. B. *liebe, liebst, lieben, liebte, liebtest, liebten* usw.), während Lexeme die Zitierformen dieser Wortformen sind. So findet man einen Wörterbucheintrag für *lieben*, aber nicht für *liebst* oder *liebte*. Es existiert aber ebenso ein Wörterbucheintrag für *Obstgarten* und *Augenmaß*, obwohl schon Einträge für die einzelnen Bausteine dieser zusammengesetzten Wörter (also *Obst, Garten, Auge* und *Maß*) vorhanden sind. Dies hat etwas damit zu tun, dass *Obstgarten* und *Augenmaß* jeweils eigene Bedeutungen tragen. Hierbei handelt es sich um Komposita (Zusammensetzungen) aus je zwei Lexemen und nicht wie im Falle der Wortformen des Verbs *lieben* um flektierte Formen, die hinsichtlich ihrer lexikalischen Bedeutung unverändert bleiben, während sich die grammatische Bedeutung hingegen ändert. So ist auch kein Lexikoneintrag für (*des*) *Obstgartens*, (*die*) *Obstgärten*, (*des*) *Augenmaßes* oder (*die*) *Augenmaße* zu finden, weil diese Wörter lediglich flektierte Formen der Lexeme *Obstgarten* und *Augenmaß* repräsentieren. Mit dem Begriff *Lexem* wird konkret auf diese im Lexikon zu findenden Zitierformen verwiesen, während mit dem Begriff *Wortformen* immer die in Äußerungen bzw. syntaktischen Kontexten verwendeten Einheiten bezeichnet werden. Der Begriff *Wort* kann sich sowohl auf *Lexem* als auch auf *Wortform* beziehen. Es handelt sich somit um eine Bezeichnung, die nicht kontextgebunden ist und daher immer verwendet werden kann.

In der Linguistik werden unterschiedliche Kriterien angegeben, die für sich alleine nie ausreichen, um die sprachliche Einheit Wort aus einer Reihe aufeinander folgender Einheiten in einer Äußerung zu isolieren. Wer über Wortarten sprechen möchte, muss zuvor bestimmen, was überhaupt ein Wort ist. Noch konkreter müsste danach gefragt werden, was eine Wortform ist, da das

Problem der Bestimmung weniger auf der Ebene der isolierten, kontextlosen Einheiten (also den Lexemen) als vielmehr auf der syntaktischen Ebene liegt. Für die Bestimmung werden Kriterien benötigt, die objektiv nachvollzogen werden können (vgl. zur folgenden Kriterienliste Pittner 2016: 769). Diese Kriterien sind auf verschiedene linguistische Bereiche bezogen: Orthografie, Phonologie, Morphologie, Syntax, Semantik. Allerdings sind alle bisher in der Forschungsliteratur genannten Kriterien für sich alleine nicht ausreichend, um Wörter bzw. Wortformen immer zweifelsfrei zu identifizieren. Für einen Überblick zu den verschiedenen Kriterien kann hier z. B. auf Bauer (2000), Aronoff/ Fudeman (2011: Abschnitt 2.1) oder Pittner (2016: 769 f.) verwiesen werden. Dort sind auch die mit den einzelnen Kriterien verbundenen Probleme erläutert. Im Folgenden geht es nur darum, kurz auf diese Kriterien einzugehen.

In Sprachen, in denen eine Schrifttradition existiert, ist das Leerzeichen häufig ein hilfreiches Kriterium: ein Wort wird mit einem Spatium vor und nach der Einheit Wort geschrieben. Dieses Kriterium ist das sogenannte **orthografische Kriterium**: „Als W[ort] gilt eine Buchstabensequenz, die zwischen zwei Leerzeichen (Spatien) auftritt und selbst kein Leerzeichen enthält." (Pittner 2016: 769; Hinzufügung N.T.). Nach diesem Kriterium wären z. B. *Apfel*, *Essig*, *rufen*, jeweils ein Wort, aber ebenso *Apfelessig* und *anrufen*. Was ist aber mit sprachlichen Einheiten, die im Satz getrennt geschrieben werden, aber von der Bedeutung her irgendwie eine Einheit bilden, wie z. B. im Falle der Verbform *ruft … an* in *Er ruft gleich an*? Und was ist mit Sprachen, die nicht verschriftet sind? Aber auch wenn eine Sprache ein Schriftsystem besitzt, so kann die Anwendung des orthografischen Kriteriums „nur auf Spr[achen] mit alphabet[ischem] Schriftsystem, das Leerzeichen verwendet (in Europa erst seit ca. 1000 n. Chr.)" erfolgen (Pittner 2016: 769; Hinzufügungen N.T.). Das orthografische Kriterium kann weder als übereinzelsprachliches noch als ausschließliches Kriterium verwendet werden, zumal sich auch Regeln der Getrennt- und Zusammenschreibung wandeln können. Des Weiteren können orthografische Regeln einfach traditionell geprägt oder aber auch arbiträr sein: „The rules for orthographic word division are to some extent simply traditional in languages with a long written history. And when a language is first written down, language users often disagree on where to put blank spaces between words, and when a conventional spelling is agreed on, the decisions are sometimes clearly arbitrary." (Haspelmath/Sims 2010: 189). Auf der Ebene der gesprochenen Sprache ist es möglich, ein anderes Kriterium anzuwenden: **das phonologische Kriterium**. Es bezieht sich darauf, dass ein Wort anhand von Sprechpausen, Wortakzenten, der Vokalharmonie u. a. ermittelt werden kann (vgl. zu den Einschränkungen Bauer 2000: Abschnitt 4.2). Ein weiteres Kriterium ist das **morphologische bzw. morphosyntaktische Kriterium**, welches besagt, dass dann von einem Wort bzw. einer Wortform gesprochen wird, wenn ein Morphem bzw. eine Morphemkonstruktion im syntaktischen Kontext frei vorkommen kann. Morpheme wie bspw. -*heit* oder -*lich* sind keine Wörter, weil sie nicht frei im Satz auftreten können. Erst wenn diese mit einem anderen Morphem, welches frei oder gebunden sein kann, verbunden werden, kann von einem Wort gesprochen werden (z. B. *Freiheit* und *deutlich*). Ein weiteres Kriterium, das im Zusammenhang mit dem Wortbegriff genannt wird, ist das **psychologische Kriterium**. Das Wort als psychologische Entität bezieht sich sowohl auf die Wortform als auch auf das Lexem. Hierbei geht es um das Bewusstsein des Einzelnen von einem Wortbegriff in rein kognitiver Hinsicht – auch unabhängig davon, ob ein Schriftsystem existiert bzw. ob die Individuen alphabetisiert sind. Allerdings muss hier berücksichtigt werden, dass ein Wort als psychologische Einheit nicht dem entspricht, was unter einem orthografisch basierten Wort verstanden wird (vgl. zu dieser Problematik Bauer 2000: 253).

Was ein Wort ist, kann also nicht einfach beantwortet werden. Es ist und bleibt ein vager Begriff und bezüglich seiner Abgrenzung von den zugrundeliegenden Theorien abhängig. Da Deutsch eine verschriftete Sprache ist, können das orthografische und das morphologische Kriterium als starke Kriterien zur Bestimmung des Wortbegriffs genutzt werden, ohne dabei zu vergessen, dass die Getrennt- oder Zusammenschreibung kein sicheres Kennzeichen der Worthaftigkeit ist (vgl. z. B. *aufräumen* > *Er räumt auf*).

Wörter können auf der Grundlage bestimmter Kriterien zu Wortarten (auch Lexemklassen, Wortklassen) zusammengefasst werden (vgl. zur Wortartenproblematik bzw. zu den Kriterien ihrer Ermittlung z. B. Knobloch/Schaeder 2000).[6] So lassen sich Wörter bzw. Lexeme mit Hilfe morphologischer

....

6   Da es sich hier um eine Einführung in die Syntax handelt, kann eine vertiefte Auseinandersetzung mit der Komplexität der Wortartenermittlung nicht durchgeführt werden. Sehr

Kriterien wie der Flektierbarkeit zu Wortarten klassifizieren. Die Gruppe der flektierbaren Wortarten im Deutschen bilden die Substantive, Adjektive, Artikelwörter, Pronomen und Verben (vgl. zur Flexion im Deutschen z. B. Thieroff/ Vogel 2012). Die Gruppe der unflektierbaren Wortarten sind die Junktionen (Konjunktionen und Subjunktionen), Präpositionen, Adverbien und Partikel. Diese Einteilung ist eine gängige Klassifizierung, aber es gibt Grammatiken, die aufgrund unterschiedlicher Klassifizierungskriterien zwischen zwei und fünfzehn Wortarten unterscheiden. Diese grobe Differenzierung nach der Flektierbarkeit hängt damit zusammen, dass es Wörter gibt, die in syntaktischen Kontexten grammatische Markierungen tragen können bzw. müssen, um die Grammatikalität derselben Kontexte zu gewährleisten. Wörter, die dieselben grammatischen Eigenschaften bzw. Kategorien aufweisen, werden zu einer Wortart zusammengefasst. Was darunter zu verstehen ist, kann ganz einfach durch einen Blick auf die grammatischen Erscheinungsformen folgender Wortbeispiele verstanden werden: *sitzen, Teppich, groß, der, ich*. Die grammatischen Veränderungen, die das Wort *sitzen* im Satz erfährt, sind nicht dieselben, die bei den anderen Wörtern beobachtet werden. Das Wort *sitzen* kann z. B. in der Form (*ich*) *sitze/saß*, (*du*) *sitzt/saßest*, (*er*) *sitzt/saß* usw. erscheinen. Aber die Wörter *Teppich, groß, der* und *ich* können hingegen nicht auf dieselbe Art und Weise morphologisch verändert werden. Da, wo es so scheint, als ob solche Formen tatsächlich realisierbar sind, handelt es sich grammatisch nicht um dieselbe Bedeutung. Bei *Teppich* lässt sich z. B. die Endung -*e* anfügen, aber dies führt zur Bildung einer Pluralform und nicht etwa wie bei (*ich*) *sitze* zu einer Verbform in der 1. Person Singular Präsens. Es gibt also weder *(ich) teppiche*, noch *(du) teppichst*. Auch ein *(du) großt*, *(wir) deren* oder *(sie) ichen* existieren nicht. Ebenso ist es nicht möglich die Steigerungsformen, die beim Wort *groß* bildbar sind, auf die anderen Wörter zu übertragen. Es existiert ein *groß – größer – am größten*, aber kein *teppich – teppicher – am teppichsten*, kein *der – derer – am deresten* und ebenso kein *ich – icher – am ichsten*. So könnten die verschiedenen grammatischen Kategorien, die nur auf bestimmte

---

aufschlussreich kann für Interessierte z. B. Thielmann (2021) sein, der in anschaulicher Art und Weise diese Problematik umreißt und eine im Vergleich z. B. zur Duden-Grammatik (2016) etwas andere Klassifizierung der Wortarten präsentiert.

Wortarten beschränkt sind (also die wortartspezifischen Kategorien), in beliebiger Weise auf andere Wortarten übertragen werden, um zu beweisen, dass diese wortartspezifischen Kategorien in ihrer Distribution beschränkt sind. Die wenigen Beispiele reichen jedoch aus, um die Problematik bewusst zu machen. Auch bei der Verknüpfung der obigen Wörter zu einem Satz gibt es Beschränkungen. Es gibt syntaktische Positionen, die nur für bestimmte Wortarten bestimmt sind (z. B. die linke Satzklammer ist in Hauptsätzen nur mit dem finiten Verb besetzt; vgl. hierzu ausführlich Kap. 7). Ebenso ist z. B die Reihenfolge der Wörter innerhalb einer Wortgruppe festgelegt (z. B. ist in der Nominalphrase des Deutschen die Reihenfolge Artikel-Adjektiv-Substantiv obligatorisch, eine andere Reihenfolge ist nicht möglich, wenn die Begleiter des Substantivs realisiert werden sollen).

Verben werden als konjugierbare und die anderen Flektierbaren als deklinierbare Wortarten bezeichnet. Die deklinierbaren Wortarten lassen sich nach Kasus, Genus und Numerus flektieren. Die konjugierbare Wortart der Verben weist folgende wortartspezifischen Kategorien auf: Person, Numerus, Tempus (Zeit), Modus (Aussageweise), Genus Verbi (Handlungsweise). Weder ist die Anzahl der Wortarten noch sind die jeweiligen grammatischen Kategorien der Wortarten in allen Sprachen gleich. Eine Wortart kann in der einen Sprache existieren, in der anderen hingegen nicht (z. B. im Falle der Unterscheidung zwischen Substantiven und Adjektiven). Eine grammatische Bedeutung kann in der einen Sprache in Form von gebundenen grammatischen Morphemen realisiert werden, während sie in einer anderen mit freien Morphemen ausgedrückt wird: Im Deutschen existiert z. B. das Tempus als verbale Kategorie, während im Arabischen am Verb nicht das Tempus, sondern der Aspekt markiert wird (vgl. sprachvergleichend zu Tempus- und Aspektsystemen z. B. Dahl/Velupillai 2005). Eine Aufteilung der Wortarten nach morphologischen Kriterien (flektierbar vs. nicht flektierbar, mit Kasusmarkierung oder ohne, mit Tempusmarkierung oder ohne usw.) ist selbstverständlich nur bei Sprachen möglich, deren Wörter sich aus Morphembestandteilen zusammensetzen. In sogenannten isolierenden Sprachen, in denen die Wörter unabhängig vom syntaktischen Kontext morphologisch unveränderlich bleiben, kann die Morphologie nicht genutzt werden, um zwischen z. B. Substantiven und Adjektiven zu unterscheiden. Vielmehr werden Wörter mit grammatischer Bedeutung

© Frank & Timme   Verlag für wissenschaftliche Literatur

sowie Wortstellungsregularitäten zum Ausdruck grammatischer Beziehungen genutzt.

Im Folgenden werden nun die einzelnen Wortarten des Deutschen behandelt, um einen kleinen Überblick über deren morphologische Merkmale und ihr morphosyntaktisches Verhalten zu bekommen.

4.2 Wortarten

4.2.1 Verben

Verben bilden bei ihrer Verwendung im Satz die Prädikation, wie z. B. *Er sucht nach Geld* oder *Der Anwalt verteidigt seinen Mandanten*. Das Prädikat kann entweder einfach oder zusammengesetzt bzw. komplex sein, wie z. B. *Er ging nach Hause* oder *Er ist nach Hause gegangen*. Das deutsche Verb ist bei seiner Verwendung in syntaktischen Kontexten durch folgende Kategorien gekennzeichnet:[7]

Wortartspezifische Kategorien	Realisierungsformen
a) Tempus	synthetisch: Präsens, Präteritum analytisch: Perfekt, Plusquamperfekt, Futur I, Futur II
b) Modus	Indikativ, Konjunktiv I und Konjunktiv II, Imperativ
c) Genus Verbi	Aktiv und Passiv
d) Person	1., 2. und 3.
e) Numerus	Singular und Plural

Tabelle 1: Grammatische Kategorien des deutschen Verbs.

Die drei erstgenannten Kategorien (Tempus, Modus und Genus Verbi) sind ausschließlich beim Verb zu finden, während Person und Numerus auch bei

....

7   Vgl. zur Wortart Verb im Allgemeinen z. B. Duden (2016: 395–578), Eisenberg (2013: Abschnitt. 5.3), Eisenberg (2020: Kap. 3), Elsen (2011: Kap. 10), Engel (2004: Kap. 4), Hentschel/Vogel (2009b), Hentschel/Weydt (2021: Kap. 3), Thielmann (2021: Abschnitt 2.4).

den anderen Flektierbaren vorkommen können. Die Tempuskategorie wird in zwei Unterkategorien unterteilt: in eine synthetische und eine analytische. Präsens und Präteritum gehören zu den synthetischen (bzw. einfachen) Tempora, weil sie nur durch die grammatische Markierung am finiten Verb alleine realisiert werden: z. B. (*er*) *schwimmt* – (*er*) *schwamm*; (*er*) *lacht* – (*er*) *lachte* usw. Analytisch ist eine Tempuskategorie bei der Bildung des Perfekts, des Plusquamperfekts, des Futur I und des Futur II, weil zu ihrer Realisierung die Verwendung von Hilfsververben in Kombination mit einer Partizipialform bzw. einem Infinitiv nötig ist: (*er*) *ist/hat geschwommen*; (*er*) *war/hatte geschwommen*; (*er*) *wird schwimmen*; (*er*) *wird geschwommen sein*.[8] Vgl. zur Tempuskategorie z. B. Eisenberg (2013: Abschnitt 5.3.3), Eisenberg (2020: Abschnitt 4.3), Hentschel/Weydt (2021: Abschnitt 4.3), Velupillai/Hentschel (2009: 425–440).

Die Moduskategorie wird in drei bzw. vier Unterkategorien aufgegliedert. Modus ist die Aussageweise des Verbs. Diese kann folgende Erscheinungsformen aufweisen: Wirklichkeitsform (Indikativ) wie z. B. *er gibt*, Möglichkeitsform (Konjunktiv I und II) wie z. B. *er gebe* und *er gäbe*, Befehlsform (Imperativ) wie z. B. *gib*. Bei den beiden Kategorien Tempus und Modus liegt häufig ein Synkretismus, d. h. ein Formenzusammenfall, vor. Während zudem z. B. die beiden Tempora Präsens und Präteritum formal klar voneinander getrennt werden, gilt dies nicht im selben Maße für die Differenzierung zwischen Indikativ und Konjunktiv (vgl. Duden 2016: 444). Und da, wo es einen Formenzusammenfall zwischen Indikativ und Konjunktiv gibt, suchen die Sprecher bzw. Sprecherinnen nach Lösungsstrategien: „Bei vielen Verben sind die Formen des Indikativ und Konjunktiv I identisch, dann wird Konjunktiv II verwendet. Weil aber auch oft beide Konjunktivformen mit dem Indikativ gleichlauten, bevorzugen die SprecherInnen die Umschreibung mit *würde*. Immer häufiger vertreten solche Ersatz-

....

8   Für das Deutsche werden z. T. auch noch zwei weitere Tempuskategorien genannt, die als Doppelperfekt und Doppelplusquamperfekt (vgl. Hentschel/Weydt 2021: 103 f.) oder auch doppeltes Präsensperfekt und doppeltes Präteritumperfekt bezeichnet werden (vgl. Duden 2016: 473). Diese werden in der Umgangssprache (aber nicht ausschließlich) als relative Tempora zu den beiden Vergangenheitsformen Perfekt und Präteritum verwendet (vgl. Hentschel/Weydt 2021: 103 f.). Sie werden dadurch gebildet, dass zusätzlich zu einer Tempusform im Perfekt oder Plusquamperfekt eine Partizipialform des Hilfsverbs *sein* oder *haben* hinzugefügt wird: *Ich habe das gelernt gehabt*; *Ich hatte das gelernt gehabt*. Vgl. ausführlich auch Eroms (2009).

formen grundsätzlich den Konjunktiv, außer in gehobenen Varietäten." (Elsen 2011: 176; Hervorhebung im Original). Vgl. ausführlich zum Modus z. B. Hentschel/Weydt (2021: Abschnitt 4.4), zum Konjunktiv im Speziellen z. B. Weydt (2009: 207–224) und zur Unterscheidung zwischen Indikativ und Konjunktiv z. B. Eisenberg (2020: Abschnitt 4.4).

Die Kategorie Genus Verbi drückt Handlungsformen des Verbs aus. *Genus Verbi* bedeutet ‚Art des Verbs' und bezieht sich darauf, das Verb entweder im Aktiv oder Passiv zu realisieren. Es handelt sich um eine verbspezifische Kategorie, welche der sogenannten Diathese zuzuordnen ist. Die Passivbildung erfolgt im Deutschen analytisch, indem ein Passivhilfsverb und eine Partizipialform verwendet werden. In anderen Sprachen gibt es nicht nur die Möglichkeit, zwischen Aktiv und Passiv als Verbalkategorien zu differenzieren. Ein drittes Genus Verbi, nämlich das Medium, existiert z. B. im Altgriechischen. Zur Diathese gehören auch Verbalmarkierungen der Kausativierung und Reflexivierung, die beide im Deutschen nicht als grammatische Kategorien existieren. Diese kommen z. B. im Arabischen und Berberischen vor. In beiden Sprachen wird das Passiv anders als im Deutschen synthetisch gebildet (im Arabischen z. B. durch einen Wechsel der im Stamm vorkommenden Vokale). Was die Unterscheidung zwischen Aktiv und Passiv bedeutet, lässt sich anhand des folgenden Beispiels verdeutlichen: *Er schlägt den Hund* vs. *Der Hund wird geschlagen*. In beiden Sätzen ist das Geschehen dasselbe. Nur die Art und Weise wie dieses Geschehen versprachlicht wird, ist unterschiedlich. Im ersten Satz wird ein handelndes Subjekt genannt, welches auch in den Fokus rückt. Im zweiten Satz – dem Passivsatz – hingegen interessiert weniger der Handelnde als vielmehr der vom Geschehen Betroffene bzw. das sogenannte Patiens (vgl. zum Genus Verbi bzw. Aktiv und Passiv z. B. Duden 2016: 556–570; Eisenberg 2020: Abschnitt 4.5; Hentschel/Weydt 2021: Abschnitt 4.5; Heringer 2014: 110–114; Vogel 2009: 154–168).

Person und Numerus, die als grammatische Kategorien nicht allein auf die Wortart Verb beschränkt sind, teilen sich auf drei (1., 2. und 3. Person) bzw. zwei (Singular und Plural) Unterkategorien auf. Die Personendifferenzierung beruht darauf, ob jemand am Gespräch teilnimmt oder nicht. Die am Gespräch Beteiligten werden mit der 1. und 2. Person bezeichnet. Die 1. Person (*ich lache*; *wir lachen*) bezieht sich auf den/die Sprecher/-in, während mit der

2. Person der Hörer bzw. die Hörerin (*du lachst*; *ihr lacht*) gemeint ist. Für Dritte wird die 3. Person verwendet (singulares *er/sie/es/ lacht* sowie plurales *sie lachen*). Die Beispiele zeigen, dass auch hier Synkretismen zu finden sind (vgl. *wir lachen* vs. *sie lachen*; *ihr lacht* vs. *er/sie/es lacht*). Synkretismen sind auch bei Berücksichtigung der Numeruskategorie zu beobachten, da mit einer Endung sowohl die Person als auch das Numerus markiert wird, wie bspw. in der Form (*du*) *lach-st*, in der die -*st*-Endung sowohl auf die 2. Person als auch auf den Singular verweist. Auf der syntaktischen Ebene haben Person-/Numerusmarkierungen einen anderen Status als Tempus-/Modusmarkierungen:

> „Person und Numerus des finiten Verbs sind durch das Subjekt des Satzes bestimmt, d. h. grammatisch festgelegt. Sie dienen damit zur Verdeutlichung der syntaktischen Struktur des Satzes. Das Tempus (‚Zeit') und der Modus (‚Aussageweise') des finiten Verbs haben eine selbstständige semantische Funktion. Sie tragen zur zeitlichen Einordnung des beschriebenen Geschehens und zum ‚Wirklichkeitsbezug' oder ‚Wahrheitsanspruch' der Äußerung bei [...]." (Duden 2016: 437).

Person und Numers sind somit zwei grammatische Kategorien des Verbs, deren Realisierung durch das Subjekt des Satzes gesteuert wird. Es handelt sich hierbei um eine Erscheinung, die im Rahmen der Verb-Subjekt-Kongruenz erklärbar ist. Tempus und Modus sind hingegen subjektunabhängig verwendbar.

Verben können als Wortart nach verschiedenen Kriterien auch in Untergruppen aufgeteilt werden. Dazu gehören neben anderen z. B. semantische, morphologische und funktionale Kriterien, auf die im Folgenden etwas Genauer eingegangen wird (vgl. zur funktionalen Untergliederung der Verben im Einzelnen u. a. Eisenberg 2020: Kap. 3; Hentschel/Vogel 2009b: Abschnitt 3.1; Hentschel/Weydt 2021: Abschnitt 3.4).

Die **semantische Klassifizierung** führt zur Unterscheidung zwischen Tätigkeits-/Handlungs-, Vorgangs- und Zustandsverben. Diese Differenzierung liegt in der Semantik der Verben begründet, insbesondere in der semantischen Rolle, die das jeweilige Subjekt einnimmt (vgl. Duden 2016: 419). Man kann dann Verben als Wörter definieren, die mit zeitlichem Bezug Tätigkeiten/Handlungen (wie bspw. *sprechen, essen, hüpfen*), Vorgänge (wie bspw. *wachsen, erblühen, aufgehen*) oder Zustände (bspw. *liegen, leben, besitzen, wissen*) bezeichnen. Bei den Tätigkeitsverben ist immer ein Subjekt zu realisieren, welches willentlich eine Handlung vollzieht. Vergleicht man z. B. das Verb *essen* mit dem Verb *wissen*, so kann nur bei einem der beiden ein aktiv handelndes Subjekt realisiert werden: *Sara aß ein Stück Kuchen* vs. *Sara wusste davon*. Das Verb *essen* ist ebenso ein Tätigkeitsverb wie z. B. *springen, singen, tauchen, klettern* auch. Es ist dabei nicht erforderlich, dass diese Verben transitiv sind, um zu den Tätigkeitsverben zu zählen. Auch intransitive Verben, die nur das Subjekt als Satzglied aufweisen und nur das unpersönliche Passiv bilden können, zählen zu den Tätigkeitsverben (z. B. *Sara lacht; es wurde gelacht*). Anders als Tätigkeitsverben verlangen Vorgangsverben kein Subjekt, das aktiv bzw. willentlich etwas tut. Das Subjekt hat keine Kontrolle über das Geschehen. Vielmehr zeichnet sich das Subjekt dieser Verben dadurch aus, dass es etwas erfährt, dass quasi von selbst geschieht. Vorgangsverben sind jedoch wie Tätigkeitsverben dynamisch und nicht statisch. Wenn man das Verb *wachsen* als Beispiel nimmt, dann kann gesagt werden, dass ein Subjekt gefordert wird, das lediglich an sich selbst die Erfahrung des Wachsens macht, ohne dabei aktiv eingreifen zu können (z. B. *Der Baum wächst schnell; Der Junge ist schnell gewachsen*). Wie die Vorgangsverben erfordern auch Zustandsverben kein aktiv handelndes Subjekt. Sie sind aber nicht dynamisch, sondern statisch, weil die Bedeutung, die sie tragen, eine Nicht-Veränderlichkeit (zumindest für einen gewissen bzw. unbestimmten Zeitraum) ausdrückt. Man nennt sie daher auch *statische* bzw. *stative Verben*. Mit ihnen wird ein Zustand beschrieben, wie in *Der Apfel ist rot; Sara besitzt ein schönes Haus; Wir wohnen in Köln*.

Aber auch wenn von einem – scheinbar – immer gleichen Verb ausgegangen wird, können unterschiedliche Lesarten existieren, die dazu führen, dass das Subjekt entweder aktiv handelnd am Sachverhalt beteiligt ist (also als Agens), willenlos einem Prozess unterliegt oder nur Teil eines statischen Sachverhalts darstellt. So hat z. B. das Verb *herrschen* zwei Lesarten: Es kann entweder im Sinne von ‚regieren' (z. B. *Der König herrscht mit Gewalt über sein Land*) oder im Sinne von ‚irgendetwas ist irgendwo in auffallender Weise vorhanden' (z. B. *Es herrschte überall Trauer*).[9]

Nun ist es so, dass die Verben nicht alle auf dieselbe Art und Weise konjugiert werden. Man kann auf der Grundlage **morphologischer Kriterien** zwischen unterschiedlichen Verbtypen differenzieren. Ein Blick auf die Formenbildung der Verben im Präsens, Präteritum und im Partizip II zeigt die entsprechenden Unterschiede. Eine traditionelle Unterscheidung deutscher Verben ist die nach starken und schwachen Verben (vgl. z. B. Duden 2016: 441). Starke Verben bilden ihr Präteritum durch den Wechsel des Stammvokals (Ablaut), wie z. B. *finden – fand, stehen – stand, sehen – sah*. Das Partizip II dieser Verbgruppe endet auf *-en*. Auch ein Vokalwechsel kann damit einhergehen: *finden – gefunden, bleiben – geblieben, binden – gebunden*. Schwache Verben weisen bei der Präteritalbildung keinen Vokalwechsel auf, sondern ein Präteritalsuffix: *lachen – lachte, tanzen – tanzte, suchen – suchte*. Das Partitzip II wird mit einer *-t*-Endung ohne Vokalwechsel gebildet: *lachen – gelacht, tanzen – getanzt, suchen – gesucht*. Von den starken und schwachen Verben werden in der Fachliteratur noch die gemischten und die unregelmäßigen Verben nebst Sonderklassen erwähnt (vgl. z. B. Hentschel/Vogel 2009b: Abschnitt 3.3). Zu den gemischten Verben zählen Verben, die Merkmale der starken und der schwachen Verben aufweisen. Die Verben *kennen* und *brennen* sind Beispiele für solche gemischten Verben: *kennen – kannte – gekannt*; *brennen – brannte – gebrannt*. Das Präteritum wird nicht nur mit Hilfe des Dentalsuffixes, sondern auch mit einem Vokalwechsel gebildet. Das Partizip II weist die für schwache Verben typische *-t*-Endung auf, ist aber auch durch einen Vokalwechsel gekennzeichnet. Das Merkmal der unregelmäßigen Verben ist neben dem Dentalsuffix im Präteritum und der *-t*-Partizipialendung auch ein Vokal- und Konsonantenwechsel: *bringen – brachte – gebracht, denken – dachte – gedacht*. Gemischte und unregelmäßige Verben werden z. T. aber auch einfach zu einer Gruppe zusammengefasst. Auch die sogenannten Präteritopräsentia (vgl. zu diesem Begriff ausführlicher weiter unten), zu denen die Modalverben

....

9   Vgl. zu diesen zwei Lesarten z. B. folgenden DWDS-Eintrag: „herrschen", bereitgestellt durch das Digitale Wörterbuch der deutschen Sprache, https://www.dwds.de/wb/herrschen, abgerufen am 07.10.2022.

und das Verb *wissen* gezählt werden, sowie die suppletiven Verben können in dieser Gruppe erfasst werden. Die Einteilung der Verben nach morphologischen Gesichtspunkten wird jedoch keineswegs einheitlich gehandhabt. Es gibt auch Klassifizierungen, die die starken Verben grundsätzlich in eine Gruppe mit allen anderen Verben, die nicht schwach flektieren, zusammenfassen. Damit ergibt sich nur eine Zweiteilung nach regelmäßigen und unregelmäßigen Verben. Engel (2004) gruppiert die deutschen Verben in insgesamt vier Gruppen: starke Verben, schwache Verben, unregelmäßige Verben (mit vier Untergruppen) sowie die Gruppe der Verben mit Sonderformen (Engel 2004: Abschnitt 4.2). Zu den verschiedenen Möglichkeiten der Klassifizierung nach Konjugationsklassen bzw. nach morphologischen Kriterien im Einzelnen kann z. B. auf Duden (2016: 441–442), Eisenberg (2013: Abschnitt 5.3), Engel (2004: Abschnitt 4.2), Hentschel/Weydt (2021: Abschnitt 3.2.1), Hentschel/ Vogel (2009b: Abschnitt 3.3) verwiesen werden.

Eine weitere Möglichkeiten der Unterscheidung auf der morphologischen Ebene ist die Differenzierung nach trennbaren und untrennbaren Verben. Die Trennbarkeit bezieht sich auf die Tatsache, dass bei abgeleiteten Verben die Präfixe sich entweder vom Verbstamm abtrennen lassen oder nicht. Zur Verdeutlichung dienen die folgenden vom Verb *suchen* abgeleiteten Verben:

Beispiel 3: Trennbare und untrennbare Verben.

a) *besuchen, ersuchen, versuchen*
b) *aufsuchen, absuchen, zusammensuchen*

Die Verben in Beispiel 3a) können bei ihrer Verwendung in syntaktischen Kontexten nur als untrennbare Einheiten vorkommen: *Sie besucht ihre Nachbarin / Sie ersucht ihn, den Raum zu verlassen / Sie versucht es mit einem neuen Thema.* Eine Abtrennung wie in den folgenden Beispielen ist also falsch: **Sie sucht ihre Nachbarin be;* **Sie sucht ihn er; den Raum zu verlassen;* **Sie sucht es mit einem neuen Thema ver.* Die Verbpräfixe in Beispiel 3b) müssen in bestimmten syntaktischen Kontexten hingegen vom Verbstamm abgetrennt werden: *Sie sucht eine Apotheke auf; Sie sucht die ganze Wohnung nach ihren Schlüsseln ab; Sie sucht ihr ganzes Hab und Gut zusammen.* Grammatisch falsch ist somit

Folgendes: *Sie _aufsucht_ eine Apotheke*; *Sie _absucht_ die ganze Wohnung nach ihren Schlüsseln*; *Sie _zusammensucht_ ihr ganzes Hab und Gut. Die abtrennbaren Verbpräfixe (in diesen Fällen auch Verbpartikel genannt) müssen nicht nur vom Verbalstamm abgetrennt werden, sondern auch in einer Position ganz rechts im Satz stehen. Die in den obigen Beispielen verwendete Tempusform ist das Präsens. Die Regel der Abtrennung gilt auch für das Präteritum: *Sie _suchte_ die Apotheke _auf_; Sie _suchte_ die ganze Wohung nach ihren Schlüsseln _ab_; Sie _suchte_ ihr ganzes Hab und Gut _zusammen_.* Es existieren jedoch auch bestimmte präverbale Morpheme, die abhängig von ihrer Betonung entweder trennbar oder nicht trennbar sind. Ist das Präfix betont, wird es abgetrennt. Ist es unbetont, bleiben Präfix und Verbstamm verbunden. Das Verb *umfahren* ist ein solches Beispiel: *Er fuhr das Straßenschild um* vs. *Er umfuhr mit seinem Segelboot die Insel.* Im ersten Beispiel ist das Präfix betont ('umfahren), im zweiten der Verbalstamm (um'fahren). Zur Unterscheidung zwischen trennbaren und untrennbaren Verben vgl. z. B. Eisenberg (2013: Abschnitt 7.1.2 und 7.1.3), Hentschel/Weydt (2021: S. 47 f.), Meibauer (2015: Abschnitt 2.6.2), sowie sehr detailliert zu den einzelnen Verbpräfixen und -partikeln Fleischer/Barz (2012: Abschnitt 5.2 und 5.3).

Eine weitere Möglichkeit der Klassifizierung der Verben nach Untergruppen ist die nach ihrer **Funktionalität** (vgl. z. B. Hentschel/Weydt 2021: Abschnitt 3.4). Es wird dabei zwischen Vollverben, Hilfsverben, Kopulaverben, Modalverben, modifzierenden Verben, und Funktionsverben differenziert.

Verben mit einer lexikalischen Bedeutung und der Fähigkeit, alleine die Prädikation eines Satzes zu bilden, nennt man *Vollverben*, wie z. B. *rauchen* und *genießen* in *Er raucht viel* und *Sie genießt ihren Urlaub.* Anders als z. B. Hilfsverben, Modalverben sowie modifizierende Verben, benötigen Vollverben keinerlei weitere Verben, um die Funktion des Prädikats auszufüllen.

Die Verben *haben, sein* und *werden* werden *Hilfsverben* (auch: *Auxiliarverben*) genannt, wenn sie in zusammengesetzten Tempusformen (Perfekt, Plusquamperfekt, Futur I und Futur II, ebenso auch im Doppelperfekt und dem Doppelplusquamperfekt) oder im Passiv verwendet werden. Die Prädikation besteht in diesen Fällen aus der finiten (konjugierten) Form des Hilfsverbs und einer Infinitiv- bzw. einer Partizipialform: *Sara _hat gelogen_; Er _ist gestürzt_; Sie _wird_ nächste Woche _kommen_; Das Kind _wurde geschlagen_.* Verben, die als Hilfsverben verwendet werden, können in bestimmten Kontexten auch in der Funktion von Vollverben vorkommen und zwar in solchen Kontexten, in denen es semantisch um Existenz oder Besitz geht. In diesen Bedeutungen werden die beiden Verben *sein* und *haben* verwendet: *Er ist hier; Ich habe seit gestern ein eigenes Auto.*

Mit dem Begriff *Kopulaverben* sind Verben gemeint, die als Verknüpfungsglied ein sogenanntes Prädikativ (nicht-verbaler Prädikatsteil) mit dem Subjekt verbinden. Damit wird eine syntaktische Einheit einer anderen syntaktischen Einheit zugeordnet. Das Verb *sein* übernimmt neben den schon oben genannten Funktionen auch diese Funktion: *Er ist Arzt; Er ist groß.* Das Prädikativ ist entweder nominal oder adjektivisch. Ebenso können die Verben *werden* und *bleiben* als Kopulaverben verwendet werden: *Er wird Lehrer; Er wird alt; Er bleibt ein Ehrenmann; Er bleibt für immer dumm.*[10]

Zu den Modalverben zählen *dürfen, können, mögen, müssen, sollen* und *wollen.* Sie bilden zusammen mit einer Infinitivform (ohne zu) eines anderen Verbs das Prädikat eines Satzes. Ein Teil dieser Modalverben kann jedoch auch alleine die Prädikation bilden und somit als Vollverb erscheinen (z. B. *Ich kann Chinesisch*). Formal weisen Modalverben im Präsens Stammformen auf, die denen des Präteritums der starken Verben gleichen und auch ihren Ursprung dort haben (*ich will* statt **ich wolle*; *ich kann* statt **ich könne* usw.). Man nennt diese Verben daher auch *Präteritopräsentia.* Auch das Verb *wissen* weist diese Besonderheit auf. Das Präteritum wird so wie bei den schwachen Verben mit dem Dentalsuffix gebildet (vgl. dazu z. B. Duden 2016: 468; Hentschel/Weydt 2021: 66; Eisenberg 2020: 95). Eine Begriffsdefinition ist insbesondere mit Bezug auf das Verb *wissen* in Hentschel/Vogel (2009a) zu finden: „Präteritopräsentia sind Verben, die der Form nach ein Präteritum, der Bedeutung nach aber ein Präsens darstellen. Ein Beispiel dafür ist das Verb *wissen.* Es leitet sich aus einer Wurzel ab, die ‚sehen' bedeutet: was man selbst gesehen hat, das weiß

....

10 Diese drei Verben werden in der Regel *Kopulaverben* genannt, aber auch weitere Verben werden in die Nähe der Kopulaverben gerückt, wie z. B. in Eisenberg (2020): „Eine ganze Reihe von Verben kommt den Kopulaverben syntaktisch und semantisch ziemlich nahe. Ein adjektivisches Prädikatsnomen nehmen etwa **aussehen, sich dünken, klingen, schmecken.** Ein substantivisches nehmen **heißen** und **sich dünken.**" (Eisenberg 2020: 89; Hervorhebungen im Original).

man. Formal kann man das Präteritum noch an der 1. und 3. Person Singular erkennen, die ein -*e* resp. ein -*t* aufweisen müssten, vgl.: *ich lache, sie lacht* vs. *ich weiß, sie weiß*. Auch der Vokalwechsel im Präsensstamm (*ich weiß – wir wissen*) geht auf eine ursprünglich für das Präteritum kennzeichnende Numerusunterscheidung im Präteritum zurück." (Hentschel/Vogel 2009a: 338). Modalverben sind nicht passivierbar und können keine Befehlsformen bilden. Im Präsens verteilen sich jeweils zwei verschiedene Stammvokale auf die Singular- und die Pluralformen (Ausnahme bildet nur *sollen*): vgl. z. B. *wollen – ich will – wir wollen*; *können – ich kann – wir können* usw.). Modalverben modifizieren das von ihm abhängige infinite Verb und drücken z. B. eine Notwendigkeit (*er muss lernen*), eine Erlaubnis (*er darf gehen*), eine Möglichkeit (*er kann es versuchen*) u. a. aus. Vgl. zu den Modalverben ausführlicher z. B. Eisenberg (2020: Abschnitt 3.4), Duden (2016: 570–576), Engel (2004: Abschnitt 4.7.4), Harden (2009: Abschnitt 3.2), Hentschel/Weydt (2021: Abschnitt 3.4.2).

Zum Teil wird auch eine weitere Gruppe angesetzt, die *modifizierende Verben* (auch: *Modalitätsverben* oder *Halbmodale*) genannt wird (wie in Hentschel/Weydt 2021: Abschnitt 3.4.3; Duden 2016: 434 sowie 576). Dazu werden z. B. (*nicht*) *brauchen* und *lassen* gezählt. Als negierte Formen stehen sich *brauchen* und *müssen* funktional nahe (Hentschel/Weydt 2021: 74), wie beim Vergleich der folgenden Sätze zu sehen: *Du brauchst das nicht zu wissen* vs. *Du musst das nicht wissen*. Das Verb *lassen* zeigt z. B. eine kausativmodifizierende Bedeutung im Sinne von ‚veranlassen' oder ‚erlauben/zulassen/ermöglichen/ nicht hindern', wie bspw. *Sie hat sich ein Kleid nähen lassen; Er lässt ihn gewähren; Sie lässt ihn nicht zu Wort kommen* (zu diesen und anderen Bedeutungen vgl. Hentschel/Weydt 2021: 74f.). Die Duden-Grammatik (2016) zählt die beiden Verben *haben* und *sein* bei der Verwendung in bestimmten Kontexten ebenfalls zu den Modalitätsverben. In Sätzen wie „Sie haben meine Anweisungen zu befolgen" oder „Die Gebühren sind sofort zu zahlen" (Duden 2016: 576) ist zu sehen, dass hier ein Infinitiv mit *zu* steht, der von *haben* oder *sein* regiert wird. Anders als die Modalverben regieren diese beiden nicht nur keinen reinen Infinitiv, sondern sie sind auch hinsichtlich ihrer modalen Bedeutung nicht auf bestimmte Bedeutungen festgelegt. Nach Duden (2016: 423) verlangen folgende Verben in ihrer Funktion als Modalitätsverben den

Infinitiv mit *zu*: *brauchen, scheinen, pflegen, drohen, bleiben, kommen, bekommen.*[11]

Die Abgrenzung der funktionalen Gruppe der *Funktionsverben* beruht auf der Tatsache, dass bestimmte Verben erst in Verbindung mit festgelegten Lexemen ihre prädikative Bedeutung entfalten und zwar mit Lexemen, die entweder eine Nominal- oder eine Präpositionalphrase bilden. Diese Verben haben in diesen Kontexten keine eigene lexikalische Bedeutung. Die Konstruktion aus Funktionsverb und lexikalisch festgelegter Nominal- oder Präpositionalphrase wird *Funktionsverbgefüge* genannt. Beispiele hierfür sind *Abschied nehmen*; *Anklage erheben*; *Kontakt aufnehmen*; *in Betrieb setzen*; *zur Schau stellen* usw. Erst außerhalb dieser Funktionsverbgefüge können die darin enthaltenen Verben ihre eigene lexikalische Bedeutung zum Ausdruck bringen. Für eine intensivere Beschäftigung mit den Funktionsverben vgl. z. B. Eisenberg (2020: Abschnitt 9.5), Engel (2004: Abschnitt 4.3.4), Duden (2016: 426–433), Hentschel/Weydt (2021: Abschnitt 3.4.4) sowie die empirisch basierte Arbeit von Kamber (2008).

4.2.2 Substantive

Zu dieser Wortart schreibt Eisenberg (2020):

„Das Substantiv ist die mit Abstand umfangreichste Wortklasse, im Deutschen wie in anderen Sprachen auch. Sein Anteil am Gesamtwortschatz macht mindestens 60 % aus. [...] Die große Zahl wie die Vielfalt im Gebrauch haben dazu beigetragen, dass das Flexionsverhalten des ‚Hauptwortes' unübersichtlicher und uneinheitlicher ist als das aller anderen flektierenden Klassen. Nirgendwo gibt es so viele Flexionstypen, Untertypen, Mischtypen, Ausnahmen und Einzelfälle wie beim Substantiv, und nirgendwo ändert sich das Flexionsverhalten im gegenwärtigen Deutsch so schnell wie hier." (Eisenberg 2020: 143; Hervorhebung im Original; Weglassung N.T.).

....

11 Vgl. die kritischen Anmerkungen zu den im Duden (2016) aufgeführten Modalitätsverben *sein, haben, brauchen* in Hentschel/Weydt (2021: 75).

Dieses Zitat soll eines deutlich machen: Die Substantive stellen nicht nur die größte Gruppe unter den Wortarten dar, sondern sie gehören aufgrund ihres Flexionsverhaltens auch zu den schwierigsten (insbesondere für Lernende des Deutschen als Fremdsprache). Aber was sind überhaupt Substantive? Substantive sind Wörter wie *Tisch, Kind, Mehl, Frieden, Demokratie, Köln, Hans*. In schriftlichen Texten lassen sie sich an der Großschreibung erkennen. Dies gilt zumindest fürs Deutsche. Für diese Wortart sind insbesondere in der Schulgrammatik auch Bezeichnungen wie *Hauptwort, Nennwort*[12] u. a. zu finden. In der Forschungsliteratur wird auch der Begriff *Nomen* verwendet, wobei jedoch z. T. ganz unterschiedliche Bedeutungen damit verbunden sind: *Nomen* synonym zu *Substantiv* (wie in dieser Einführung), *Nomen* als Oberbegriff für alle deklinierbaren nominalen Wortarten (Substantive, Adjektive, Pronomen und bestimmte Numerale) oder nur für Substantive und Adjektive (vgl. Glück 2016b: 465). Substantive lassen sich nur in Bezug auf den Kasus und das Numerus deklinieren. Das Genus bleibt dagegen unveränderlich. Das ist ein entscheidender Unterschied zu den anderen deklinierbaren Wortarten, die ebenfalls die Genuskategorie aufweisen. Substantive können nur jeweils entweder das maskuline, feminine oder neutrale Genus aufweisen (zu den Ausnahmen vgl. in diesem Abschnitt weiter unten). Es handelt sich beim Genus im Zusammenhang mit Substantiven also um eine inhärente, unveränderbare grammatische Kategorie.

Anders verhält es sich mit dem Kasus. Die Kasusmarkierung erfolgt im Zusammenhang mit syntaktischen Kontexten. Im Deutschen werden vier Kasuskategorien unterschieden: Nominativ, Akkusativ, Dativ und Genitiv, allerdings ist es so, dass die Kasusmarkierung am Substantiv des Deutschen häufig nicht markiert wird. Vielmehr tragen nur die Begleiter – insbesondere die Artikelwörter – die Markierungen (vgl. Hentschel 2010: 343). Es gibt Sprachen, die gar keine Kasusmarkierungen kennen, wie z. B. das Berberische. Es gibt jedoch auch Sprachen, die weitaus mehr als vier Kasus kennen, wie z. B. das Türkische (vgl. z. B. den kurzen Überblick zum Kasus in den Sprachen

....

12 In Thielmann (2021) wird der Begriff *Nennwörter* jedoch sehr weit gefasst. Dazu zählt er Substantive, Adjektive, Verben, Adverbien, Präpositionen und Numerale (vgl. Thielmann 2021: Kap. 2).

der Welt in Iggesen 2005, ebenso Blake 2000 oder die Aufsatzsammlung in Corbett/Noonan 2008). Der Nominativ, der mit *wer oder was?* erfragt wird, ist der unmarkierte Fall und wird in der Regel zur Kennzeichnung des Subjekts benutzt (*Das Kind* schläft > *Wer schläft?*; *Die Sonne* geht auf > *Was geht auf?*). Der Nominativ ist auch beim prädikativen Nomen zu finden: *Er ist ein Lügner.* Der Akkusativ, der mit den Fragepronomen wen bzw. was ermittelt wird, wie z. B. in *Er isst einen Apfel* > *Was isst er?*; *Er tröstet seine Tochter* > *Wen tröstet er?*, unterscheidet sich in formaler Hinsicht vom Nominativ nur bei Maskulina im Singular (vgl. z. B. Duden 2016: 196). Feminina und Neutra weisen hingegen die gleichen Formen im Nominativ und Akkusativ auf: vgl. z. B. *Eine Torte steht auf dem Tisch* vs. *Er backt eine Torte* oder *Das Kind schläft* vs. *Er ärgert das Kind.* Beim Maskulinum ist der Unterschied zwischen Nominativ und Akkusativ zumindest am Begleiter erkennbar ist: *Der Baum ist gewachsen* vs. *Er fällt den Baum.* Der Akkusativ ist auf der Ebene der Bedeutung mit einem Ziel verknüpft: „Der Akkusativ bezeichnet das Ziel einer Handlung. Dies erklärt auch, warum er in den indoeuropäischen Sprachen zugleich als Kasus der Richtung fruchtbar gemacht werden konnte." (Hentschel/Weydt 2021: 180 f.). Was unter „Kasus der Richtung" bzw. Richtungskasus zu verstehen ist, sieht man, wenn man z. B. folgende Sätze miteinander vergleicht: *Er setzt sich auf den Stuhl* vs. *Er sitzt auf dem Stuhl.* Im ersten Satz ist die Handlung mit einer Bewegung verbunden, während im zweiten Satz ein Zustand vorherrscht. Daher wird im ersten Fall der Akkusativ (Frage: *wohin?*) und im zweiten der Dativ (Frage: *wo?*) realisiert. Man spricht im Zusammenhang mit der Rektion einer solchen Präposition auch von Wechselpräposition: je nach Kontext wird entweder der Akkusativ oder der Dativ regiert (zum Begriff *regieren* bzw. *Rektion* vgl. Abschnitt 5.3).[13] Für das Dativobjekt findet sich auch die traditionelle Bezeichnung *indirektes Objekt*. Erfragt wird dieser Kasus mit dem Fragewort *wem*, wenn es sich nicht um eine präpositionale Phrase handelt und mit *wo*, wenn dabei auch eine Präposition realisiert werden muss: *Der Lehrer gibt dem*

....

13 Weitere Wechselpräpositionen sind z. B. *in, an, vor, unter* u. a.: *den Salat in die Schüssel tun* vs. *der Salat ist in der Schüssel*; *das Bild an die Wand hängen* vs. *das Bild hängt an der Wand*; *vor ein Gebäude fahren* vs. *vor einem Gebäude stehen*; *sich unter die Brücke stellen* vs. *unter der Brücke schlafen.* Ausführlichere Informationen zu den Präpositionen sind in Abschnitt 4.2.7 zu finden.

Schüler Arbeitsanweisungen > *Wem gibt der Lehrer Arbeitsanweisungen?*; *Sara wohnt in einem Studentenwohnheim* > *Wo wohnt Sara?* Semantisch wird mit dem Dativ Verschiedenes bezeichnet, wie bspw. den Empfänger, Experiencer, das Instrument u. a. Dabei kann der Dativ als Ergänzung vom Verb regiert sein als auch als Angabe frei hinzugefügt werden (vgl. zum Dativ bspw. Eisenberg 2020: Abschnitt 9.2; Hentschel 2009; Hentschel/Weydt 2021: Abschnitt 5.4.3). Zum Genitiv als Kasuskategorie weisen Hentschel/Weydt (2021) auf Folgendes hin: „Der Genitiv wird im modernen Deutsch in der Umgangssprache kaum noch verwendet. [...] In der Schriftsprache finden sich hingegen nach wie vor Genitive, allerdings fast ausschließlich als Attribute." (Hentschel/Weydt 2021: 166; Weglassung N.T.). Dies bedeutet nichts anderes, als dass dieser Kasus insbesondere dort auftaucht, wo ein Substantiv in einer attributiven Beziehung zu einem Bezugswort steht (z. B. *die Macht des Herzens*). Ein Genitivobjekt ist z. B. im folgenden Satz zu finden: *Man bezichtigte ihn des Diebstahls*. In solch einem Kontext geht der Gebrauch im Deutschen zurück (vgl. zum Genitiv z. B. Hentschel/Weydt 2021: Abschnitt 5.4.2; zum Genitivattribut Eisenberg 2020: Abschnitt 8.3.1; zum Genitivobjekt Eisenberg 2020: Abschnitt 9.3; zur Kasusflexion des Substantivs im Allgemeinen vgl. Duden 2016: 194–218).

Ausgehend vom Singular kann man die Substantive nach Deklinationstypen unterteilen. Eine Möglichkeit einer groben Aufteilung ist z. B. die im Folgenden aufgeführte. Ein Deklinationstyp beinhaltet Feminina, wie z. B. *die Oma, die Hand, die Freundin* u. a. Diese Substantive sind im Singular alle unveränderlich und im Plural erhalten nicht alle das Dativ-*n* bzw. es wird kein Dativ-*n* angehängt, wenn die Pluralform schon auf *-en* endet (vgl. z. B. *den Händen* und *den Ängsten* vs. *den Omas, den Freundinnen*). Nomina im Singular, die ein *-s* bzw. *-es* im Genitiv und ein fakultatives *-e* im Dativ aufweisen, bilden einen eigenen Deklinationstyp. Hierzu zählen Maskulina und Neutra. Aber Maskulina (sowie das Neutrum *Herz*) gehören auch zu einem weiteren Deklinationstyp, der als *n*-Deklination oder auch als schwache Deklination bezeichnet wird (vgl. z. B. Duden 2016: 210–214). In der Regel gilt für die *n*-Deklination, dass mit Ausnahme des Nominativs Singular das Substantiv in allen anderen Formen die Endung *-en* bzw. *-n* erhält; also im Akkusativ, Dativ und Genitiv des Singulars und in allen Kasus des Plurals. Die Substantive *Mensch* und *Kunde* sind Beispiele für die *n*-Deklination: *Mensch – Menschen*;

Kunde – Kunden (vgl. zu den Deklinationstypen z. B. Duden 2016: 195–196; Eisenberg 2013: Abschnitt 5.2.1).

Insbesondere bei der *n*-Deklination wird deutlich, dass Substantive nur mit Hilfe ihrer Begleiter hinsichtlich der Kasusmarkierung bestimmt werden können. Ebenso gilt dies – wie schon oben erwähnt – auch für die Genusbestimmung. Die Begleiter – insbesondere die definiten, indefiniten und pronominalen Artikelwörter – haben die Funktion, die Referenz des Substantivs festzulegen. Am Artikelwort lässt sich das Genus erkennen (*der Stuhl, die Sonne, das Geld*). Manche Substantive können Genus-Schwankungen ohne Bedeutungsveränderungen aufweisen: z. B. *der/das Liter; der/das Virus; der/das Curry; der/das Bonbon*. Bei einigen hingegen kann ein anderes Genus auf eine andere Bedeutung hinweisen: z. B. *das/die Steuer; der/die Kiefer; der/das Tau* (vgl. für weitere Informationen zum Genus z. B. Duden 2016: 156–172; Eisenberg 2020: Abschnitt 5.2.1; Hentschel/Weydt 2021: Abschnitt 5.3; Köpcke/Zubin 2009).

Das Numerus ist im Vergleich zum Kasus als Nominalkategorie „noch recht gut erhalten" (Engel 2004: 270). Zwar gilt die Numerus-Deklination als Kategorie der Substantive und diese ist formal tatsächlich bei den meisten Substantiven zu finden, aber bei einigen gibt es nur Singularformen (Bezeichnungen: *Singularwörter, Singulariatantum*) und bei einigen nur Pluralformen (Bezeichnungen: *Pluralwörter, Pluraliatantum*) (vgl. z. B. Engel 2004: 272; Duden 2016: 180–181; Hentschel/Weydt 2021: Abschnitt 5.3; Hentschel 2010: 344 ff.):

Beispiel 4: Beispiele für Singulariatantum und Pluraliatantum.

a) Singulariatantum: *der Schnee, das Obst, die Leber, das Gold, die Butter, das Publikum, die Musik, der Hass, die Liebe, die Gesundheit*
b) Pluraliatantum: *die Ferien, die Tropen, die Finanzen, die Kosten, die Leute, die Masern, die Pocken*

Substantive lassen sich – wie die Verben auch – in verschiedene Klassen unterteilen. Solche Untergruppen können z. B. auf der Grundlage des Genus, des Numerus, der Semantik oder der Kombinierbarkeit gebildet werden (vgl. Engel 2004: 271). Geht man von der Bedeutung der Substantive als Einteilungskriterium aus, sind verschiedene Klassifizierungen möglich. Die von der Duden-Grammatik (2016) gemachten semantischen Differenzierungen sind auch hinsichtlich grammatischer Auswirkungen von Relevanz. So wird zwischen Konkreta und Abstrakta, zwischen belebten und unbelebten Substantiven, zwischen Appellativa und Eigennamen sowie zählbaren und nicht zählbaren Substantiven differenziert (vgl. Duden 2016: 150–156). „Zwischen den genannten Eigenschaften bestehen vielfältige Zusammenhänge – aber keinesfalls 1:1-Zuordnungen." (Duden 2016: 150), so kann z. B. ein Abstraktum zählbar oder auch nicht zählbar sein, wie bspw. *Demokratie > Demokratien*, aber *Ruhe > *Ruhen*. Konkreta sind Wörter wie z. B. *Wald, Fluss, Schrank, Mann, Frau* usw. Abstrakta sind hingegen alle Wörter, die Immaterielles bzw. Nicht-Dingliches benennen, wie bspw. *Demokratie, Freiheit, Vernunft, Moral* usw. Bei der Differenzierung zwischen Substantiven auf der Basis des Belebtheitskriterium unterscheidet man z. B. zwischen den Bezeichnungen für Belebtes (bspw. *Katze, Kind, Chinese* etc.) und Unbelebtes (bspw. *Tisch, Schule, Straße* etc.). Appellativa (Sing.: *Appellativum*) werden auch *Gattungsnamen* oder *Gattungsbezeichnungen* genannt. Sie werden als Bezeichnung von Mitgliedern einer bestimmten Gattung bzw. einer Klasse von Objekten oder Lebewesen (z. B. *Burg, Vogel, Brot* etc.) verwendet. Eigennamen sind hingegen Bezeichnungen für Individuen bzw. einzelne Objekte, wie bspw. *Sara, Italien, Mount Everest, der Rhein* etc.

Für eine tiefergehende Beschäftigung mit der Wortart der Substantive vgl. z. B. Duden (2016: 149–246), Eisenberg (2013: Abschnitt 5.2.1), Eisenberg (2020: Kap. 5), Elsen (2011: Kap. 3), Engel (2004: Abschnitt 5.2), Harnisch/ Koch (2009), Hentschel/Weydt (2021: Kap. 5), Lehmann/Moravcsik (2000) sowie Thielmann (2021: Abschnitt 2.2).

4.2.3 Adjektive

Wörter wie bspw. *groß, klein, schön, alt, rot, liebevoll* gehören zur Wortart der Adjektive. Im Deutschen findet sich u. a. auch die Bezeichnung *Eigenschaftswörter*. Mit den Substantiven gemeinsam haben Adjektive die grammatische Veränderung im Numerus und Kasus. Aber anders als Substantive sind sie genusneutral, d. h. dass ihr Genus nicht festgelegt ist, sondern dass sie durch eine entsprechende grammatische Endung in allen drei Genera erscheinen können, wenn sie als Begleiter von Substantiven diese charakterisieren bzw. ihnen eine bestimmte Eigenschaft zuschreiben (vgl. z. B. *kleines Kind; kleiner Hund; kleine Maus*). Auf der funktionalen Ebene zeigt diese Wortart drei verschiedene Einsatzmöglichkeiten: eine attributive, eine prädikative und eine adverbiale.[14] Aber nur bei attributiver Verwendung lassen sich Adjektive deklinieren, nicht aber, wenn sie in prädikativer oder adverbialer Funktion eingesetzt werden.[15] Nimmt man z. B. das Adjektiv *frisch*, dann ist es möglich dieses in attributiver Funktion einem Substantiv voranzustellen und zu deklinieren (*die frische Milch*) oder aber in Verbindung mit einem Kopulaverb in prädikativer Funktion zu verwenden (*die Milch ist frisch*) und schließlich auch in adverbialer Funktion in Abhängigkeit von einem Vollverb (*die Milch schmeckt frisch*). Attributive Adjektive stehen in den Sprachen der Welt nicht immer vor dem Substantiv. Es gibt Sprachen, in denen folgt das attributive Adjektiv auf das Substantiv, wie bspw. im Arabischen und es gibt Sprachen, in denen es sowohl vor als auch nach dem Substantiv steht (wie bspw. im Französisch, wobei die meisten attributiven Adjektive nach dem Substantiv folgen und einige vor dem Substantiv stehen; wenn sie sowohl vor als auch nach dem Substantiv stehen können, führt dies zu Bedeutungsunterschieden).

Im Deutschen werden bei der Deklination des attributiven Adjektivs zwei Flexionstypen unterschieden: schwache und starke Deklination. Ein attributives Adjektiv wird dann schwach dekliniert, wenn ein definiter Artikel vorangeht oder ein anderes deklinierbares Artikelwort, wie bspw. *dies-, kein-, mein-* usw. Die schwache Deklination ist also immer nach Artikelwörtern, die eine Flexionsendung aufweisen, zu finden (vgl. Duden 2016: 368). In diesem Fall wird z. B. das Adjektiv *süß* nach dem definiten Artikel schwach dekliniert:

....

14 Hier muss jedoch darauf hingewiesen werden, dass nicht alle Adjektive in allen drei Funktion vorkommen können, wie dies bspw. bei den nur attributiv (*der morgendliche Spaziergang*) oder nur attributiv und prädikativ (*eine stürmische Nacht / die Nacht ist stürmisch*) gebrauchten Adjektiven der Fall ist (vgl. hierzu detaillierter Duden 2016: 360–366).

15 Im Grunde gestalten sich die Regeln für die Deklination der Adjektive noch weitaus komplizierter, was zum einen durch die drei verschiedenen Funktionen als auch die Positionen im Satz hervorgerufen wird (vgl. hierzu z. B. Harnisch/Trost (2009: Kap. 3).

Beispiel 5: Schwache Deklination des Adjektivs.

a) *der süße Hund / mit dem süßen Hund / die süßen Hunde / mit den süßen Hunden*
b) *die süße Katze / mit der süßen Katze / die süßen Katzen / mit den süßen Katzen*
c) *das süße Mäuschen / mit dem süßen Mäuschen / die süßen Mäuschen / mit den süßen Mäuschen*

Charakteristisch für die schwache Deklination ist, dass in allen Genera nur zwei Formen unterschieden werden: eine Form auf -*e* und eine auf -*en*. Die Artikelwörter sind die Hauptträger der grammatischen Informationen, nicht die Adjektive selbst. Das bedeutet, dass man an den Artikelwörtern das Genus, das Numerus und den Kasus ablesen kann, nicht aber am Adjektiv.

Bei der starken Deklination sind die grammatischen Merkmale (Genus, Numerus, Kasus) beim Adjektiv selbst zu finden. Stark werden Adjektive dann dekliniert, wenn kein Artikelwort vorangeht oder wenn das Artikelwort keine Endungen trägt: *süßer Hund; ein süßer Hund; kein süßer Hund; mein süßer Hund; mit neuem Mut; mit neuer Kraft*. Welche Artikelwörter genau dazu führen, dass das attributive Adjektiv der Hauptträger grammatischer Merkmale ist, wird z. B. im Duden (2016: 957–959) ausführlich behandelt. Die binäre Aufteilung der Adjektivdeklination in die schwache und die starke Deklination wird in manchen Grammatiken um einen dritten Flexionstyp ergänzt: der gemischten Deklination. Duden (2016) spricht sich gegen diese Dreiteilung aus:

„Manche Grammatiken setzen für Adjektive in Nominalphrasen mit Artikelwörtern des Typs *mein* eine besondere ‚gemischte‘ Flexion an. Das ist eine unnötige Verkomplizierung. Es reicht, wenn Deutschlernende sich merken, wann die Artikelwörter endungslos sind – die Flexion von Artikelwort und Adjektiv ergibt sich dann aus den allgemeinen Regeln von selbst [...].“ (Duden 2016: 957; Hervorhebung im Original; Weglassung N.T.).

Die Artikelwörter des Typs *mein* sowie der indefinite Artikel *ein* und das negierende Gegenstück *kein* tragen im Singular des Nominativs von Maskulina (*ein schöner Brauch*; *kein schöner Brauch* etc.) und Neutra (*ein traditionelles Kleid*; *kein traditionelles Kleid* etc.) sowie im Singular Akkusativ des Neutrums (*ein traditionelles Kleid* etc.) keine Endungen.

Neben der Deklination attributiver Adjektive gibt es noch die sogenannte Komparation, die dann zum Einsatz kommt, wenn etwas miteinander verglichen wird. Hier lassen sich im Deutschen von der Grundstufe (dem sogenannten Positiv, wie in *klein, groß, schön, weit* usw.) der Komparativ (*kleiner, größer, schöner, weiter* usw.) und der Superlativ (*kleinste, größte, schönste, weiteste* usw.) unterscheiden. Die Grundregeln für die Bildung des Komparativs und Superlativs lautet wie folgt: Positiv + Endung *-er* (mit/ohne Umlaut) und Positiv + *-(e)st* (ebenfalls mit oder ohne Umlaut). Wird der Superlativ prädikativ oder adverbial verwendet, kommt er in einer festen Verbindung mit *am* vor (*am kleinsten, am größten, am schönsten, am weitesten* etc.).

Auf der semantischen Seite können Adjektive nach Bedeutungsgruppen unterschieden werden Eine Möglichkeit der semantischen Klassifizierung ist z. B. im Duden (2009: 342–344) zu finden. Diese sieht wie folgt aus:

1) Qualifizierende Adjektive (zum Ausdruck einer Eigenschaft einer Sache oder einer Person): *rot, rund, süß, laut, weich, kalt, schön, gut, klug* usw. (existieren häufig in Gegensatzpaaren, wie bspw. *laut – leise*).

2) Relationale Adjektive (zum Ausdruck von Beziehungen oder Zugehörigkeiten): *afrikanisch, französisch, katholisch, staatlich*, aber auch Adjektive wie bspw. *gestrig* und *vordere* gehören dazu.

3) Zahladjektive bzw. quantifizierende Adjektive („geben eine Menge oder die Position einer Ordnung an" (Duden 2016: 344): *eins, zwei, erster, zweiter, unzählige* usw.

4) Adjektivisch gebrauchte Partizipien mit bestimmten grammatischen Beschränkungen.

4.2.4 Artikelwörter

Einen Vorgeschmack auf die Problematik der Ermittlung und Klassifizierung der restlichen – oben noch nicht behandelten – Deklinierbaren, bietet das folgende Zitat:

> „Die Gesamtheit der Deklinierbaren, die weder Substantive noch Adjektive sind, stellt seit jeher eines der größten Probleme für die Klassifikation von Wörtern dar. Glinz (1973) fasst sie unter einer Wortart *Begleiter-Stellvertreter* zusammen, weil sie als ‚Begleiter' und/oder als ‚Stellvertreter' des Substantivs bzw. einer Nominalgruppe auftreten. In den Grammatiken werden im Allgemeinen zwei Klassen angesetzt, die (adsubstantivischen) Artikel oder Artikelwörter einerseits und die (selbständigen) Pronomina andererseits." (Eisenberg 2020: 163; Hervorhebungen im Original).

Es gibt entweder die Möglichkeit, die „restlichen" Deklinierbaren als eine Wortart (wie in Glinz 1973[16] mit „Stellvertreter-Begleiter" geschehen) oder aber als zwei verschiedene Wortarten anzusetzen. Dazwischen gibt es auch die Möglichkeit, eine Differenzierung abhängig von der Selbständigkeit der betreffenden Wörter vom Substantiv durchzuführen. Damit hätte man dann zunächst eine Wortart, in der definite und indefinite Artikel zusammen mit Pronomen, die dieselbe Position wie die Artikel einnehmen und als Begleiter von Substantiven fungieren, eingeordnet werden. Diese Wortart lässt sich mit dem Begriff *Artikelwörter* erfassen. Die Artikelwörter, deren formal gleichen Gegenstücke auch bei der Wortart Pronomen zu finden sind, können mit dem Begriff *pronominale Artikelwörter* bezeichnet werden. Unter einer mit *Pronomen* benannten Wortart können ausschließlich die Wörter subsumiert werden, die als Stellvertreter von Substantiven bzw. Nominalphrasen verwendet werden.

In grammatischen Beschreibungen kann die Differenzierung zwischen diesen verschiedenen Gruppen von Deklinierbaren sehr unterschiedlich ge-

....

16 Eisenberg (2020) bezieht sich hier auf folgende Publikation von Hans Glinz (1973): Die innere Form des Deutschen. 6. Auflage. Bern: Francke Verlag.

handhabt werden. In der Duden-Grammatik (2016) wird z. B. keine Trennung durchgeführt und eine Wortart mit der Bezeichnung „Artikelwörter und Pronomen" angesetzt, was somit einer Gruppe „Begleiter – Stellvertreter" entspricht: „Als Artikelwörter charakterisieren sie ein Substantiv bzw. eine Nominalphrase, als Pronomen übernehmen sie gesamthaft die Funktion einer entsprechenden Nominalphrase." (Duden 2016: 247).

Andere wiederum zählen nur die definiten und indefiniten Artikel zu einer Wortart und trennen davon die pronominalen Determinierer (der Form *Das ist **dein** Buch*) sowie die freien Pronomina (der Form *Das ist **deins***), wie bspw. Elsen (2011): „Wir verstehen unter Artikel […] die beiden Artikel im eigentlichen Sinne *der, die, das* und *ein, eine, ein*, also die Wörter mit der charakteristischen Eigenschaft, Begleiter des Nomens zu sein. Stellungsbesonderheiten und Diskussionen zur davon abhängigen Wortartbestimmung gehören in die Syntax." (Elsen 2011: 242; Hervorhebungen im Original; Weglassung N.T.). Diese Auffassung ist als sehr eng einzustufen und es müssten dann Wörter, die in derselben Position und mit einer ähnlichen Funktion wie die definiten Artikel realisiert werden (man denke an die determinierende bzw. referenzfixierende Funktion z. B. von begleitendem *mein* oder *dein*, wie bspw. in *Das ist mein Haus* oder *Das ist dein Haus*), ausschließen.

Kritisch zu sehen ist auch die undifferenzierte Subsumierung von stellvertretenden Pronomen unter einer aus Wörtern mit begleitender und stellvertretender Funktion bestehenden Wortart. Engel (2004) trennt zu Recht eine Wortart Determinative von den Pronomina ab, die selbst anstelle eines Nomens stehen und nicht etwa wie die Determinierer als Begleiter eines Nomens fungieren. Er unterscheidet sechs Subklassen der Determinative: Artikel (definiter, indefiniert Artikel und Nullartikel), Possessiva (wie z. B. *mein, dein, sein*), Demonstrativa/Definita (z. B. *dieser, jener*), Indefinita (z. B. *irgendein*), Negativa (wie *kein*), Interrogativa („alle mit *w* beginnenden Determinative") (vgl. hierzu ausführlich Engel 2004: 313–334). Damit nimmt er auch eine Klassifizierung vor, die vielen traditionellen Darstellungen entgegensteht:

„Determinative und Pronomina wurden früher meist als eine einzige Wortklasse aufgefasst, verdeutschende Termini wie ‚Begleiter und Stellvertreter des Nomens' zeigen dies deutlich. Übersehen wurde dabei freilich, dass man nicht eine Klasse bilden sollte aus Elementen, von denen viele überhaupt kein gemeinsames Merkmal aufweisen: *lauter* kann ein Nomen begleiten, sonst nichts; *man* kann eine Nominalphrase ersetzen, sonst nichts. Beide haben keine Gemeinsamkeiten, werden aber vielfach ununterschieden in der traditionellen Klasse ‚Begleiter und Stellvertreter des Nomens' geführt." (Engel 2004: 363; Hervorhebungen im Original).

Ohne hier diese Problematik im Detail besprechen zu wollen, werden im Folgenden Wörter, die nur in Stellvertreterfunktion vorkommen unter der Wortart Pronomen erfasst (vgl. den nachfolgenden Abschnitt zur Wortart der Pronomen). Unter Artikelwörtern wird hingegen eine Wortart verstanden, die Wörter beinhaltet, die im Deutschen in der linken Position von Nominalphrasen vorkommen und das nachfolgende Substantiv determinieren bzw. begleiten. Zwischen Artikelwörtern und Substantiven können attributive Adjektive stehen. Als Begleiter von Substantiven können Artikelwörter genauso wie die attributiven Adjektive nur als untrennbare Einheit mit dem Substantiv im Satz verschoben werden, wie z. B. *er wartete den ganzen Tag* > *den ganzen Tag wartete er*. Die prototypischen Wörter mit determinierender Funktion sind zunächst die indefiniten bzw. unbestimmten und definiten bzw. bestimmten Artikel (wie *der, die, das; ein, eine, ein*). Der unbestimmte Artikel wird verwendet, wenn das Referenzobjekt noch nicht bekannt ist bzw. noch nicht eingeführt wurde (wie z. B. in *Es war einmal ein alter König …*), während der bestimmte Artikel vor Substantiven erscheint, deren Referenzobjekte schon eingeführt wurden oder als bekannt vorausgesetzt werden (wie z. B. bei Fortführung des obigen Beispiels mit einem Satz wie *Der König hatte eine Tochter*). Mit dem Substantiv kongruiert der Artikel in Bezug auf das Genus, den Kasus und den Numerus. Gleiches gilt für die pronominalen Artikelwörter: *Das ist mein neues Buch*; *Das ist meine schönste Tasche* etc. Für eine intensivere Beschäftigung mit dieser Wortart vgl. z. B. Eisenberg (2013: Abschnitt 5.2.2), Eisenberg (2020: Abschnitt 5.3), Engel (2004: Abschnitt 5.4.1), Duden (2009: 247–339), Hentschel/Weydt (2021: Kap. 7), Heringer (2014: Kap. 46), wobei nicht übersehen werden darf, dass in den entsprechenden Ausführungen bezüglich der Klassifizierung von Artikelwörtern und Pronomen unterschiedliche Vorschläge unterbreitet werden.

4.2.5 Pronomen

Wie schon oben erwähnt, werden Pronomen und Artikelwörter nicht in allen Grammatiken als getrennte Wortarten geführt. Dies mag auch daran liegen, dass es zwischen Pronomen und Artikelwörtern Überschneidungspunkte gibt, die eine scharfe Grenzziehung erschweren. Prototypische Pronomen sind z. B. *ich, du, er, sie, es, wir, ihr, sie,* aber auch *jemand, wer* und *was.* Solche Pronomina sind Wörter, die in Stellvertreterfunktion verwendet werden, indem sie Nomen bzw. Nominalphrasen ersetzen. Es gibt Pronomina, die in formaler Hinsicht mit Wörtern aus der Wortart der Artikelwörter zusammenfallen. Das bedeutet, dass man sie auf der einen Seite zu den Pronomina rechnet, weil sie in Stellvertreterfunktion verwendet werden (z. B. das Demonstrativpronomen *diesen* im Satz *Ich will diesen hier*) und auf der anderen Seite aber auch zu den Artikelwörtern, weil sie als Begleiter in einer Nominalphrase vorkommen (z. B. in *Ich will diesen Kuchen hier*). Solche Wörter, die abhängig vom syntaktischen Kontext entweder als Stellvertreter oder Begleiter klassifiziert werden müssen, wären somit zu zwei verschiedenen Wortarten zuzuordnen: sowohl zu den Artikelwörtern als auch zu den Pronomen. Das Wort *jemand* nennt Eisenberg (2020) als Beispiel für ein prototypisches Pronomen, das nur als Stellvertreter und damit „autonom oder pronominal im engeren Sinne" (Eisenberg 2020: 163) verwendet werden kann, während *dieser* oder *jener* sowohl als Stellvertreter als auch als Begleiter vorkommt (vgl. die Beispiele in Eisenberg (2020: 164): „Jemand ist gekommen" vs. „*Jemand Mann ist gekommen" sowie „Dieser Wagen gefällt mir, jener Wagen hingegen nicht" vs. „Dieser gefällt mir, jener nicht". Alle Wörter der Wortart Pronomen werden in der vorliegenden Einführung als *Pronomen* bezeichnet (unabhängig davon, ob auch formal gleiche bzw. homographe Ausdrücke bei den Artikelwörtern zu finden sind oder nicht), während unter der Wortart Artikelwörter sowohl Artikel im engeren Sinne (definite und indefinite Artikel) als auch pronominale Artikelwörter (wie z. B. possessive Artikelwörter wie bspw. *mein* in *Das ist mein Auto*) subsumiert werden.

Die in Eisenberg (2020: 164) unter der sogenannten „Konstituentenkategorie *Konomen*" erfassten „Klassen" der Artikel (definite und indefinite Artikel: ausschließlich als Begleiter vorkommend), Artikelpronomen (Demonstrativa, Indefinita und Possessiva: sowohl als Begleiter als auch Stellvertreter verwendbar) und Pronomen (Personalpronomen, Indefinitpronomen und Relativpronomen: nur in Stellvertreterfunktion) führen nicht dazu, dass damit eine Vereinfachung der Klassifizierungen erreicht wird, zumal diese zunächst als getrennt betrachteten „Klassen" dann wiederum unter Begriffe wie „Artikelwörter" (bestehend aus Artikeln und Artikelpronomen) und „Pronomenwörter" (worunter Pronomen und nochmals die Artikelpronomen verstanden werden) subsumiert werden: „Wo es die Redeweise vereinfacht, sprechen wir von den Artikeln und Artikelpronomina gemeinsam als von *Artikelwörtern*, von den Pronomina und Artikelpronomina gemeinsam als von *Pronomenwörtern*." (Eisenberg 2020: 165; Hervorhebungen im Original). Ohne hier Eisenbergs (2020) Klassifizierung tiefergehender diskutieren zu können, sollen diese Hinweise zumindest verdeutlichen, dass eine solche Herangehensweise an die Abgrenzungsproblematik zwischen Pronomen und Artikeln bzw. Artikelwörtern nicht zu mehr Transparenz führt (vgl. zu Eisenbergs (2020) Klassifizierung die Abschnitte 5.3 und 5.4). Vgl. zu Person und Pronomen auch Attaviriyanupap/Perrig (2009).

4.2.6 Adverbien

Wörter wie *heute, oft, manchmal, dort, gerne, deswegen* gehören zu den Adverbien. Es gibt auch abgeleitete Adverbien, wie z. B. mit -*s*, oder -*weise* (*abends, morgens, möglicherweise*). In der Gruppe der nicht flektierbaren Wortarten bilden die Adverbien die größte Untergruppe, ohne dass jedoch sicher gesagt werden kann, wie hoch die Anzahl tatsächlich ist. Je nachdem, welche Bedeutung sie tragen, können sie in verschiedene Untergruppen eingeteilt werden: „Die Kategorie Adverb (Adv) ist eine Konstituentenkategorie, die im Deutschen einige hundert Einheiten umfasst wie **oben, hinten, hier, dort, links** (lokal), **bald, eben, immer, jetzt, nie** (temporal), **gern, kaum, vielleicht, leider, gewiss** (modal) und **sehr, ganz, weitaus, höchst** (graduierend)." (Eisenberg 2020: 231; Hervorhebungen im Original). So einfach ist es – wie es auf den ersten Blick erscheint – mit den Adverbien jedoch keinesfalls. Das liegt daran, dass die Untergliederungen und die Abgrenzung dieser Wortart zu anderen Wortarten sehr unterschiedlich dargestellt werden können. Eisenberg (2020) bringt es dabei auf den Punkt: „Die Adverbien gehören zum Widerspenstigsten und Unübersichtlichsten, was die deutsche Grammatik zu bieten hat. Kaum eine andere Kategorie wird nach so unterschiedlichen Gesichtspunkten gegliedert und nach außen abgegrenzt. Besonders kritisch ist das Verhältnis der Adverbien zu den unflektierten Adjektiven und den Partikeln […]." (Eisenberg 2020: 231; Weglassung N.T.). Diese Problematik kann an dieser Stelle nicht vertieft werden. Aber die Tatsache, dass Adverbien sich von den anderen nicht flektierbaren Wortarten durch die Besonderheit unterscheiden, dass sie in Aussagesätzen alleine vor dem finiten Verb stehen können (vgl. zu den topologischen Feldern deutscher Sätze und ihrer Besetzungen Kap. 7 sowie zu den Verbzweitsätzen im Zusammenhang zu diesen Feldern Abschnitt 7.3), ist schon ein wichtiges Kriterium, um diese Wörter von den anderen Unflektierbaren abzugrenzen. Ein Wort wie z. B. *gestern, hier* oder *leider* lässt sich problemlos vor das finite Verb positionieren: *Gestern hat er sich seinen Fuß verstaucht*; *Hier ist Rauchen verboten*; *Leider hat es mit der Anmeldung nicht geklappt*. Andere Unflektierbare können in dieser Position nicht stehen. Außerdem können diese Adverbien auch nach dem finiten Verb positioniert werden, wenn ein anderes Satzglied diese erste Position einnimmt: *Er hat sich gestern seinen Fuß verstaucht*; *Rauchen ist hier verboten*; *Es hat mit der Anmeldung leider nicht geklappt*. Dies Verschiebungen weisen darauf hin, dass es sich bei Adverbien auch um Satzglieder handelt (vgl. zum Begriff *Satzglied* Abschnitt 5.1).

Für die Theorien der Wortarten stellen Adverbien trotzdem ein allbekanntes Problem dar. Für eine intensivere Auseinandersetzung mit dieser Thematik unter Berücksichtigung unterschiedlicher Perspektiven beachte z. B. die Aufsätze im Herausgeberband von Pittner/Elsner/Barteld (2015). Geuder (2019) unterzieht die traditionellen Klassifizierungsmerkmale für Wortarten einer kritischen Betrachtung und bietet am Beispiel der Abgrenzung der Adverbien und Präpositionen eine neue Sicht auf die Trennung dieser beiden Wortarten.

4.2.7 Präpositionen

Präpositionen (auch *Verhältniswörter* genannt) sind Wörter wie *in, auf, unter, über*, deren Aufgabe darin besteht, Beziehungen auf einer inhaltlichen Ebene zwischen bestimmten Dingen und Sachverhalten herzustellen. Sie selbst werden nicht flektiert, aber sie fordern von den sie abhängenden Wörtern einen bestimmten Kasus. Zu finden sind Präpositionen vor einem Substantiv oder Pronomen. Zwischen Präposition und Substantiv können Artikelwörter und Adjektive stehen. Präpositionen stehen somit vor Nominalphrasen und bilden mit diesen zusammen Präpositionalphrasen (zum Phrasenbegriff vgl. Abschnitt 5.2), die dann als Gesamtheit Satzglieder bilden, wie z. B. in [*an* [*einem schönen Tag*]], [*in* [*einem neuen Haus*]] oder [*auf* [*der Veranda*]]. Nicht immer müssen aber Präpositionalphrasen Satzglieder sein. Sie können auch nur Teil eines Satzglieds sein (z. B. *Das Bild an der Wand muss entfernt werden*). Der Unterschied zwischen Satzglied und Teil eines Satzglieds (man nennt einen solchen Teil *Gliedteil*) besteht darin, dass nur Satzglieder im Satz verschoben werden können, während dies bei Gliedteilen alleine nicht möglich ist (zur Unterscheidung von Satzglied und Gliedteil vgl. Abschnitt 5.1): *Das Bild hängt an der Wand* > *An der Wand hängt das Bild* (Satzglied) vs. *Mir gefällt das an der Wand hängende Bild* > **An der Wand gefällt mir das hängende Bild* (Gliedteil). Das letzte Beispiel ist in der Form ungrammatisch, weil das Gliedteil *an der Wand* Teil eines übergeordneten Satzglieds ist und nur gemeinsam verschoben werden kann. Nun gibt es im Deutschen aber auch einige wenige Fälle, in denen solche grammatischen Wörter nicht vor, sondern nach der Nominalphrase stehen. Hier spricht man dann von *Postpositionen* (Beispiel: *den Zeugenaussagen zufolge*). Es kommt auch vor, dass bestimmte Präpositionen sowohl vor als auch nach der Nominalgruppe stehen können (z. B. *nach seiner Meinung* vs. *seiner Meinung nach*; *entgegen der vertraglichen Vereinbarungen* vs. *der vertraglichen Vereinbarungen entgegen*). Diese werden *Ambipositionen* genannt. Die sogenannten *Zirkumpositionen* bestehen aus zwei Bestandteilen, wobei ein Teil auf die Position vor und ein Teil auf die Position nach der Nominalgruppe verteilt ist (z. B. *von diesem Tag an*; *um der Liebe willen*). Als Oberbegriff bzw. als neutraler Begriff für die verschiedenen Typen von Stellungen der Verhältniswörter kann die Bezeichnung *Adpositionen* verwendet werden. In der Regel wird jedoch der Begriff *Präpositionen* neutral verwendet, ohne dabei die Stellung zu meinen. Mit *Präpositionen* werden in diesem Buch alle Typen von Verhältniswörtern unabhängig von ihrer Stellung bezeichnet, soweit nicht ausdrücklich auf einen bestimmten Stellungstyp Bezug genommen wird.

Zu dieser Wortart beachte z. B. Duden (2016: 612–631), Thielmann (2021: Abschnitt 2.6), Zifonun et al. (2011 [1997]: Kap. B1, Abschnitt 2.11) sowie zur

Klitisierung (Verschmelzung) von Präpositionen und Artikel im Deutschen z. B. Nübling (2011).

4.2.8 Junktionen (Konjunktionen und Subjunktionen)

Zur Wortart der Junktionen gehören Wörter wie *und, oder, dass, ob*. Sie fallen auch unter die Begriffe *Konnektoren, Bindewörter* oder *Fügewörter*. Deren Funktion besteht darin, syntaktische Einheiten miteinander zu verbinden. Auf Satzebene lässt sich zwischen Konjunktionen und Subjunktionen unterscheiden. Der Begriff *Bindewörter* oder *Konnektoren* wird in der vorliegenden Einführung so verstanden, dass auch die sogenannten Konjunktionaladverbien dazu gezählt werden (vgl. dazu Abschnitt 9.2.2.), auch wenn sie anders als Junktionen laut Duden (2016: 631) „Satzgliedstatus innehaben". Ihre Zugehörigkeit zur Wortart der Adverbien leitet sich insbesondere durch ihre Fähigkeit ab, direkt vor dem finiten Verb eines Hauptsatzes zu stehen (andere Positionen im Satz sind selbstverständlich ebenfalls möglich, da es sich um Satzglieder handelt, die somit auch verschiebbar sind). Diese Fähigkeit besitzen von den nicht Flektierbaren nur die Adverbien. Konjunktionaladverbien wie z. B. *trotzdem, deshalb, folglich, somit, deswegen* usw. verbinden Sätze auf inhaltlicher Ebene miteinander, weshalb eine Zuordnung zu den Konnektoren (nicht als Wortart zu verstehen) angemessen erscheint. Konjunktionen, Subjunktionen und Konjunktionaladverbien verhalten sich hinsichtlich der Wortstellung im Satz sehr unterschiedlich: Während Konjunktionen die Stellung der Satzglieder nicht beeinflusst, weil sie in einer Position außerhalb des jeweiligen Hauptsatzes stehen,[17] und Subjunktionen als Bindewörter in Nebensätzen hingegen das finite Verb in die Letztstellung verschieben, führen Konjunktionaladverbien dazu, dass das finite Verb zwar in seiner Position bleibt, aber die Position vor dem finiten Verb wird durch das Konjunktionaladverb besetzt, so dass das dort zuvor positionierte Satzglied in eine Position nach dem finiten Verb verschoben werden muss. Die folgende Tabelle fasst das bisher Gesagte bzw. insbesondere die Wortstellung im Zusammenhang mit den einzelnen Bindewörtern zusammen:

....

17 Zur Feldereinteilung des deutschen Satzes vgl. das Kapitel Topologische Struktur des deutschen Satzes (Kap. 7).

Bindewort	Zugehörige Wortart	Verbstellung im zweiten Teilsatz	Position des Bindeworts	Beispiel
Konjunktion	Junktionen	Verb**zweit**stellung	außerhalb des Satzes	*Sie verzichtet auf Urlaub, denn sie hat keine Zeit*
Subjunktion	Junktionen	Verb**letzt**stellung	Position 2[18]	*Sie verzichtet auf Urlaub, weil sie keine Zeit hat.*
Konjunktionaladverb	Adverbien	Verb**zweit**stellung	Position 1	*Sie verzichtet auf Urlaub, dennoch hat sie keine Zeit.*

Tabelle 2: Konjunktion, Subjunktion und Konjunktionaladverb im Vergleich.

In Abschnitt 9.2 wird auf diese drei Arten von Bindewörtern bzw. Konnektoren aufgrund ihrer Relevanz in Lehr-/Lernkontexten insbesondere von Deutsch als Fremdsprache detaillierter eingegangen.[19]

Unter dem Begriff *Junktionen* werden in Anlehnung an die Duden-Grammatik (2016) ausschließlich die Konjunktionen und Subjunktionen subsumiert. Die Wortart der Junktionen wird nicht in allen Grammatikbeschreibungen so bezeichnet. Eisenberg (2020) verwendet z. B. den Begriff *Konjunktionen* als „Kategorienname" und versteht darunter Folgendes: „Der Kategorienname Konjunktion (K) verweist darauf, dass diese Einheiten Ausdrücke bestimmter Form miteinander verbinden. Als syntaktische Hauptklassen werden koordinierende (KOR) von subordinierenden (SOR) und adordinierenden (AOR) Konjunktionen unterschieden." (Eisenberg 2020: 211). Zu den AOR gehören nach Eisenberg (2020: 213) die Wörter *als* und *wie*, welche in Verbindung mit einem „nachfolgenden Nominal eine Konjunktionalgruppe, die als Satzglied fungiert" (Hervorhebungen im Original), bildet. Duden (2016) führt *als* und *wie* hingegen unter den Konjunktionen auf und weist aber darauf hin, dass sie nur Satzteile miteinander verbinden und selbst keinen Kasus fordern: „*Wie*

---

18 Was konkret gemeint ist, wenn hier davon ausgegangen wird, dass die Subjunktion in Position 2 steht, ist ebenfalls in Kap. 7 ausführlich erläutert.

19 Während die Differenzierung zwischen den Konjunktionen und Subjunktionen für Germanistik-Studierende bzw. DaF-Lernende in Marokko noch relativ gut nachvollziehbar ist, haben sie bei der Verwendung von Konjunktionaladverbien große Schwierigkeiten. Vor diesem Problem stehen sicherlich nicht nur die Lernenden in Marokko.

und *als* werden oft als Präpositionen behandelt. Allerdings regieren sie selbst keinen Kasus, sondern der Kasus der Vergleichskandidaten kongruiert mit dem der Bezugsgröße. *Wie* und *als* leiten also einen bereits vorhandenen Kasus weiter [...]. Daher ist es angemessener, sie als Satzteilkonjunktionen einzuordnen." (Duden 2016: 636; Hervorhebungen im Original). Duden (2016) spricht sich zudem gegen die Bezeichnung *Konjunktionen* als Oberbegriff für Konjunktionen und Subjunktionen aus: „Konjunktionen und Subjunktionen werden oft unter dem Oberbegriff der Konjunktionen zusammengefasst, was missverständlich ist. Hier wird der Oberbegriff der **Junktion** vorgezogen." (Duden 2016: 631; Hervorhebung im Original). Diese Haltung ist nachvollziehbar, weshalb auch in der vorliegenden Einführung *Junktionen* als Oberbegriff für *Konjunktionen* und *Subjunktionen* verwendet wird. Entsprechend der Definition der Duden-Grammatik (2016: 633) verbinden Konjunktionen „gleichrangige Wortteile, Wörter, Wortgruppen, Satzglieder, oder (Teil)sätze miteinander". Konjunktionen operieren somit auf verschiedenen Ebenen, aber das gemeinsame Merkmal ist die Gleichrangigkeit der verknüpften Einheiten. Die Konjunktionen in den Beispielen *Jürgen spielt gerne Musik und seine Schwester tanzt lieber* oder *Maria und Stefan gehen in dieselbe Klasse* drücken Gleichrangigkeit aus. Subjunktionen ordnen hingegen Teilsätze anderen Teilsätzen eines komplexen Satzes unter. Es existiert somit keine Gleichrangigkeit, sondern eine Beziehung der Unterordnung. Dabei wird bei den subjunktional eingeleiteten Teilsätzen die Wortstellung beeinflusst, indem das finite Verb aus der zweiten Position in die finale Position verschoben wird (vgl. zu subjunktional eingeleiteten Nebensätzen und der Stellung des finiten Verbs Abschnitt 7.4 sowie Kap. 10): *Er wünschte sich schon immer eine Gitarre > ..., weil er sich schon immer eine Gitarre wünschte*.

Laut Duden (2016) gibt es auch unterordnende Bindewörter, die sogenannte Infinitivphrasen einleiten: „*Um, ohne, anstatt, außer* leiten nicht Nebensätze mit finitem Verb ein, sondern Infinitivphrasen. Sie lassen sich jedoch in Bedeutung und Gebrauch den nebensatzeinleitenden Subjunktionen zuordnen." (Duden 2016: 637). Infinitivphrasen bzw. Infinitivkonstruktionen enthalten nicht nur kein infinites Verb, sondern auch kein Subjekt. Unabhängig von diesen formalen Besonderheiten gegenüber den typischen Nebensätzen zählen die sie einleitenden Elemente nach Duden (2016: 637) hinsichtlich „Bedeutung und Gebrauch" zu den Subjunktionen. Beispiele für Infinitivkonstruktionen sind *er ließ sich scheiden, ohne sich dabei Gedanken um seine Kinder zu machen; sie verabredete sich lieber mit ihren Freundinnen, anstatt sich auf die bald stattfindenden Prüfunden zu konzentrieren.* Dabei wird *zu* nicht als Teil der Subjunktion betrachtet (Duden 2016: 637). In der vorliegenden Einführung können solche einleitenden Elemente bei den Subjunktionen als nicht prototypische Subjunktionen mitgezählt werden, was inbesondere mit der Tatsache zusammenhängt, dass in den jeweils satzwertigen Konstruktionen kein finites Verb und kein Subjekt (dieses ist nur im übergeordneten Satz zu finden) realisiert werden. Helbig/Buscha (2001) fassen Infinitiv- und Partizipialkonstruktionen „ihrer Struktur und Funktion nach [...] als reduzierte Nebensätze" auf (Helbig/Buscha 2001: 574; Weglassung N.T.).

Vgl. zu den Begrifflichkeiten und Untergliederungen im Zusammenhang mit den Junktionen auch Hentschel/Weydt (2021: Abschnitt 9.2), wo ebenfalls von „Konjunktionen" und den Untergruppen „koordinierende und subordinierende Konjunktionen" gesprochen wird sowie z. B. Zifonun et al. (2011 [1997]), die von „Junktoren" und den Untergruppen der „Konjunktoren", „Subjunktoren" und „Adjunktoren" sprechen (Zifonun et al. (2011 [1997]: Kap. B1, Abschnitte 2.22 bis 2.24).

4.2.9 Partikel

Partikeln sind all die unflektierbaren Wörter, die man aus unterschiedlichen Gründen nicht den anderen unflektierbaren Wortarten zuordnen kann. Das kann selbstverständlich Unterschiedliches sein und tatsächlich ist diese Wortart auch sehr heterogen: „Von einer Restklasse – nenne man sie nun Adverbien oder Partikeln – ist nicht zu erwarten, dass sie homogen ist. Nicht einmal einen kategorialen Kern für alle diese Wörter wird es geben." (Eisenberg 2020: 255). Genau aus diesem Grund sind Partikel als Wortart auch schwer zu begreifen bzw. zu erfassen.

Außerdem kann es vorkommen, dass ein Wort, das als Partikel identifiziert wird, auch als homographer „Zwilling" in einer anderen unflektierbaren Wortart auftaucht. So ist z. B. das Wort *denn* sowohl bei den Junktionen als auch bei den Partikeln zu finden. Allerdings liegen bei seiner Verwendung im Satz unterschiedliche Funktionen zugrunde. Als Konjunktion verbindet es zwei

Hauptsätze (*Er kann nicht zur Party gehen, denn er ist nicht eingeladen*) und als Partikel dient es des Ausdrucks der Sprechereinstellung zum Sachverhalt (z. B. *Was soll denn das jetzt bedeuten?*). Dieses Beispiel soll verdeutlichen, dass es bei der Wortartermittlung u. a. wichtig ist, auf die Funktion des entsprechenden Wortes zu achten.

Was genau die Wortart der Partikeln ist oder was diese ausmacht, wird in der Forschung unterschiedlich begründet. Es gibt Ansätze,[20] bei denen alle Unflektierbaren zu den Partikeln gezählt werden, also auch die schon oben erwähnten Präpositionen, Adverbien und Junktionen.[21] Andere Ansätze

....

20 Vgl. hierzu auch den Eintrag zu „Partikel" im Grammatischen Informationssystem des IDS Mannheim: Partikel. In: Leibniz-Institut für Deutsche Sprache: „Systematische Grammatik". Grammatisches Informationssystem grammis. DOI: 10.14618/grammatiksystem Permalink: https://grammis.ids-mannheim.de/systematische-grammatik/279 (letzter Zugriff: 31.01.2022).

21 Ein Vertreter dieses Ansatzes ist z. B. Engel (1996). Vgl. zu diesem Ansatz den wichtigen Kritikpunkt in Hentschel/Weydt (2021): „Wenn man Partikeln generell und sprachübergreifend als unflektierbare Wörter definieren wollte, so wären beispielsweise auch die Adjektive des Englischen Partikeln, und es gäbe sogar Sprachen wie beispielsweise das Chinesische, die ausschließlich aus Partikeln bestünden. Eine solche Definition wäre offenkundig unsinnig. Aber selbst, wenn man die Definition der Partikeln anhand des Kriteriums der Unflektierbarkeit auf das Deutsche beschränkt, stößt man auf Probleme. Zum einen müsste man dann, wie dies bei Engel (1996: 18) der Fall war, Substantive wie *Milch* oder Adjektive wie *lila* zu den Partikeln zu[sic!] rechnen, obgleich sie sich weder in ihrem syntaktischen Verhalten noch in semantischer Hinsicht von anderen Substantiven oder Adjektiven unterscheiden." (Hentschel/Weydt 2021: 262). Hier beziehen sich Hentschel/Weydt (2021) auf die *Deutsche Grammatik* von Ulrich Engel (1996). Tatsächlich wird in Engel (1996: 18) darauf hingewiesen, dass „einige Elemente der Hauptwortklassen [also der Flektierbaren] zu den Partikeln zu rechnen sind, weil sie in keinerlei Kontext eine Veränderung erfahren, so das Nomen *Milch*, das Determinativ *lauter*, die Adjektive *lila* und *prima*, die Pronomina *etwas* und *nicht* und andere." (Engel 1996: 18; Hinzufügung N.T.; Kursivierung im Original). Doch in Engel (1996) ist eine weitere Aussage zu finden, die dem auf S. 18 Geäußerten widerspricht: „Zwar gibt es auch im nominalen Bereich eine Reihe unveränderlicher Wörter: das Nomen *Milch*, das Adjektiv *lila* und andere. Aber diese Wörter haben daneben viele Eigenschaften mit den flektierbaren Wörtern (wie *Tisch, Decke, Haus*; *rot, schön* und anderen) gemein, vor allem Charakteristika der Kombinierbarkeit; dies rechtfertigt es auch, die unveränderlichen Nomina und Adjektive zusammen mit den Flexibilia zu behandeln." (Engel 1996: 689). Da, wo am Anfang des Buches bestimmte Wörter aus der Gruppe der Flektierbaren noch ausgegrenzt werden, da werden sie am Ende doch wieder als inbegriffen aufgeführt. In seiner Neubearbeitung der Deutschen Grammatik fasst Engel (2004) unter der Wortklasse der Partikeln abermals die Gesamtheit aller Unflektierbaren zusammen und auch hier wird gesagt, dass die unveränderlichen Nomina oder Adjektive nicht zu den Partikeln gezählt werden, weil diese schon „zuvor auf Grund anderer Merkmale klassifiziert wurden […]" (Engel 2004: 384). Trotz der Untergliederung der Wortklasse der Partikeln in

wiederum differenzieren stärker zwischen den Unflektierbaren, indem eben Präpositionen, Junktionen und Adverbien auf der Grundlage syntaktischer Kriterien von den Partikeln unterschieden werden.[22] Dann lassen sich auch Beschreibungen finden, die eine sehr enge Definition für die Wortart zugrunde legen und nur ganz bestimmte Klassen von Partikeln dazuzählen.

Die Duden-Grammatik (2016) gehört zu jenen Grammatikbeschreibungen, in denen weder eine zu weite noch eine zu enge Definition der Wortart Partikel zu finden ist. Allerdings ist die grundlegendste Differenzierung zwischen den Wortarten auch hier zunächst die nach den Flektierbaren und den Unflektierbaren. Diese Basisunterscheidung ist nicht zu kritisieren und sagt zunächst nichts darüber aus, ob die weitere Differenzierung eng oder weit ist. Die in dieser Einführung bisher besprochenen Wortarten orientieren sich stark an der der Duden-Grammatik. Dazu gehört auch die Wortart der Partikel. Zu den Partikeln gehören laut Duden (2016) die Gradpartikel (z. B. *ziemlich, sehr, äußerst*), die Fokuspartikel (z. B. *sogar, selbst, ausgerechnet*), die Negationspartikel (hierzu zählt *nicht*), die Abtönungspartikel bzw. Modalpartikel (z. B. *wohl, doch, etwa*), die Gesprächspartikel (z. B. *also, na ja, aha*), die Interjektion (z. B. *aua, pfui, juhu*) und das sogenannte Onomatopoetikum (z. B. *wau wau, miau, ticktack*).

....

Präpositionen, Subjunktoren, Adverbien, Kopulapartikeln, Modalpartikeln, Rangierpartikeln, Konjunktoren, Gradpartikeln, Satzäquivalente, Vergleichspartikeln, Abtönungspartikeln und deren Behandlung in Unterkapiteln, macht die Subsumierung all dieser Untergruppen unter der Wortklasse der Partikeln doch deutlich, dass diese in irgendeiner Form als zusammengehörig verstanden werden sollen (vgl. hierzu Engel 2004: Kap. 6). Engel (2004) zieht eine Grenzlinie zwischen den Partikeln und den anderen Wortarten auf der Grundlage der als „Nebenfunktionen" und „Hauptfunktionen" bezeichneten Differenzierung: „Partikeln haben Nebenfunktionen in der Sprache. Die Hauptfunktionen werden von Verben und den Wörtern des nominalen Bereichs ausgeübt: Verben bezeichnen ‚Geschehen' im weitesten Sinne, Nomina, Determinative, Adjektive und Pronomina bezeichnen bzw. charakterisieren Größen. Partikeln liefern dazu nähere Bestimmungen, verbinden Wörter oder Wortgruppen oder leisten Sonstiges." (Engel 2004: 384, Hervorhebung im Original). Nicht viel anders gestaltet sich im Grunde auch der Ansatz von Hentschel/Weydt (2021: Kap. 9), wenn von „Partikeln im weiteren Sinne" die Rede ist und dann auch „Konjunktionen" (gemeint sind sowohl Konjunktionen als auch Subjunktionen) und Präpositionen darunter gefasst werden.

22 Wie dies z. B. bei der Grammatikbeschreibung des Duden (2016) der Fall ist.

5 Perspektiven der Betrachtung syntaktischer Einheiten und syntaktischer Relationen

Die obige Behandlung der Wortarten hat schon deutlich gemacht, dass eine enge Beziehung zwischen Wörtern und syntaktischen Strukturen existiert. In diesem Kapitel geht es nun darum, den Blick vom einzelnen Wort bzw. den Wortarten wegzulenken, die syntaktische Ebene zu fokussieren und zunächst einige ausgewählte Perspektiven der Betrachtung von Sätzen und ihren Bestandteilen vorzustellen. Sätze lassen sich auf unterschiedliche Art und Weise analysieren. Je nach zugrundeliegender Theorie können dabei die Perspektiven bzw. die Methoden variieren. Im Folgenden soll ein kurzer Einblick in eine kleine Auswahl von möglichen Betrachtungsweisen vorgestellt werden, die für ein basales Wissen zur deutschen Syntax unabdingbar sind.

5.1 Satzglieder und Konstituenten

Betrachtet man Sätze, sieht man eine Abfolge verschiedener Wörter bzw. Wortformen. Diese scheinen aber nur auf den ersten Blick die Bestandteile von Sätzen zu bilden. Spätestens dann, wenn man anfängt, etwas im Satz verschieben zu wollen, stellt man fest, dass in bestimmten Fällen Wörter nur zusammen mit anderen Wörtern verschiebbar, ersetzbar oder weglassbar sind. Es gibt bestimmte syntaktische Verfahren, um diese Wortgruppen zu ermitteln. Ausgangspunkt der Annäherung an diese Problematik soll zunächst eine Aufgliederung des Satzes – hier insbesondere des Aussagesatzes – in verschiedene syntaktische Positionen sein. Die Position vor dem finiten Verb wird als Position I, die des finiten Verbs als Position II und die Position direkt nach dem finiten Verb zunächst als Position III bezeichnet. Die Position III kann mehr als eine syntaktische Einheit enthalten (verschiedene Objekte und Angaben). Enthält der Aussagesatz ein Prädikat, das eventuell aus zwei Verben besteht

(z. B. im Falle eines zusammengesetzten Tempus, wie in *Die Mutter hat jetzt ihren Kindern die Spiele gegeben*), dann kann man für den infiniten Teil des Prädikats die Position IV zuweisen. Auch wenn in diesem konkreten Beispiel nach dem infiniten Prädikatsteil nichts folgt, kann zunächst eine Position V angenommen werden. Es ist möglich, z. B. einen von diesem Aussagesatz abhängigen Nebensatz folgen zu lassen, der dann als Ganzes diese Position V besetzt.[23] Wenn in Position I das Subjekt des Satzes steht, kann dort nicht gleichzeitig z. B. auch ein Akkusativobjekt oder eine temporale Angabe stehen. Immer jeweils nur eine syntaktische Einheit darf diese Position besetzen. Gegen diese Regel verstoßen z. B. DaF-Lernende sehr häufig, wie die folgenden Satzbeispiele aus dem marokkanischen Hochschulkontext belegen:

Beispiel 6: Beispielsätze mit Mehrfachbesetzung der Position I.

a) *Unglücklicherweise der Hirsch lief sehr schnell in Richtung eines Abhangs.*

b) *Plötzlich, der Hirsch warf Tim ab.*

In beiden Sätzen steht neben einer Modalangabe (*Unglücklicherweise* und *Plötzlich*) auch jeweils das Subjekt des Satzes in der Position vor dem finiten Verb und damit in Position I, was im Deutschen nicht möglich ist. Grammatisch korrekt wären die Sätze erst dann, wenn eine der beiden syntaktischen Einheiten aus der Position I in die Position III verschoben wird. Es ist nicht auszuschließen, dass hier ein Spracheneinfluss diese Mehrfachbesetzung der Position I verursacht hat.

Verschiebungen im Satz zur Ermittlung zusammengehöriger Wortgruppen erfolgen aus der Position III in Richtung Position I, wobei das finite Verb auf seiner Position bleibt. Gleichzeitig muss das, was in der Position I steht, dann nach rechts in die Position III verschoben werden. Es erfolgt quasi ein Tausch, wobei in der Position III auf eine bestimmte Reihenfolge der einzel-

---

23 Diese 5 Positionen eines deutschen Satzes besitzen jeweils eigene Bezeichnungen. An dieser Stelle wird zunächst auf diese Termini verzichtet. Darauf wird ausführlich in Kap. 7 eingegangen.

nen syntaktischen Einheiten zu achten ist. Dieses Verfahren ist somit auf der syntagmatischen Ebene aktiv. In der folgenden Tabelle ist das bisher Gesagte zusammengefasst:

Position I	Position II	Position III	Position IV	Position V
z. B. das Subjekt	finites Verb: z. B. Vollverb, Hilfsverb oder Modalverb	z. B. Objekte und adverbiale Angaben	Infiniter Teil des Prädikats: Infinites Verb (Infinitiv, Partizip II), Verbpräfix	z. B. ein Nebensatz

Tabelle 3: Besetzung der syntaktischen Positionen und Möglichkeiten der Verschiebung.

Diese Regeln können anhand des schon oben erwähnten Beispielsatzes (*Die Mutter hat jetzt ihren Kindern die Spiele gegeben*) verdeutlicht werden, wobei die Position V der Einfachheit halber zunächst frei gelassen wird:

Position I	Position II	Position III	Position IV	Position V
a) *Die Mutter*	*hat*	*jetzt ihren Kindern die Spiele*	*gegeben.*	
b) *Jetzt*	*hat*	*die Mutter ihren Kindern die Spiele*	*gegeben.*	
c) *Ihren Kindern*	*hat*	*die Mutter jetzt die Spiele*	*gegeben.*	
d) *Die Spiele*	*hat*	*die Mutter jetzt ihren Kindern*	*gegeben.*	

Tabelle 4: Verschiebung syntaktischer Einheiten aus der Position III in die Position I am Beispiel eines Aussagesatzes.

In Tabelle 4 besetzt in a) das Subjekt des Satzes die Position I. Der Satz in b) unterscheidet sich von a) darin, dass aus der Position III die temporale Angabe in die Position I verschoben wird. Gleichzeitig muss nun das Subjekt in die Position III wechseln, und zwar in diesem Fall direkt nach dem finiten Verb.[24] In c) muss die temporale Angabe den Platz für das Dativobjekt frei machen und wieder in die Position III rücken (nach dem Subjekt). Soll das Akkusativobjekt nach links verschoben werden (wie in d)), so kann auch hier nur eine einzige syntaktische Einheit stehen und alle anderen müssen ihren Platz in der Position III finden. Diese syntaktischen Einheiten, die hier von der Position III in die Position I verschoben werden, bezeichnet man als *Satzglieder*. Sie haben eine bestimmte Funktion im Satz. Das Verschieben der Satzglieder wird als *Umstellungs-, Permutations- oder Verschiebeprobe* bezeichnet. Es handelt sich dabei um eine sogenannte Satzgliedprobe. Dreh- und Angelpunkt der Umstellung bildet immer das finite Verb, dessen Position unverändert bleibt. Diese Verschiebeprobe dient zur Ermittlung der Einheiten, die im Satz als Satzglieder fungieren. Einheiten, die sich nicht verschieben lassen, stellen keine Satzglieder dar, sondern sogenannte *Gliedteile* (also nur Bestandteile von Satzgliedern). Wie lässt sich aber ermitteln, ob es sich bei einem Wort oder einer Wortgruppe nur um ein Gliedteil und nicht um Satzglied handeln? Zur Klärung dieser Frage soll wieder das o. g. Beispiel betrachtet werden: Die definiten Artikel, die beim Subjekt und dem Akkusativobjekt stehen, sowie das possessive Artikelwort des Dativobjekts stellen Gliedteile dieser Satzglieder dar, weil sie sich nicht alleine in die Position I verschieben lassen. So ist es z. B. nicht möglich, **Ihren hat die Mutter jetzt Kindern die Spiele gegeben* zu sagen, weil ein Gliedteil des Satzglieds *ihren Kindern* verschoben wurde und so nun ein ungrammatischer Satz entstanden ist. Genauso stellen aber auch die Substantive dieser Satzglieder nur Gliedteile dar, so dass auch diese nicht alleine verschiebbar sind (vgl. z. B. **Kindern hat die Mutter ihren die Spiele gegeben*). Die Verschiebeprobe lässt sich auch auf Nebensätze anwenden: *Er hätte nicht gedacht, dass die Prüfung so schwer sein könnte > Dass die Prüfung*

....

24 Welche Reihenfolge für syntaktische Einheiten in der Position III gilt, wird in Abschnitt 7.9 besprochen.

so schwer sein könnte, *hätte er nicht gedacht.* Durch diese Verschiebung wird deutlich, dass es sich bei diesem Nebensatz um ein Satzglied handeln muss.

Eine weitere Probe zur Bestimmung von Satzgliedern bildet auch die sogenannte *Ersatzprobe* (auch: **Substitutionstest**). In diesem Fall werden die durch die Verschiebeprobe ermittelten Satzglieder durch einfache syntaktische Einheiten ersetzt, wie z. B. durch Pronomen (in diesem Fall kann man auch vom Pronominalisierungstest sprechen), die dann folglich nicht nur dieselbe Position besetzen, sondern auch dieselbe Funktion wie die komplexen Einheiten (also wie die in Form von Wortgruppen realisierten Satzglieder) übernehmen. Solche austauschbaren Einheiten stehen dann in einer paradigmatischen Relation zueinander. Wichtig ist dabei, dass bestimmte grammatische Merkmale erhalten bleiben, damit auf funktionaler Ebene alles unverändert bleibt. Für den o. g. Satz würde eine Ersatzprobe dann Folgendes ergeben: *Sie hat sie ihnen jetzt gegeben.* Nicht nur Wortgruppen, sondern auch Nebensätze können mit Hilfe der Ersatzprobe als Satzglieder ermittelt werden, wie z. B. im Falle von *Er hätte nicht gedacht, dass die Prüfung so schwer sein könnte* > *Er hätte das nicht gedacht.* Auch andere Wortarten können für die Ersatzprobe genutzt werden, wie z. B. Adverbien. Ersetzungen können zudem durch Einheiten mit gleicher oder mit einer größeren Komplexität erfolgen. In diesem Fall spricht man dann nicht vom Pronominalisierungstest. Ein solcher Fall liegt z. B. vor, wenn man das Satzglied *Bonbons* in *Tom gibt seinem Freund Bonbons* wie folgt ersetzt:

Beispiel 7: Ersatzprobe mit unterschiedlich komplexen Satzgliedern.

a) *Tom gibt seinem Freund Stifte.*
b) *Tom gibt seinem Freund sein heißgeliebtes Trikot.*
c) *Tom gibt seinem Freund, was er verdient.*

In a) wird ein Substantiv durch ein anderes Substantiv ersetzt (*Bonbons* durch *Stifte*). In b) erfolgt die Ersetzung mittels einer Wortgruppe, die aus einem Possessivartikel, einem Adjektiv und einem Substantiv besteht und in c) wird schließlich anstelle einer Wortgruppe ein Nebensatz eingefügt. Eine Variante der Ersetzungsprobe stellt der Fragetest dar. Hier erfolgt eine Substitution der

Satzglieder durch ein Fragewort, wie z. B. _Wer hat was nicht gedacht?_ oder _Wer hat was wem gegeben?_

Auf den ersten Blick mag nun diese Vorgehensweise zur Ermittlung von Satzgliedern sehr einfach klingen. Komplizierter wird es jedoch, wenn man von komplexeren Satzgliedern ausgeht, wie z. B. in dem Satz „Ab dem späten Mittwochabend gilt in den Regionen rund um Münster, Paderborn und Bielefeld eine amtliche Unwetterwarnung vor orkanartigen Böen".[25] Bevor der erste Schritt zur Ermittlung der Satzglieder gemacht werden kann, ist auch hier zunächst die Bestimmung des finiten Verbs wichtig (in diesem Fall ist es das Verb _gilt_, welches ein einfaches Prädikat bildet). Die Durchführung der Verschiebeprobe für alle möglichen Satzglieder in diesem Satz führt schließlich zu dem Ergebnis, dass neben der temporalen Angabe (_Ab dem späten Mittwochabend_) nur zwei weitere Satzglieder vorkommen:

Beispiel 8: Durchführung der Verschiebeprobe beim Satzbeispiel _Ab dem späten Mittwochabend gilt in den Regionen rund um Münster, Paderborn und Bielefeld eine amtliche Unwetterwarnung vor orkanartigen Böen._

a) _In den Regionen rund um Münster, Paderborn und Bielefeld **gilt** ab dem späten Mittwochabend eine amtliche Unwetterwarnung vor orkanartigen Böen._

b) _Eine amtliche Unwetterwarnung vor orkanartigen Böen **gilt** ab dem späten Mittwochabend in den Regionen rund um Münster, Paderborn und Bielefeld._

c) _*Rund um Münster, Paderborn und Bielefeld **gilt** ab dem späten Mittwochabend in den Regionen eine amtliche Unwetterwarnung vor orkanartigen Böen._

d) _*Vor orkanartigen Böen **gilt** ab dem späten Mittwochabend in den Regionen rund um Münster, Paderborn und Bielefeld eine amtliche Unwetterwarnung._

....

25 Beispiel entnommen aus: https://www.sueddeutsche.de/panorama/sturm-deutschland-unwetter-warnung-nrw-norddeutschland-1.5530023 (letzter Zugriff: 16.02.2022).

Nur die Verschiebungen in a) und b) führen zu grammatisch korrekten Sätzen. In c) und d) handelt es sich bei den umgestellten Einheiten um Gliedteile. Zu erkennen ist dies daran, dass die daraus resultierenden Sätze ungrammatisch sind. Man könnte an dieser Stelle noch weitere Gliedteile in die Position I verschieben, aber für das Verständnis sollten diese Beispiele völlig ausreichen. Ist die Verschiebeprobe durchgeführt, kann nun am Schluss auch hier die Ersetzungsprobe durchgeführt werden. Das Ergebnis kann dann wie folgt lauten: *Dann gilt dort das.*

Bei den o. g. Proben handelt es sich schon um die wichtigsten Werkzeuge zur Ermittlung von Satzgliedern. Insbesondere die Permutation findet als Satzgliedprobe eine breite Anwendung (zur Satzgliedanalyse vgl. z. B. auch Musan 2021 und Welke 2014). Nun ist es so, dass im Deutschen in manchen Fällen auch syntaktische Einheiten verschoben werden können, die nicht als Satzglieder klassifiziert werden können, was dann auch zu Konstruktionen führt, die den Laien Schwierigkeiten bei einer angemessenen syntaktischen Zuordnung bereiten kann.[26] Dies ist z. B. der Fall, wenn nur bestimmte Bestandteile von Satzgliedern verschoben werden. Bei solchen Teilverschiebungen „fällt auf, dass in diesen Fällen immer quantifizierende Indefinitpronomen wie *alle* oder *keiner* vorkommen" (Öhl /Seiler 2013: 144; Hervorhebungen im Original), wie bspw. in „Unsere Nachbarn haben *alle* ein ultraschnelles Notebook bestellt" (Öhl/Seiler 2013: 144; Hervorhebung im Original). Aber nicht nur solch ein Fall führt dazu, die Verschiebeprobe als nicht „hinreichendes Kriterium" (Dürscheid 2010: 48) für die Satzgliedermittlung zu betrachten. In Dürscheid (2010) werden Beispiele aufgeführt, in denen der infinite Teil des Prädikats vor den finiten verschoben wird: „<u>Helfen</u> kann ich dir nicht, aber ich kann Folgendes für dich tun." sowie „<u>Ein Buch lesen</u> möchte ich schon, aber ich habe keine Zeit dazu." (Dürscheid 2010: 48; Hervorhebungen N.T.). Im zweiten Beispielsatz ist zudem die Verschiebung eines Objekts zu sehen. Solche untypischen Besetzungen der Position vor dem finiten Verb lassen sich mit Hilfe des Zusammenhangs von „Erwartungshaltung" und „Topikalisierung" (Zifonun 2021) besser verstehen: einer „Erwartungshaltung bezüglich des

....

26 Zu möglichen Schwierigkeiten, die im Zusammenhang mit der Verschiebeprobe in die Position I auftauchen können, vgl. z. B. auch die Ausführungen im Duden (2016: 790–791).

Prädikatsinhalts" wird mit einem „topikalisierten Prädikatsteil entsprochen" (Zifonun 2021: 202). Mittels einer solchen Besetzung der Position I wird eine „Anknüpfung an das Bekannte oder Erwartete" (Zifonun 2021: 203) herge-stellt.[27] Ähnlich erklärbar sind im Grunde auch die in Repp/Struckmeier (2020) erwähnten Beispiele für Gliedteilverschiebungen, die dafür sprächen, dass „[d]ie Annahme der traditionellen Grammatik, dass Satzglieder en bloc auf-träten […] nicht immer richtig" (Repp/Struckmeier (2020: 15) sei. Den Satz a) „Anton mag nur [grüne schwedische Autos"] führen Repp/Struckmeier (2020) in den Varianten b) „[Schwedische Autos] mag Anton nur [grüne]", c) „[Grüne Autos] mag Anton nur [schwedische]" und d) „[Autos] mag An-ton nur [grüne schwedische]" auf (vgl. Repp/Struckmeier 2020: 15), die alle-samt eines belegen sollen: dass die als untrennbar betrachteten Bestandteile eines Satzglieds sehr wohl trennbar sein können. Die Beispiele verdeutlichen darüberhinausgehend aber auch, dass mindestens Zifonuns (2021) „Erwar-tungshaltung" und „Topikalisierung" und somit die Kontextabhängigkeit eine erhebliche Rolle für die Realisierung derartiger Stellungsvarianten spielen. Zu-dem scheinen die drei Satzvarianten hinsichtlich des Verstehensprozesses nicht gleichwertig zu sein: b) und c) sind im Hinblick auf den Sinn weniger schnell einzuordnen als d). Auf der Verständlichkeitsskala können die Satzvarianten somit nicht als gleichwertig eingeordnet werden. So wie man innerhalb der Prototypensemantik einen Spatz als prototypischen Vertreter der Tierart Vogel aufführen würde (zumindest für den mitteleuropäischen Raum), könnte man auch bei den von Repp/Struckmeier (2020) genannten Satzvarianten sagen, dass die Variante a) eher einer prototypischen Struktur eines kontextunab-

....

27 Zifonun (2021) führt hier Textstellen aus Zeitungsartikeln auf, die den Zusammenhang von Erwartungshaltung und Topikalisierung verdeutlichen: „In den folgenden Belegen steht das Partizip *gefunden* vorn, es ist, wie man so sagt, ‚topikalisiert'. Im ersten würden wir dieses Wort wohl kaum besonders betonen, im zweiten schon eher: ‚Während des Zweiten Weltkrieges wurde in der Gemeinde Entlebuch Torf abgebaut, Ende der siebziger Jahre gar nach Erdöl gesucht. **Gefunden** wurde Erdgas, das ein paar Jahre gefördert wurde' (Neue Zürcher Zeitung vom 31.12.2003). Der zweite Beleg thematisiert ‚eine groß angelegte Suche nach Rausch-gift'. Dann heißt es: ‚Auch Drogenhunde wurden dabei eingesetzt. **Gefunden** wurde nichts' (Nürnberger Zeitung vom 25.06.2013). Wie man sieht, geht es jeweils um das Minidrama ‚gesucht – gefunden'." (Zifonun 2021: 202; Hervorhebungen im Original). Solche Beispiele zeigen in aller Deutlichkeit, dass bestimmte Strukturen nur kontextabhängig interpretier- bzw. analysierbar sind.

hängigen Satzes mit einem Subjekt und einem Akkusativobjekt entspricht, während b) und c) am prototypischen Rand anzusiedeln wären (so ähnlich wie man dies z. B. mit einem Pinguin innerhalb der Kategorie Vogel tun würde). Zur Problematik der Besetzung der Position(en) vor dem finiten Verb vgl. auch unten den Abschnitt 7.8.

Doch nun nochmals zurück zu den vorangestellten Infinitiven bzw. insbesondere zu dem oben erwähnten Beispielsatz „Ein Buch lesen möchte ich schon, aber ich habe keine Zeit dazu." (Dürscheid 2010: 48), in dem vor dem finiten Verb sowohl ein Infinitiv als auch ein Objekt positioniert sind. Die Frage, die sich hier stellt, ist, um was für Einheiten es sich dabei handelt, wenn diese auch zusammen nach links verschoben werden können. Es handelt sich hierbei nicht um Satzglieder, sondern um sogenannte *Konstituenten* (beachte hierzu auch die Diskussion zum Vorvorfeld und zur Koordinationsposition in Abschnitt 7.8.). Während der Begriff *Satzglied* aus der traditionellen bzw. aus der lateinischen Grammatik stammt und eine syntaktische Einheit bzw. zusammengehörige Wortgruppe bezeichnet, die im Satz eine bestimmte Funktion übernimmt, wie z. B. die Subjekt-/Objektfunktion und die Funktion einer adverbialen Angabe (z. B. einer temporalen Angabe), und zudem als ein für die lineare Ebene des Satzes relevanter Begriff betrachtet werden muss, liegt der Ursprung des Begriffs *Konstituente* (wie auch der *Phrase*) im Strukturalismus. Eine Konstituente ist durch Teil-Ganzes-Beziehungen gekennzeichnet und sie ist eine Einheit, die selbst auch Teil einer größeren Einheit sein kann, wie z. B. einer anderen Konstituente oder eines Satzes. Diese Einheiten können Wörtern oder Wortgruppen entsprechen. Jede komplexe Konstituente lässt sich nochmals in weniger komplexe oder einfache Konstituenten segmentieren. Es werden dabei immer die nächsten unmittelbaren Konstituenten einer komplexeren Konstituente ermittelt, bis am Ende nur einfache Konstituenten stehen. Diese Form der Segmentierung wird als *Konsitutentenanalyse* bzw. *IC-Analyse* (*immediate constituent analysis*) bezeichnet (vgl. dazu z. B. Klenk 2003). Schritt für Schritt werden die nächsten unmittelbaren Konstituenten einer komplexen Konstituente ermittelt. Im Strukturalismus werden diese Hierarchien mit Hilfe von Baumdiagrammen visualisiert. Eine einfachere Möglichkeit ist die Verwendung von eckigen Klammern. Was eine Konstituente ist, kann nicht dadurch entschieden werden, dass jede x-beliebige Aufeinanderfolge von Wörtern als syntaktische Einheit betrachtet wird. Nicht alles, was direkt aufeinanderfolgt, gehört auch zwingend als Konstituente zusammen. Und manchmal können Sätzen mit gleicher Wortfolge auch unterschiedliche Bedeutungen bzw. unterschiedliche Konstituenten zugrunde liegen, wie das aus Geilfuß-Wolfgang (2015) entnommene Beispiel im Folgenden zeigt:

Beispiel 9: Lesarten des Satzes „Leider schmeckt ihr selbst gebackenes Brot nicht" (aus: Geilfuß-Wolfgang 2015: 126).

a) „Leider schmeckt [ihr selbst gebackenes Brot] nicht. = Bedeutung 1"
b) „Leider schmeckt [ihr] [selbst gebackenes Brot] nicht. = Bedeutung 2"

Wie ermittelt man nun die Konstituenten, wenn sie nicht mit den Satzgliedern gleichzusetzen sind? Dafür gibt es die sogenannten Konstituententest. Obwohl Satzgliedproben und Konstituententest nach ähnlichen Prinzipien funktionieren, dürfen sie nicht miteinander verwechselt werden: „Zwar ist jedes Satzglied eine Konstituente, aber nicht jede Konstituente ist auch ein Satzglied." (Dürscheid 2010: 47). Für den Satzgliedstatus einer syntaktischen Einheit ist immer auch eine bestimmte Funktion im Satz ausschlaggebend. Konstituenten können einem Wort, einem Satzglied oder einer größeren Einheit unterhalb der Satzgrenze entsprechen. Warum auch Verbindungen aus Objekten und Verben zusammen eine Konstituente bilden können, lässt sich auch mit der Ersetzungsprobe verdeutlichen. Geht man von einem Satz wie z. B. *Die Frau stillt ihr Neugeborenes* aus, dann stellt sich zunächst die Frage, wie sich dieser Satz in zwei unmittelbare Konstituenten aufteilen lässt. Für eine Konstituentenanalyse ist nämlich ein Segmentierungsprinzip relevant: eine syntaktische Einheit wird in zwei kleinere syntaktische Einheiten zerlegt und diese wiederum werden wieder in jeweils zwei kleinere Einheiten segmentiert, bis am Ende nur noch einzelne Wörter als einfache Konstituenten ermittelt werden. Für den obigen Satz bedeutet das nun zunächst zu entscheiden, an welcher Stelle genau die erste Segmentierung erfolgen soll. Von den folgenden Möglichkeiten ist nur die dritte korrekt:

Beispiel 10: Erste Konstituentenermittlung am Beispiel von *Die Frau stillt ihr Neugeborenes.*

a) *[Die Frau] [stillt] [ihr Neugeborenes]
b) *[Die Frau stillt] [ihr Neugeborenes]
c) [Die Frau] [stillt ihr Neugeborenes]

Die Segmentierung in a) ist schon deswegen falsch, weil im ersten Segmentierungsschritt keine drei, sondern nur zwei Konstituenten ermittelt werden dürfen. In b) lässt das Ergebnis nicht zu, die Einheit [Die Frau stillt] durch eine einfache Konstituente zu ersetzen, während dies bei [ihr Neugeborenes] hingegen möglich ist (z. B. *Die Frau stillt es*). Nur c) ist korrekt, weil der erste Segmentierungsschritt nicht nur zu zwei Konstituenten führt, sondern weil auch beide Konstituenten durch einfache Konstituenten ersetzt werden können: [Die Frau] z. B. durch ein Pronomen und [stillt ihr Neugeborenes] durch ein finites Verb. Das Ergebnis könnte dann wie folgt lauten: *Sie schläft*. Die Segmentierungen in a) und b) sind nicht die einzigen Möglichkeiten, den Satz falsch zu segmentieren, wenn man eine IC-Analyse durchführen möchte. Aber für ein erstes Verständnis sollten diese Beispiele zunächst genügen. Worauf kommt es nun also an, wenn die IC-Analyse zu einem richtigen Ergebnis führen soll? Es gilt, dass bei den durch die Segmentierung ermittelten Einheiten bestimmte Prinzipien bzw. Kriterien beachtet werden müssen: „Der Satz wird so segmentiert, dass die dadurch entstehenden Teile

- „möglichst unabhängig sind,
- sich in möglichst vielen Umgebungen verwenden lassen und dass
- größere Segmente durch kleinere ersetzbar sind." (Hentschel/Weydt 2021: 443).

Die Ersetzbarkeit durch kleinere Segmente konnte an dem obigen Beispiel gezeigt werden. Die Unabhängigkeit sowie der Verwendung der Konstituenten in „möglichst vielen Umgebungen" kann z. B. demonstriert werden, indem die einzelnen Segmente aus dem obigen Beispiel (Beispiel 10c) sowie die Segmente aus den nachfolgenden Segmentierungsschritten zu Einheiten führen, die in anderen syntaktischen Kontexten problemlos verwendet werden können. Die Konstituente [Die Frau] könnte man z. B. im Kontext von [sitzt auf dem roten Stuhl] oder [hilft jungen Menschen auf der Straße] verwenden. Nimmt man die Wortfolge [stillt ihr Neugeborenes] lässt sich auch diese problemlos in andere syntaktische Kontexte integrieren, wie z. B. nach den Konstituenten [Die junge Mutter] oder [Meine Nachbarin]. Die Kombinationsmöglichkeiten dieser verschiedenen Kontexte bzw. Konstituenten sind im Folgenden auf der syntagmatischen und paradigmatischen Ebene als Varianten zu sehen:

Beispiel 11: Paradigmatische und syntagmatische Austauschbarkeiten von Konstituenten.

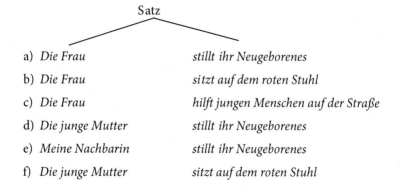

Satz

a) *Die Frau*   *stillt ihr Neugeborenes*

b) *Die Frau*   *sitzt auf dem roten Stuhl*

c) *Die Frau*   *hilft jungen Menschen auf der Straße*

d) *Die junge Mutter*   *stillt ihr Neugeborenes*

e) *Meine Nachbarin*   *stillt ihr Neugeborenes*

f) *Die junge Mutter*   *sitzt auf dem roten Stuhl*

Diese je zwei Konstituenten lassen sich jeweils noch weiter in kleinere Konstituenten aufgliedern. Für [Die Frau] [stillt ihr Neugeborenes] sieht die weitere Segmentierung in Form einer Baumstruktur dann wie folgt aus:

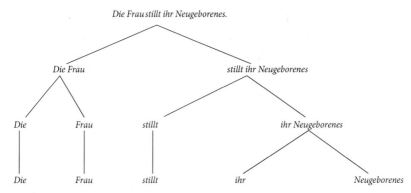

Abbildung 5: Baumstruktur des Satzes *Die Frau stillt ihr Neugeborenes.*

Schritt für Schritt wird in diesem Baumdiagramm jede ermittelte Konstituente nochmals in zwei weitere Konstituenten segmentiert, bis man im letzten Segmentierungsschritt dann die einzelnen Wörter, die die Bausteine der jeweiligen Konstituenten bilden, erhält. Auch wenn bei einem solchen Baumdiagramm der Anschein erweckt wird, als würden hier Abhängigkeitsbeziehungen abgebildet; bei Konstituentenanalysen geht es nicht um Abhängigkeiten, sondern vielmehr um Teil-Ganzes-Beziehungen: „Eine Beschränkung dieses Modells [der IC-Analyse] liegt darin, dass es nur Teil-Ganzes-Relationen zum Ausdruck bringt, nicht aber die Abhängigkeiten der segmentierten Elemente, die zu einem Knoten gehören, untereinander." (Hentschel/Weydt 2021: 446; Hinzufügung N.T.).

5.2 Phrasen und Kerne

Ganz anders verhält sich hingegen die Sache beim Phrasenbegriff. Auch wenn *Konstituente* und **Phrase** in manchen Einführungen nicht klar genug getrennt werden (wie z. B. in Geilfuß-Wolfgang 2015: Abschnitt 4.4.2), so handelt es sich doch um unterschiedliche Begriffe. Wie bei den Satzgliedern und den Konstituenten geht es auch bei den Phrasen um Wortgruppen bzw. um syntaktisch zusammengehörige Einheiten. Und wie bei den erstgenannten Begriffen können auch Phrasen aus einem einzigen Element bzw. einem

Wort bestehen. Anders als bei der Ermittlung von Satzgliedern bzw. von Satzkonstituenten durch die verschiedenen grammatischen Verfahren (wie oben z. B. schon mittels der Permutation und der Substitution aufgezeigt wurde) liegt der Fokus bei der Phrasenermittlung jedoch eher auf der internen Struktur und ihrer hierarchisch angeordneten Beziehungen der syntaktischen Einheiten.[28]

Zifonun et al. (2011 [1997]: 69) definieren den Phrasenbegriff wie folgt: „In erster Näherung verstehen wir unter einer Phrase eine Wortgruppe, deren Elemente funktional zusammengehören, aufeinander folgen und in ihren Formeigenschaften von einem Element gesteuert werden können". Neben der funktionalen Zusammengehörigkeit und der Aufeinanderfolge der Elemente ist eine Phrase insbesondere durch ein hierarchisch höherstehendes Element gekennzeichnet, das hinsichtlich der formalen Erscheinung der innerphrasalen Elemente den Ausschlag gibt. Dieses hierarchisch übergeordnete Element wird in der Forschungsliteratur *Kopf* bzw. *Kern* genannt. Die verschiedenen Konstituenten eines Satzes werden durch die Anwendung des Phrasenbegriffs klassifiziert. So wie die komplexen Konstituenten selbst aus weiteren komplexen Konstituenten bestehen können, können auch Phrasen selbst weitere Phrasen enthalten, wie bspw. in der Phrase [im Haus [meines Nachbarn]], in welcher die Phrase [meines Nachbarn] einen Bestandteil der Phrase [im Haus] darstellt. Für die angemessene Kategorisierung der in einer Sprache existierenden Phrasen ist es notwendig, auch aussagekräftige Bezeichnungen zu verwenden. Der Name der Phrase leitet sich aus der Bezeichnung des Wortes ab, das als Kopf fungiert. Ist z. B. der Kopf ein Substantiv oder ein Pronomen, dann spricht man von einer Nominalphrase, ist es eine Präposition, dann handelt es sich um eine Präpositionalphrase. Die anderen in der jeweiligen Phrase vorkommenden Elemente werden *Projektionen* oder *Erweiterungen* genannt.

....

28 Darüberhinaus geht es bei der Phrasenstrukturgrammatik im Vergleich zur IC-Analyse „nicht mehr nur um die Analyse bereits vorhandener Sätze, sondern um den umgekehrten Ansatz: Sätze sollen erzeugt werden." (Hentschel/Weydt 2021: 446). Wie man sich die Erzeugung syntaktischer Strukturen in der Phrasenstrukturgrammatik vorstellen muss, ist z. B. in Chomsky (2002: Kap. 4) veranschaulicht.

Man kennzeichnet Phrasen durch eckige Klammern, die am Anfang eine tiefgestellte Abkürzung der Phrasenbezeichnung enthält, wie z. B. $_{PP}$[mit dem Auto].[29] Bei dieser Form der Klammerung handelt es sich um eine indizierte Klammerung. Dieses Beispiel stellt eine Phrase dar, die aus einer Präposition, einem definiten Artikel und einem Substantiv besteht. Da die Präposition hier den Kopf bildet, erhält die Phrase die Bezeichnung *PP* für *Präpositionalphrase*. Woher weiß man jedoch, was der Kopf einer Phrase ist? Ein wichtiges grammatisches Verfahren zur Ermittlung von Köpfen bildet die Weglassprobe. Das Element, das innerhalb einer Phrase nicht weggelassen werden kann, stellt den Kern dar. Diese Probe führt jedoch nicht immer zu einem klaren Ergebnis, insbesondere dann nicht, wenn ein Element nicht ohne ein anderes vorkommen kann (zu den grammatischen Proben zur Ermittlung von Phrasen oder ihren Kernen und den möglichen Schwierigkeiten vgl. z. B. Duden 2016: 783–784; zu den Ausnahmeerscheinungen von Phrasenstrukturen vgl. Duden 2016: 785–787). Ein anderes Problem liegt darin, dass in der Fachliteratur hinsichtlich der Kopfbestimmung keineswegs immer Einigkeit besteht. Auch hinsichtlich der Anzahl der Phrasentypen gibt es unterschiedliche Aussagen. Allein zu dem als Nominalphrase (NP) bezeichneten Phrasentyp werden bestimmte Strukturen einbezogen oder ausgeschlossen. Dabei lassen sich im Grunde zwei Standpunkte ausmachen. In einem Fall werden alle Phrasen zu den NPn gezählt, die mindestens aus einem Substantiv oder Pronomen bzw. aus einer mehrgliedrigen Wortgruppe bestehen, die neben einem Substantiv auch ein Artikelwort und ein Adjektiv enthalten können. Hierzu zählen dann Phrasen wie z. B. [Nachrichten], [sie], [die Nachrichten], [seine Nachrichten], [schlechte Nachrichten] und [die neusten Nachrichten], aber genauso Wortgruppen mit darüberhinausgehenden Erweiterungen, wie bspw. [die neusten Nachrichten aus dem Ausland]. Warum man solche Phrasen mit NP kennzeichnet, lässt sich mit folgendem Zitat auf den Punkt bringen:

....

29   Es gibt in der Fachliteratur aber auch andere Kennzeichnungen: die Abkürzung für den Namen der Phrasen kann auch innerhalb der öffnenden Klammer vorkommen oder aber direkt nach der schließenden Klammer.

„Phrasen wie *ein langer Brief, der lange Brief, dieser lange Brief, jener lange Brief, lange Briefe, die langen Briefe* etc. scheinen intuitiv Nominalphrasen zu sein, d. h. dass das Nomen der Kopf der Phrase ist. Das Nomen weist das grammatische Merkmal [Genus] auf, das von kongruierenden Adjektiven und Artikeln (= **Determinierern**) aufgegriffen wird: *der Becher* ist grammatisch immer maskulin, *die Tasse* feminin, und *das Glas* neutrum, unabhängig von Attributen und Determinierern. Auch das Merkmal [Numerus] hat einen engen semantischen Bezug zum Nomen. Bei *die Tasse* versus *die Tassen* geht es offenbar darum, wie viele Gegenstände es gibt, die man als Tasse bezeichnen kann. Der zählbare Gegenstand wird durch das Nomen bezeichnet, das somit als semantischer Kopf der Phrase zu fungieren scheint. Ganz generell scheint die Semantik der Phrase also in höchstem Maße vom Nomen abzuhängen und wir könnten daher annehmen, dass das Nomen der Kopf der Phrase ist. Diese Annahme war lange Standard und wird auch heute noch teilweise vertreten." (Repp/Struckmeier 2020: 88; Hervorhebungen im Original).

Die genannten Gründe sind nachvollziehbar. Nur der Aussage, dass die Annahme vom nominalen Kopf solcher Phrasen nur „teilweise vertreten" würde, muss man insofern widersprechen, weil zumindest in einführenden Werken die Zuordnung derartiger Phrasen zu den NPn weit verbreitet ist (wie z. B. in relativ aktuellen Einführungen in die Syntax oder die Linguistik; vgl. z. B. Carnie 2013 (hier fürs Englische), Dürscheid 2010, Geilfuß-Wolfgang 2015, Müller 2013a und 2013b, Müller 2019, Rothstein 2018, Pittner 2016, Pittner/Berman 2021, Öhl/Seiler 2013). Im anderen Fall wird der Standpunkt vertreten, dass derartige nominale Wortgruppen nur dann zu den NPn zu zählen sind, wenn sie keinen Artikel bzw. kein Artikelwort enthalten. Damit würden dann [die Nachrichten] und [die neusten Nachrichten] nicht als NPn, sondern als sogenannte Determiniererphrasen (DPn) bezeichnet, weil hier das Artikelwort (der Determinierer oder auch das Determinativ) den Kopf der Phrase bildet und nicht das Substantiv: „Diese sog. **DP-Hypothese** wird (mindestens) seit Abney (1987)[30] verfolgt und ist inzwischen gewissermaßen eine Standardannahme." (Repp/Struckmeier 2020: 89; Hervorhebung im Original). Repp/Struckmeier (2020) gehen in Abschnitt 6.3 ausführlich darauf ein, was alles für die Annahme einer DP spricht und sie verwenden die Bezeichnung *DP* auch selbst für die besagten Phrasen. Engel (2004) vertritt zwar die Ansicht, dass erst das Determinativ, „den Übergang vom Nomen zur Nominalphrase markiert" und dass es „eines der wichtigsten Elemente in der Nominalphrase" sei (Engel 2004: 287). Trotzdem hält Engel (2004) „das Nomen für wichtiger, weil es die Struktur der ganzen Phrase bestimmt." (Engel 2004: 287). Der Kopf einer mit einem Determinativ versehenen NP wird daher nach Engel (2004) als NP eingeordnet. Auch Zifonun et al. (2011 [1997]: 74) verstehen unter eine NP eine Phrase, in der auch ein Determinativ vorkommen kann. Eine DP ist in der Grammatik von Zifonun et al. (2011 [1997]) zwar angesetzt, aber diese ist „[…] stets als Teil einer Nominalphrase" zu verstehen und „ihre funktionale Selbständigkeit als Phrase beschränkt sich auf die Determination der zugehörigen Nominalphrase." (Zifonun et al. 2011 [1997]: 76). Eine DP ist in diesem Sinne immer Teil einer übergeordneten NP. Eisenberg (2020) bezeichnet das Verhältnis von Artikel und Substantiv innerhalb einer nominalen Wortgruppe als eines von „Kopf und Kern" (Eisenberg 2020: 166). Er verwendet jedoch selbst nicht den Begriff *DP*, sondern bezeichnet solche Einheiten als *Nominalgruppe* (*NGr*):

> „Der Kopf einer NGr ist eine Einheit aus einer geschlossenen Klasse (Artikelwort), die entweder keine lexikalische Bedeutung hat (Artikel) oder deren lexikalische Bedeutung wie bei den Indefinita **mancher, einiger, etlicher** zur Differenzierung in bestimmten, genau festgelegten Dimensionen wie hier der von Quantitäten dient. Die allgemeine semantische Funktion des Kopfes besteht in der Konstituierung von Referentialität. Mit der Substantivform **Buch** kann nicht referiert werden, wohl aber mit **ein Buch, das Buch, mein Buch** […]. Formal ist der Kopf einer NGr durch seine Position und durch seine dominante Rolle bei

---

30 Repp/Struckmeier (2020) beziehen sich auf folgende Publikation: Abney, Steve (1987): The English Noun Phrase in its Sentential Aspects. Cambrigde, MA: The MIT Press.

der Kasusmarkierung ausgezeichnet. Im Allgemeinen steht er linksperipher und hat eine festlegende Kasusmarkierung, wobei diese für das Verhalten der übrigen flektierenden Einheiten der NGr den Ausschlag gibt. Am offensichtlichsten ist das beim adjektivischen Attribut (**ein/ mein dickes Buch** vs. **dieses/manches dicke Buch** […]). Im Prinzip leistet der Kopf die Kasusdifferenzierung allein, das Kernsubstantiv ist weitgehend entlastet." (Eisenberg 2020: 168–169; Hervorhebungen im Original; Weglassungen N.T.).

Der Kopf der NGr hat nach Eisenberg (2020) auf der semantischen Ebene also primär die Funktion, die Referenz festzulegen. In formaler Hinsicht ist der Kopf nicht nur durch eine feste Position charakterisiert, sondern auch durch die Dominanz bei der Kasusdifferenzierung innerhalb von Nominalgruppen. Die Duden-Grammatik (2016) nimmt die Diskussionen zum Artikelwort-Substantiv-Verhältnis zwar zur Kenntnis, verpflichtet sich jedoch dem „traditionelle[n] Ansatz". Artikelwörter stellen demnach keine Köpfe nominaler Wortgruppen dar, sondern sie seien als Artikelphrasen in NPn eingebettet, wie bspw. in „Ich sehe [[den] Baum]" (Duden 2016: 811). Damit wird das Verhältnis von DP und NP im Duden (2016) wie bei Zifonun et al. 2011 [1997]) gesehen. Begründet wird die Entscheidung, die Artikelphrasen in einem Abhängigkeitsverhältnis zu den NP zu sehen, damit, dass die Diskussion um das Artikelwort-Substantiv-Verhältnis „noch nicht als abgeschlossen betrachtet werden kann" (Duden 2016: 811).

Dieser kurze Einblick in die Problematik der Benennung und Zuordnung zu Phrasentypen (hier speziell zu NPn oder DPn) soll lediglich verdeutlichen, dass bezüglich der Phrasenklassifizierung in der Fachliteratur keineswegs Einigkeit herrscht. Ohne diesen Punkt hier vertiefen zu können, wird nun im Folgenden eine kurze Auflistung der wichtigsten Phrasentypen mit einigen Beispielen eingefügt. Dabei wird ganz im Sinne der Duden-Grammatik zunächst davon abgesehen, dem Artikelwort einer nominalen Wortgruppe die Kopffunktion zuzuweisen, so dass damit auf die in manchen Fachpublikationen vorkommende Bezeichnung *DP* hier verzichtet wird. In den folgenden Beispielen ist der Kopf jeweils durch Kursivschreibung hervorgehoben:

Phrasen-bezeichnung	Kopf/Kern	Beispiele
Nominal-phrase (NP)	Substantiv oder Pro-nomen	$_{NP}$[Der *Wetterdienst*] sagt $_{NP}$[schlechtes *Wetter*] voraus. $_{NP}$[*Ich*] weiß $_{NP}$[*das*] sehr zu schätzen. $_{NP}$[*Er*] hat $_{NP}$[die beste *Entscheidung* seines Lebens] getroffen.
Präpositional-phrase (PP)	Präposition	Sie will $_{PP}$[*mit* ihrer Freundin] $_{PP}$[*in* Urlaub] fahren. $_{PP}$[*Vor* etwa vier Wochen] brach der Krieg aus. Diese Regelung gilt $_{PP}$[*seit* mindestens zehn Jahren].
Adjektivphrase (AP)	Adjektiv	Der Protest auf der Straße war $_{AP}$[sehr *laut*]. Hier auf dieser Couch ist es $_{AP}$[besonders *gemütlich*]. Er kennt sich $_{AP}$[einigermaßen *gut*] mit diesem Programm aus.
Adverbphrase (AdvP)	Adverb	Sabine wartet $_{AdvP}$[*dort*] auf dich. Sie müssen $_{AdvP}$[nur *geradeaus*] fahren. Die Hütte liegt $_{AdvP}$[*unten* am Fluß].

Tabelle 5: Phrasentypen.

Wie oben in Abschnitt 4.2.7 erwähnt, gibt es im Deutschen nicht nur Präpositionen, sondern auch Post- und Zirkumpositionen. Auch diese bilden den Kern der PPn. Neben den in Tabelle 5 aufgeführten Phrasentypen wird in der Forschungsliteratur z. B. auch noch der Phrasentyp der Verbalphrase (VP) erwähnt, deren Kopf ein Verb (finit oder infinit) ist. Allerdings ist man sich hier nicht einig, was alles als VP betrachtet werden kann (ob z. B. der Satz als Ganzes auch als VP gelten sollte) oder ob ein Phrasentyp namens VP überhaupt angesetzt werden sollte. Begreift man VPn nur als diejenigen Phrasen, die unterhalb der Satzebene stehen, kann eine VP z. B. so aussehen: Er plant, $_{VP}$[sich an der Universität zu *immatrikulieren*]. Wenn auch der ganze Satz als Phrase verstanden wird, muss das finite Verb *plant* als Kopf der VP bzw. Satzphrase betrachtet werden. Zifonun et al. (2011 [1997]) setzen keine VPn an, weder auf der reinen Phrasen- noch auf der Satzebene. Dies wird damit begründet, dass das Merkmal der Aufeinanderfolge der einzelnen Glieder nicht immer gegeben ist.[31] Ein weiterer Phrasentyp kann die sogenannte Konjunktional-phrase darstellen, wie dies bspw. in der Duden-Grammatik (2016: 854) anhand verschiedener Beispiele gezeigt wird. Für eine intensivere Beschäftigung mit dem Phrasenbegriff mit Bezug zum Deutschen und den verschiedenen Typen kann z. B. auf Zifonun et al. (2011 [1997]: Kap. B2) verwiesen werden.

5.3 Ergänzungen und Angaben

Bei einer valenztheoretischen Perspektive auf Sätze sind insbesondere die Abhängigkeits- und Rektionsbeziehungen zwischen allen syntaktischen Einheiten von Interesse. Möchte man verstehen, was der Begriff *Valenz* bedeutet, dann ist es sehr hilfreich, ein Verb als Ausgangspunkt für die Realisierung eines Satzes zu nehmen. Allein wenn man an ein Verb in seiner isolierten Form denkt, wie z. B. *schenken*, eröffnet sich im Kopf eines jeden Einzelnen ein Szenario einer Handlung, das eine Person enthält, die jemandem irgendetwas schenkt. Wenn man an den Schenkenden denkt, dann stellt sich die Frage nach dem „wer" der Handlung. Denkt man an den Beschenkten, so wird gefragt, „wem" der Schenkende etwas schenkt. Die Frage nach dem Gegenstand, die bei der Handlung des Schenkens vom Schenkenden zum Beschenkten übergeht, ist konzeptuell natürlich auch wichtig. Hier stellt sich die Frage, „was" der Schenkende dem Beschenkten schenkt. Übertragen auf die verbale Realisierung einer solchen Vorstellung ergibt dies einen Satz, in dem drei Ergänzungen realisiert werden müssen, um die grammatische Korrektheit zu gewährleisten: eine Ergänzung im Nominativ, eine im Akkusativ und eine im Dativ (vgl. folgendes Schaubild):

....

31 Vgl. hierzu folgende Textstelle: „Einen Verbalkomplex wie *hat übergeben* oder *will übergeben haben* können wir nicht einfach als Phrase ansehen. Seine Teile stehen im Aussage-Modus getrennt, wenn nicht der infinite Teil ins Vorfeld verschoben ist [...]; hingegen stehen sie im Nebensatz mit Endstellung des finiten Teils zusammen [...]." (Zifonun 2011 [1997]: 83; Hervorhebungen im Original; Weglassungen N.T.). Zum Begriff Verbalkomplex vgl. unten Kap. 8.

Abbildung 6: Das Verb *schenken* und seine Ergänzungen.

Die in Abbildung 6 dargestellte Präsentation der syntaktisch erforderlichen Struktur des Verbs *schenken* erinnert nicht umsonst an ein Atommolekül. Der Begriff *Valenz* stammt ursprünglich aus der Chemie und wurde von dem französischen Linguisten Lucien Tesnière in die Linguistik eingeführt. Tesnière veröffentlichte 1959 sein dem Strukturalismus verpflichteten *Eléments de syntaxe structurale*, in dem er die Dependenzgrammatik und die Valenztheorie begründet. Nach der Valenztheorie verhalten sich Verben wie Atome, die eine bestimmte Anzahl an Leerstellen eröffnen, die gefüllt werden müssen. In Tesnières Theorie (hier mit Bezug auf die englische Übersetzung von 2015 (Tesnière 2015)) wird der Valenzbegriff nach den Begriffen *Ergänzungen* (bzw. Aktanten; engl. und franz. „actants") und *Angaben* (bzw. Zirkumstanten; engl. „circumstants" bzw. franz. „circonstants") eingeführt:

„The verb may therefore be compared to a sort of atom, susceptible to attracting a greater or lesser number of actants, according to the number of bonds the verb has available to keep them as dependents. The number of bonds a verb has constitutes what we call the verb's valency." (Tesnière 2015: 239). Die Verbvalenz ergibt sich nach dieser Theorie aus der Anzahl der Bindungen des jeweiligen Verbs. Verben, die z. B. zwei Bindungen bzw. zwei Leerstellen aufweisen, sind die Verben *anschauen, aufmachen* und *erfinden*. Sie fordern jeweils zwei Ergänzungen, um einen syntaktisch korrekten Satz formen zu können.

In Tesnières Theorie erhält das Verb eine besondere Rolle im Satz. Es ist das wichtigste Element und alle anderen Einheiten hängen davon ab. In der traditionellen Grammatik geht man von einer besonderen Stellung des Subjekts zum Prädikat aus. Mit der Valenztheorie steht das Subjekt nun einfach neben den anderen valenzabhängigen Satzgliedern. Es handelt sich um eine Ergänzung wie andere Ergänzungen auch. Unter *Valenz* (auch: Wertigkeit) versteht man allgemein die Fähigkeit bestimmter Wörter, eine bestimmte Anzahl anderer Wörter zu fordern. Es ist auch die Fähigkeit, diese Wörter in einer bestimmten Form zu verlangen, um die grammatische Korrektheit eines Satzes bzw. syntaktischer Strukturen zu gewährleisten. Zwischen den Valenzträgern und den abhängigen Wörtern gibt es eine Abhängigkeitsbeziehung (Dependenzbeziehung). Die Valenzeigenschaft wurde bei Tesnière allein auf das Verb bezogen, in späteren Forschungsarbeiten zur Valenztheorie wurde die Valenzeigenschaft dann auch auf andere Wortarten übertragen (vgl. Ágel/Fischer 2010: 274) (vgl. folgende Beispiele für die Valenzeigenschaften anderer Wortarten):

Wortart mit Valenz-eigenschaft	Beispiele
a) Präpositionen	*bei*: fordert den Dativ (z. B. *bei seiner Mutter*) *durch*: fordert den Akkusativ (z. B. *durch den Markt*) *mit*: fordert den Dativ (z. B. *mit neuem Mut*)
b) Adjektive	*stolz*: fordert eine PP (z. B. *stolz auf etwas sein*) *satt*: fordert eine NP (z. B. *etwas satt haben*)
c) Substantive	*Hoffnung*: fordert eine PP mit *auf* (z. B. *Hoffnung auf bessere Zeiten*)

Tabelle 6: Valenzträger anderer Wortarten mit Beispielen.

So sind – wie in den obigen Beispielen dargestellt – auch Präpositionen, Adjektive und Substantive Valenzträger. Aber in der wissenschaftlichen Diskussion wird der Fokus häufig auf das Verb gelegt. Heute wird unter der Verbvalenz nicht nur die Anzahl der Ergänzungen und ihre morphosyntaktische Form (z. B. Nominativ oder Akkusativ), sondern auch die semantischen Merkmale dieser Ergänzungen (z. B. ob diese belebt oder unbelebt sein müssen) verstanden. Daneben wird durch die Verbvalenz auch festgelegt, welche semantische Rolle (z. B. Agens oder Patiens) eine Ergänzung haben muss (vgl. Welke 2016). Neben dem Begriff *Valenz* lassen sich bei Tesnière auch die für syntaktische Relationen relevanten Begriffe **Dependenz** und **Rektion** finden. Mit *Dependenz* wird die syntaktische Abhängigkeit eines Wortes B von einem Wort A bezeichnet. Die Dependenz ist dann gegeben, wenn Wort B nicht vorkommen kann, wenn Wort A nicht realisiert wird. Ágel/Fischer (2010: 277) stellen für die Dependenz sechs Grundsätze vor:

„1. Die Elemente sind Wörter (oder Morpheme) bzw. Wortformen.
2. Genau ein Element ist unabhängig. (Spitze des Dependenzbaums)
3. Alle anderen Elemente sind von einem Element abhängig.
4. Kein Element ist von sich selbst abhängig. (keine Reflexivität)
5. Kein Element ist von mehr als einem Element abhängig. (Verzweigung nur nach unten)
6. Ist ein Element A von einem Element B, und Element B von Element C abhängig, so ist A indirekt von C abhängig. (Transitivität)"

Überträgt man diese Grundsätze auf die Abhängigkeitsbeziehungen innerhalb eines Satzes, ergibt sich z. B. für den Satz *Urlaubstage sind schöne Tage* an oberster Stelle der Dependzstruktur genau ein Wort, und zwar das finite Verb *sind*. Verzweigungen nach unten führen zu den abhängigen Elementen mit jeweils direkten oder indirekten Abhängigkeitsbeziehungen zu den übergeordneten Elementen, wobei keine sogenannten Knoten (Positionen mit mehr als einem Element) vorkommen. Von *sind* hängt einerseits das Element *Urlaubstage* (als Subjekt des Satzes) und andererseits *Tage*, von dem dann wiederum das Adjektiv *schöne* abhängt. *Dependenz* ist ausschließlich die Bezeichnung dieser Abhängigkeitsbeziehungen. Der Begriff **Dependens** wird als Bezeichnung für das abhängige Element verwendet. Das übergeordnete Wort ist das **Regens**. Beim Begriff *Rektion* (lat. regere ‚regieren') wird die Abhängigkeit der Elemente voneinander von oben her betrachtet. *Rektion* ist dabei kein Begriff, der erst in der Dependenzgrammatik bzw. in der Valenztheorie geprägt wurde, sondern einer, der aus der traditionellen Grammatik stammt und dort bezieht er sich auf die Kasusforderung eines regierenden Elements: „**Rektion** bezeichnet den Umstand, dass die Form einer Konstituente durch eine andere festgelegt wird. Das Verb *helfen* erfordert z. B. den Dativ, die Präposition *ohne* den Akkusativ." (Dürscheid 2010: 107; Hervorhebungen im Original). Im Duden (2016) wird *Rektion* nicht nur als Kasusrektion verstanden, sondern auch als Eigenschaft, eine bestimmte Präposition (vgl. die Beispiele in Duden 2016: 779: „sich kümmern → um", „Interesse → an") oder eine bestimmte infinite Form des Verbs zu fordern. Es handelt sich bei *Rektion* nur um einen Teilaspekt der Valenz. Die regierenden Elemente nennt man innerhalb des Rektionsbegriffs *Regenten* (Sg. *Regens*).

In der Valenzgrammatik werden die Satzglieder *Ergänzungen* und *Angaben* genannt. Ergänzungen sind Satzglieder, die von der Valenz des Verbs gefordert werden. Angaben sind hingegen Satzglieder, die nicht von der Valenz des Verbs abhängen. Sie sind frei hinzufügbar und nicht für die grammatische Korrektheit der Sätze notwendig, dies ist z. B. der Fall bei temporalen Angaben wie *gestern* oder *vor einigen Wochen*. Ergänzungen unterliegen hingegen bestimmten Restriktionen:

> „Ergänzungen sind in best[immter] Weise Restriktionen unterworfen. Sie können unter der Bedingung, dass die Grammatikalität eines Satzes aufrechterhalten wird, oft nicht beliebig weggelassen werden, und sie können nicht beliebig in ihrer morpholog[isch]-syntakt[ischen] Form verändert werden. Angaben sind beliebig weglassbar bzw. hinzufügbar und in ihrer morpholog[isch]-syntakt[ischen] Form unabhängig vom Valenzträger veränderbar. Sie sind ‚frei'." (Welke 2016: 744; Hervorhebung im Original; Hinzufügungen N.T.).

Die nicht beliebige Weglassung von Ergänzungen führt zu einer Unterscheidung zwischen *obligatorischen* und *fakultativen Ergänzungen*. Manche Ergänzung sind obligatorisch zu realisieren, um die grammatische Korrektheit eines Satzes zu gewährleisten, während andere wiederum weggelassen werden können, ohne einen Einfluss auf die grammatische Korrektheit des Satzes auszuüben. Die Beschränkungen in der Veränderung der morphologisch-syntaktischen Form der Ergänzungen beziehen sich darauf, dass ein vom Verb regierter Kasus nicht einfach durch einen anderen ersetzt werden kann. Das

Verb *lesen* erfordert z. B. neben einer Nominativergänzung auch eine Akkusativergänzung. Es ist nicht möglich z. B. die Akkusativergänzung durch eine Genitivergänzung zu ersetzen. Welche Ergänzungen ein Verb fordert, kann durch die Betrachtung verschiedener Sätze überprüft werden, in denen das Prädikat zwar immer das gleiche ist, die sich aber dadurch unterscheiden, dass bestimmte Satzglieder realisiert oder nicht realisiert sind:

Beispiel 12: Vergleich von Sätzen zur Festlegung der geforderten Anzahl an Ergänzungen.

a) *Frau Müller bietet ihren Gästen Kaffee an.*
b) *Frau Müller bietet Kaffee an.*
c) **Frau Müller bietet ihren Gästen an.*
d) **Bietet ihren Gästen Kaffee an.*
e) **Bietet ihren Gästen an.*
f) **Bietet Kaffee an.*
g) **Bietet an.*

In a) sind alle Ergänzungen realisiert, die für die Formulierung eines grammatisch korrekten Satzes mit dem Verb *anbieten* nötig sind. Hier ist eine Nominativergänzung (das Subjekt) sowie eine Dativ- und Akkusativergänzung zu finden. Mit der Weglassprobe kann schrittweise überprüft werden, welche Ergänzungen obligatorisch realisiert werden müssen. Während in b) noch gesagt werden kann, dass dieser Satz in einem bestimmten Kontext akzeptabel ist,[32] sind die Syntagmen in c) bis g) auch kontextabhängig nicht angemessen und daher grammatisch falsch. Das Verb *anbieten* (in der hier vorgestellten Lesart) zählt zu den dreiwertigen Verben. Wenn man Verben nach der Anzahl der Ergänzungen unterscheidet, dann können folgende Untergruppen, wie sie in vielen Darstellungen zu finden sind (z. B. in Engel 2004), differenziert werden:

....

32 Die Dativergänzung kann laut Grammatischen Informationssystem der IDS unter folgenden Umständen weggelassen werden: „In generischen Sätzen oder wenn die Handlung betont wird" (Quelle: Leibniz-Institut für Deutsche Sprache: „Wörterbuch zur Verbvalenz". Grammatisches Informationssystem grammis. DOI: 10.14618/evalbu. Permalink: https://grammisch.ids-mannheim.de/verbs/view/400286/1).

Beispiel 13: Unterscheidung der Verben nach der Anzahl ihrer Ergänzungen.

a) **nullwertige:** z. B. *regnen, hageln, schneien*
b) **einwertige:** z. B. *schlafen, arbeiten, atmen, bluten, brennen, fliegen, frühstücken, schweigen, tanzen*
c) **zweiwertige:** z. B. *betrachten, hassen, lieben, mitteilen*
d) **dreiwertige:** z. B. *bieten, berichten, geben, liefern, verbieten*

Nach Eisenberg (2020) existieren im Deutschen ein- bis vierwertige Verben, wobei insbesondere bei den vierstelligen Verben „[…] bereits der Punkt erreicht [ist], wo keine Einigkeit mehr darüber besteht, ob sie überhaupt existieren und wenn ja, in welchem Umfang." (Eisenberg 2020: 62; Weglassung und Hinzufügung N.T.). Die oben aufgeführten Beispiele für nullwertige Verben müssten in Anlehnung an Eisenberg (2020) als einwertige Verben klassifiziert werden, da das in Witterungsverben vorkommende *es* in Eisenberg (2020) als Subjekt klassifiziert wird, das zwar semantisch leer, aber formal vorhanden sei: „Da wir einen syntaktischen Valenzbegriff haben, werden die Wetterverben als einstellig klassifiziert. Nullstellige Verben gibt es in unserer Grammatik nicht." (Eisenberg 2020: 62). Eine Differenzierung nach null- bzw. ein- bis drei- oder vierwertigen Verben bezieht sich lediglich auf die Anzahl der geforderten Ergänzungen. Andere Merkmale sind darin nicht erfasst, wie z. B. ob es sich bei den geforderten Ergänzungen um obligatorische oder fakultative Ergänzungen handelt.

Mit Hilfe der Weglassprobe (wie oben in Beispiel 12 geschehen) lassen sich obligatorische Ergänzungen ermitteln, aber diese Probe reicht nicht aus, um zwischen fakultativen Ergänzungen und Angaben zu unterscheiden, weil fakultative Ergänzungen genauso wie die Angaben weggelassen werden können, ohne dass der Satz ungrammatisch wird. Die Frage nach obligatorischen oder fakultativen Ergänzungen bezieht sich darauf, ob eine Ergänzung realisiert werden muss, um die grammatische Korrektheit des Satzes zu gewährleisten (obligatorische Ergänzung) oder ob man sie auch weglassen kann, ohne dass der Satz in grammatischer Hinsicht unvollständig wäre (fakultative Ergänzung). Man kann als Ausgangspunkt für diese Differenzierung zunächst die folgende Frage stellen: Ist ein Satzglied weglassbar, ohne dabei die grammatische Korrektheit des Satzes zu beeinflussen? Lautet die Antwort auf diese Frage „nein", dann handelt es sich sicher um eine Ergänzung, und zwar um eine obligatorische Ergänzung. Lautet die Frage darauf aber „ja", dann kann nicht einfach bestimmt werden, ob es sich um eine Angabe oder eventuell doch um eine fakultative Ergänzung handelt. In einem Satz wie *Sara liest gerne* stellt *gerne* lediglich eine Angabe dar. Eine Weglassung würde die grammatische Korrektheit nicht berühren, aber das Adverb ist auch nicht in der Valenz des Verbs angelegt. Lässt man in einem Satz wie *Sara liest ein Buch* das Satzglied *ein Buch* weg, würde damit ebenfalls nicht gegen die grammatische Korrektheit verstoßen werden, allerdings handelt es sich hier nicht um eine Angabe, sondern um eine fakultative – also weglassbare – Ergänzung, die im Valenzrahmen des Verbs erfasst ist (vgl. zur Verdeutlichung dieses Sachverhalts das folgende Schaubild):

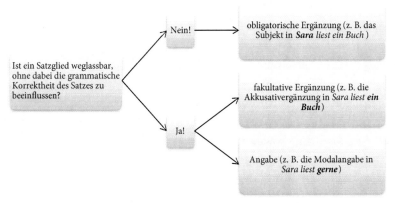

Abbildung 7: Frage nach der Weglassbarkeit von Satzgliedern.

Bei *lesen* ist darauf hinzuweisen, dass es sehr unterschiedliche Lesarten dieses Verbs gibt. Im Valenzwörterbuch der IDS sind zehn Lesarten aufgeführt, die auf unterschiedliche Valenzen hinweisen.[33]

Ist bekannt, welche Ergänzungen ein Verb fordert, dann kann die syntaktische Grundstruktur eines Satzes, den sogenannten **Satzbauplan**, erstellt

....

33 Vgl. hierzu folgende Quelle: lesen. In: Leibniz-Institut für Deutsche Sprache: „Wörterbuch zur Verbvalenz". Grammatisches Informationssystem grammis. DOI: 10.14618/evalbu Permalink: https://grammis.ids-mannheim.de/verbvalenz/400761.

werden. Ein Satzbauplan besteht aus den Ergänzungen im jeweiligen Kasus und aus dem Prädikat. Wie ein solcher Satzbauplan aussehen kann, wird im Folgenden an den beiden Verben *abgeben* und *mitteilen* gezeigt:

Beispiel 14: Beispiele für Satzbaupläne.

Verb	Satzbauplan	Beispiel
a) abgeben	[Nominativergänzung] + [Akkusativ-ergänzung] + Prädikat	*Sara gibt ein Stück ab.*
b) mitteilen	[Nominativergänzung] + [Dativergänzung] + [Akkusativergänzung] + Prädikat	*Sara teilt ihrem Vater die gute Nachricht mit.*

In a) besteht der Satzbauplan für das Verb *abgeben* aus einer Nominativ- und einer Akkusativergänzung sowie dem Prädikat. Das Verb *mitteilen* in b) weist hingegen noch eine weitere Ergänzung – nämlich eine Dativergänzung – auf, so dass der Satzbauplan aus drei Ergänzungen in verschiedenen Kasusformen sowie dem Prädikat besteht. Einerseits können Verben mit der gleichen Anzahl an Ergänzungen unterschiedliche Satzbaupläne aufweisen und andererseits kann ein und derselbe Satzbauplan bei unterschiedlichen Verben vorkommen. Die folgenden Beispiele zeigen die Satzbaupläne einiger Verben:

Beispiel 15: Beispiele für Verben mit ihren Satzbauplänen.[34]

a) Verben mit zwei Ergänzungen und dem Satzbauplan [Nominativ-ergänzung] + [Akkusativergänzung] + Prädikat: z. B. *anfassen, beantragen, brauchen, kaufen, küssen*

b) Verben mit drei Ergänzungen und dem Satzbauplan [Nominativ-ergänzungen] + [Akkusativergänzung] + [Dativergänzung] + Prädikat: *bestätigen, erzählen, geben, schenken, wünschen, widmen*

....

34 Alle Verbbeispiele sind dem Wörterbuch zur Verbvalenz des IDS entnommen (Leibniz-Institut für Deutsche Sprache: „Wörterbuch zur Verbvalenz". Grammatisches Informationssystem grammis. DOI: 10.14618/evalbu Permalink: https://grammis.ids-mannhei.de/verbvalenz).

c) Verben mit drei Ergänzungen und dem Satzbauplan [Nominativergänzungen] + [Akkusativergänzung] + [Präpositivergänzung] + Prädikat: *auffordern zu, bauen auf, erklären mit, verwechseln mit*

Unabdingbar ist auch bei diesen Beispielen, dass es auf die Lesart ankommt. Für die in Beispiel 15 aufgeführten Verben gelten die genannten Satzbaumuster für bestimmte Lesarten. Eine Änderung der Lesart führt zur Änderung des Satzbaumusters.

Für die Beschäftigung mit der Verbvalenz gibt es verschiedene Einführungen, Valenzwörterbücher und auch sprachvergleichende Arbeiten. Eine auf der Valenztheorie bzw. der Dependenzgrammatik basierende Grammatik des Deutschen ist z. B. die von Engel (2004). Ein umfassender Überblick über die Valenz- und Dependenztheorie ist in Band 25 der Handbücher zur Sprach- und Kommunikationswissenschaft (Ágel et al. 2003, Ágel et al. 2006) zu finden. Dort ist z. B. auch ein Beitrag von Storrer (2003), der sich mit der Unterscheidung zwischen Ergänzungen und Angaben beschäftigt, einer von Teubert (2003) zu den Substantiven sowie einer von Groß (2003) zu den Adjektiven als nichtverbale Valenzträger verortet. Das Kapitel IX in Ágel et al. (2006) ist kontrastiven Studien gewidmet. Empfehlenswert ist wegen der übersichtlichen und kurzen Darstellung der Valenztheorie und Dependenzgrammatik auch Ágel/Fischer (2010) sowie Engel (2014). Auch die *Valenzgrammatik des Deutschen* von Klaus Welke (2011) geht im ersten Teil auf wichtige Begriffe der Valenztheorie ein. Sie geht im zweiten Teil jedoch darüber hinaus, indem sie die Valenztheorie mit konstruktionsgrammatischen Theorien verknüpft. Das Online-Valenzwörterbuch des Instituts für Deutsche Sprache Mannheim ist als Nachschlagewerk für deutsche Verben hervorragend geeignet, um schnell und sicher nach den Valenzinformationen ausgewählter Verben zu suchen (s. www.grammis.ids-mannheim.de/verbvalenz). In zwei Herausgeberbänden sind in Malchukov/Comrie (2015a und 2015b) unterschiedliche Beiträge zu ausgewählten Kernbedeutungen von Verben aus 30 Sprachen vereint, die eine relativ große Auswahl an sprachvergleichenden Betrachtungen bieten.

6 Satzformen

Der Begriff *Satzform* ist eng mit dem des *finiten Verbs* verknüpft. Die Position des finiten Verbs im jeweiligen Satz spielt eine zentrale Rolle für das Verständnis deutscher Sätze. In Beispiel 16 sind die verschiedenen Positionen, die das finite Verb einnehmen kann, aufgeführt:

Beispiel 16: Sätze bzw. Teilsätze mit den verschiedenen Positionen des finiten Verbs.

a) *Haben sie sich darüber gefreut?*
b) *Freuen sie sich darüber?*
c) *Hätten sie sich darüber gefreut, ...*
d) *Sie haben sich darüber gefreut.*
e) *Sie freuten sich darüber.*
f) *Wer hat sich darüber gefreut?*
g) *..., dass sie sich darüber gefreut haben.*
h) *..., die sich darüber gefreut haben.*

In a), b) und c) ist die sogenannte Verberstposition (**V1-Position**) zu sehen. In d), e) und f) ist das finite Verb hingegen in der zweiten Position (**V2-Position**). Die zwei letzten Beispiele in g) und h) demonstrieren die Verbletztposition (**VL-Position**). Damit sind die drei möglichen Stellungen des finiten Verbs in deutschen Sätzen bzw. Teilsätzen erfasst. Teilsätze bzw. Konstruktionen, in denen das Prädikat kein finites Verb enthält, wie z. B. in der Infinitivkonstruktion ..., *um sich darüber zu freuen*, werden hier zunächst ausgeblendet. Der Fokus liegt ausschließlich auf Sätze bzw. Teilsätze mit V1-, V2- und VL-Stellung. Ausgehend von diesen drei Positionen des finiten Verbs lassen sich im Deutschen die folgenden drei Satzformen unterscheiden:

V1-Position:
• Beispiel: ***Hast** du das gerade gesehen?* (Entscheidungsfragesatz) • Bezeichnung der Satzform: **Verberststsatz.**
V2-Position:
• Beispiel: *Er **musste** den ganzen Tag warten.* (Aussagesatz) • Bezeichnung der Satzform: **Verbzweitsatz.**
VL-Position:
• Beispiel: *…, dass das so gefährlich **ist**.* (Subjunktionaler Nebensatz) • Bezeichnung der Satzform: **Verbletztsatz.**

Tabelle 7: Verbpositionen und Satzformen.

Steht das finite Verb in erster Position, dann spricht man von **Verberstsätzen**, wie dies z. B. im oben aufgeführten Entscheidungsfragesatz *Hast du das gerade gesehen?* der Fall ist. Sätze mit dem finiten Verb in zweiter Position nennt man **Verbzweitsätze**, wie z. B. im Aussagesatz *Er musste den ganzen Tag warten.* Zu den Sätzen mit Verbletztposition gehören z. B. die Nebensätze, die mit einer Subjunktion eingeleitet sind, wie bspw. *…, dass das so gefährlich ist.* Solche Sätze werden **Verbletztsätze** genannt. Im Folgenden wird auf diese drei Satzformen genauer eingegangen.

Zu den Verberstsätzen gehören nicht nur Entscheidungsfragesätze, sondern auch die Imperativsätze und bestimmte Nebensätze, die nicht mit einer Subjunktion eingeleitet sind (vgl. folgendes Schaubild):

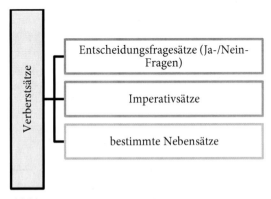

Abbildung 8: Untertypen von V1-Sätzen.

Entscheidungsfragen heißen so, weil man sie auch mit einem einfachen „ja" oder „nein" beantworten kann. Dies ist bei den sogenannten *W*-Fragesätzen bzw. Ergänzungsfragen nicht möglich. Entscheidungsfragesätze sind anders als die anderen Fragesätze durch die Stellung des finiten Verbs in erster Position charakterisiert, wie in den folgenden Beispielen zu sehen:

Beispiel 17: Entscheidungsfragesätze.

a) *Liest du gerne Romane?*
b) *Kannst du nicht einfach damit aufhören?*
c) *Meinst du das wirklich ernst?*

Beispielsätze im Imperativ (Befehlssätze) sind im Folgenden aufgeführt:

Beispiel 18: Imperativsätze.

a) *Setz dich sofort hin!*
b) *Nimm endlich die Kopfhörer aus den Ohren!*
c) *Bleib hier stehen!*

In diesen Imperativsätzen ist zu sehen, dass der finite Teil des Prädikats im Imperativ erscheint. Weitere Elemente des Prädikats (wie z. B. trennbare Verbalpräfixe oder infinite Verben) werden am rechten Rand des Satzes (in der sogenannten rechten Satzklammer)[35] realisiert. Gleiches gilt natürlich auch für die oben erwähnten Entscheidungsfragesätze (vgl. z. B. *Kannst du nicht einfach damit aufhören?*).

Zu dem oben unter dem Begriff *bestimmte Nebensätze* gefassten Untertyp der Verberstsätze gehören die unterstrichenen Teilsätze in der folgenden Beispielliste:

....

35 Vgl. zu diesem Terminus sowie zu weiteren Termini im Zusammenhang mit den topologischen Feldern des deutschen Satzes das Kapitel 7.

Beispiel 19: Nebensätze mit V1-Struktur.

a) *Werden die Prüfungen auf den April gelegt*, können wir nicht in Urlaub fahren.
b) *Hätten wir es vorher gewusst*, könnten wir heute eine Lösung anbieten.
c) *Sind die meisten Menschen geimpft*, kann die Ausbreitung dieser Krankheit gestoppt werden.

Alle drei Beispiele sind auf Nebensätze zurückzuführen, die mit der Subjunktion *wenn* eingeleitet werden. Diese Art von Nebensätzen bezeichnet man als Konditional- oder Bedingungssätze. Durch den Wegfall der Subjunktion verschiebt sich das finite Verb in die Erstposition. Fügt man *wenn* hinzu, dann werden aus diesen Verberstsätzen wieder Nebensätze, deren finites Verb in die letzte Position verschoben wird (vgl. Genaueres zu den Verbletztsätzen weiter unten):

Verberstsatz (nicht subjunktional eingeleiteter Konditionalsatz)	+ *wenn*	Verbletztsatz (subjunktional eingeleiteter Konditionalsatz)
Werden die Prüfungen auf den April gelegt, …	→	*Wenn die Prüfungen auf den April gelegt **werden**, …*
***Hätten** wir es vorher gewusst, …*	→	*Wenn wir es vorher gewusst **hätten**, …*
***Sind** die meisten Menschen geimpft, …*	→	*Wenn die meisten Menschen geimpft **sind**, …*

Tabelle 8: Überführung von nicht eingeleiteten Konditionalsätzen in Verbletztsätze mit Subjunktion.

In der rechten Spalte sind die subjunktional eingeleiteten Konditionalsätze zu sehen, bei denen nun das finite Verb nicht mehr in der ersten Position wie in der linken Spalte steht, sondern in der letzten Position. Auch bei Konzessivsätzen ist die Weglassung der Subjunktion zu finden (vgl. Helbig/Buscha 2001: 567; Hentschel/Weydt 2021: 424). Derartige Verberstsätze werden z. B. in

Helbig/Buscha (2001) „uneingeleitete Nebensätze"[36], in der Duden-Grammatik (2016) „uneingeleitete Verberstnebensätze" genannt.

Zum zweiten Typ von Satzformen, den Verbzweitsätzen gehören Aussagesätze bzw. deklarative Sätze, W-Fragesätze (bzw. *Ergänzungsfragesätze*) sowie auch hier wiederum bestimmte Nebensätze:

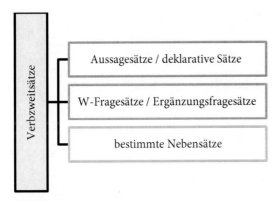

Abbildung 9: Untertypen von Verbzweitsätzen.

Aussagesätze sind Sätze wie beispielsweise die folgenden:

Beispiel 20: Aussagesätze.

a) *Ausländische Touristen besuchen gerne die Altstadt von Fes.*
b) *Dem Studenten aus China fällt die Integration an seiner neuen Universität sehr schwer.*
c) *Seit mindestens einer Stunde wartet er auf den Zug.*

Führt man bei diesen Beispielen eine Satzgliedanalyse durch, dann kann der Nachweis erbracht werden, dass die Position, die das finite Verb hier jeweils einnimmt, tatsächlich die Position II ist. Bei den davorstehenden Wörtern handelt es sich jeweils um zusammenhängende Einheiten, die jeweils ein Satzglied

---

36 Darunter verstehen Helbig/Buscha (2001) aber auch die weiter unten besprochenen Nebensätze mit Verbzweitstellung.

ergeben (jede dieser Wortgruppe ist verschiebbar und ersetzbar) und somit nur eine Position besetzen und zwar die Position I. Damit ergibt sich folgende Aufteilung auf die Position I und II:

Position I	Position II	Position XY
Ausländische Touristen	besuchen	gerne die Altstadt von Fes.
Dem Studenten aus China	fällt	die Integration an seiner neuen Universität sehr schwer.
Seit mindestens einer Stunde	wartet	er auf den Zug.

Tabelle 9: Besetzung der Position II in Aussagesätzen.

Gleiches gilt auch für *W*-Fragesätze:

Beispiel 21: *W*-Fragesätze.

a) *Wem hast du das Päckchen geschickt?*
b) *Worauf wartest du denn noch?*
c) *Wann findet das Seminar statt?*

Die *W*-Fragewörter besetzen die Position I und die finiten Verben jeweils die Position II (vgl. folgende Tabelle):

Position I	Position II	Position XY
Wem	hast	du das Päckchen geschickt?
Worauf	wartest	du denn noch?
Wann	findet	das Seminar statt?

Tabelle 10: Besetzung der Position II in *W*-Fragesätzen.

Die zum dritten Typ von Verbzweitsätzen zählenden Nebensätze sind solche Nebensätze, die ebenfalls nicht mit einer Subjunktion eingeleitet sind. Obwohl es sich um Nebensätze handelt, sehen sie formal wie Aussagesätze aus. Man nennt sie in der Fachliteratur z. B. „abhängige Hauptsätze" (wie bspw. in Auer

1998), „uneingeleitete Verbzweitnebensätze" (Duden 2016), „uneingeleitete Nebensätze" (wie in Helbig/Buscha 2001, wobei dazu auch die uneingeleiteten Nebensätze mit Verberststellung gezählt werden). Die unterstrichenen Teilsätze in den folgenden Beispielen stellen solche abhängigen Hauptsätze bzw. uneingeleiteten Verbzweitnebensätze dar:

Beispiel 22: uneingeleitete Verbzweitnebensätze.

a) *Ich finde, das ist nicht besonders nett von dir.*
b) *Sara glaubt, sie sei eine talentierte Künstlerin.*
c) *Er meint, das sei gut so.*
d) *Sie sagt, die Aufgabe müsse man sofort erledigen.*

Es handelt sich in den obigen Beispielen a)–d) jeweils um Objektsätze, d. h. um Ergänzungen der in den übergeordneten Teilsätzen zu findenden Verben. Auch die Subjektfunktion ist möglich (vgl. z. B. Hentschel/Weydt 2021: 416; Helbig/Buscha 2001: 566). Solche abhängigen Hauptsätze sind z. B. nach den Verben des Sagens und Denkens zu finden (vgl. z. B. Helbig/Buscha 2001: 569 für mögliche Kontexte).[37] Wie die oben erwähnten Bedingungssätze, die nicht mit einer Subjunktion eingeleitet sind, können auch diese abhängigen Hauptsätze durch die Hinzufügung einer Subjunktion in eingeleitete Nebensätze umgewandelt werden. Prinzipiell können im Deutschen die abhängigen Teilsätze in den oben aufgeführten Beispielen entweder als uneingeleitete Verbzweitnebensätze oder eingeleitete Nebensätze realisiert werden. Die folgenden Beispiele verdeutlichen diese beiden Möglichkeiten:

....

37 Nach Öhl/Seiler (2013) stellen solche uneingeleiteten Verbzweitnebensätze eine Ausnahme dar: „In Sprachen wie Deutsch stellt dies jedoch eine Ausnahme dar, die vor allem nach Verben des Sagens und Denkens (lat. *verba dicendi et sentiendi*) möglich ist. Normalerweise sind finite Nebensätze, d. h. solche, deren Satzprädikat eine finite Verbform enthält, von einem spezifischen Element eingeleitet. Zu diesen spezifischen Elementen gehören die **Subjunktionen** (auch **subordinierende Konjunktionen** oder **Komplementierer** genannt)." (Öhl/Seiler 2013: 167; Hervorhebungen im Original).

Beispiel 23: Realisierungsmöglichkeiten abhängiger Teilsätze im Kontext der Verben des Sagens und Denkens.

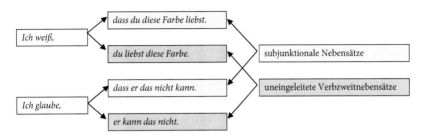

Im Folgenden sind noch die Verbletztsätze zu besprechen. Zu diesen gehören alle Nebensätze, die entweder mit einer Subjunktion oder einem *W*-Fragewort eingeleitet sind sowie alle Relativsätze (s. folgende Abbildung):

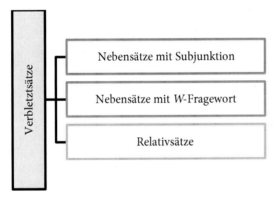

Abbildung 12: Untertypen von Verbletztsätzen.

Zu den Nebensätzen, die mit einer Subjunktion eingeleitet sind, gehören z. B. die folgenden unterstrichenen Teilsätze:

Beispiel 24: Subjunktionalnebensätze.

a) *Ich glaube nicht, <u>dass du damit Erfolg haben wirst</u>.*
b) *<u>Als er auf die Welt kam</u>, wurde er mitten in einen Krieg hineingeboren.*

c) *Ich weiß nicht, <u>ob er wirklich kommt</u>.*
d) *<u>Solange du krank bist</u>, darfst du das Haus nicht verlassen.*
e) *Ich werde es ihm sagen, <u>sobald ich ihn sehe</u>.*

Charakteristisch für subjunktional eingeleitete Nebensätze ist neben der Subjunktion (in den obigen Beispielsätzen: *dass, als, ob, solange* und *sobald*), die für den Sinn des Nebensatzes entscheidend sind, auch die finale Positionierung des finiten Verbs.

Die mit einem *W*-Fragewort eingeleiteten Nebensätze haben wie die subjunktional eingeleiteten ebenfalls eine Verbletztstellung. Allerdings steht in der ersten Position nun keine Subjunktion, sondern ein *W*-Fragewort (vgl. im Folgenden die unterstrichenen Beispiele):

Beispiel 25: W-Fragenebensätze.

a) *Sie wollte nur fragen, <u>was sie in diesem Fall machen kann</u>.*
b) *Ich würde gerne wissen, <u>wann der Zug endlich losfährt</u>.*
c) *Sie weiß nicht, <u>wem diese Dinge gehören</u>.*
d) *Es ist unerklärlich, <u>warum er sich so entschieden hat</u>.*
e) *Er fragt, <u>wo du wohnst</u>.*
f) *Sie weiß nicht, <u>mit wem sie sprechen muss</u>.*
g) *Er weiß, <u>für wen das alles vorbereitet wurde</u>.*

Vor dem Fragewort kann auch eine Präposition stehen wie in f) und g). Trotzdem gehören solche Fragenebensätze wie in f) und g) ebenfalls zu den *W*-Fragenebensätzen. Nebensätze mit einer Fragefunktion können auch mit der Subjunktion *ob* eingeleitet sein. In diesem Fall spricht man von einem indirekten Fragesatz, wie z. B. in *Ich weiß nicht, <u>ob er wirklich kommt</u>.*

Relativsätze weisen ebenfalls eine verbfinale Stellung auf, sind aber inhaltlich und formal von den subjunktionalen Nebensätzen und den *W*-Fragenebensätzen zu unterscheiden. Relativsätze nehmen Bezug auf eine syntaktische Einheit, die sich im übergeordneten Satz befindet. Sie sind erkennbar am Relativpronomen oder anderen Wörtern mit relativer Funktion, dem sogenannten *Relativum* (vgl. folgendes Beispiel):

Beispiel 26: Relativsatz.

Hauptsatz | Relativsatz
Kannst du mir bitte die Tasche geben, | *die* dort drüben liegt?

Das Relativum im obigen Beispiel ist *das* und es verweist auf das übergeordnete Element *die Tasche*. Mit diesem letzten Beispiel ist das letzte zu den Satzformen des Deutschen gesagt worden. Diese Satzformen werden nun im nächsten Kapitel (Kap. 7) nochmals aufgegriffen, um sie im Zusammenhang zu den topologischen Feldern näher zu betrachten.

7 Topologische Struktur des deutschen Satzes

7.1 Einleitung: Verbpositionen und Felderstrukturen

Wie an den oben besprochenen Satzformen zu erkennen ist, sind Sätze des Deutschen durch verschiedene Positionen des finiten Verbs gekennzeichnet: V1- / V2- und VL-Position. Das Thema Satzformen ist also eng verknüpft mit der Frage nach dem finiten Verb im Satz. Das Prädikat des Satzes kann jedoch auch aus mehr als einem Element bestehen. Prädikate weisen unterschiedlich komplexe Strukturen auf. Man unterscheidet zwischen *einfachen Prädikaten* (nur aus einem Verb bestehend) und *komplexen Prädikaten* (zwei oder mehr Verben enthaltend). Einfache Prädikate sind z. B. in den folgenden Sätzen zu finden:

Beispiel 27: Einfache Prädikate.

a) *Schmeckt es dir?*
b) *Sie fuhr mit der Bahn nach Hause.*
c) *..., dass er geht.*

In a) handelt es sich um einen V1-Satz, in b) um einen V2-Satz und in c) um einen VL-Satz mit jeweils einfacher Prädikation. Auch wenn die Prädikation komplex ist, d. h. aus mehr als einem Verb besteht, spricht man abhängig von der Position des finiten Verbs vom V1- / V2- und VL-Satz. Enthält das Prädikat z. B. zwei und mehr Verben, dann folgen die Verben nur bei den VL-Sätzen aufeinander, wie dies bei den folgenden subjunktional eingeleiteten Nebensätzen der Fall ist:

Beispiel 28: Nebensätze mit komplexer Prädikation.

a) ..., *dass wir <u>warten müssen</u>.*
b) ..., *weil sie <u>angemeldet werden muss</u>.*

Das Beispiel in a) zeigt ein komplexes Prädikat mit zwei Verben und b) eines mit drei Verben. Nur jeweils eines dieser Verben ist finit (das jeweils in der letzten Position stehende *müssen* bzw. *muss*), während die anderen inifinit sind.

In V1- und V2-Sätzen sind die Verben des Prädikats auf zwei verschiedene Positionen verteilt: das finite Verb steht in der linken Position (entweder in der ersten oder zweiten Position) und die weiteren Verben in der rechten Position, wie in den folgenden Aussagesätzen:

Beispiel 29: Aussagesätze mit komplexer Prädikation.

a) *Er <u>ist</u> zur Uni <u>gegangen</u>.*
b) *Er <u>hat</u> die Mail schon <u>geschrieben</u>.*
c) *Er <u>wird</u> zur Uni <u>gehen</u>.*
d) *Er <u>will</u> zur Uni <u>gehen</u>.*
e) *Das <u>hättest</u> du nicht <u>tun</u> <u>dürfen</u>.*
f) *Die Arbeit <u>hätte</u> schon längst <u>geschrieben</u> <u>werden</u> <u>müssen</u>.*

Diese beiden Verbpositionen (linke und rechte Position) können als Ausgangspunkt für die Aufgliederung des deutschen Satzes in sogenannte Felder genommen werden. Das **topologische Satzmodell** (oder **Feldermodell**) ist eine Analysehilfe für lineare Satzstrukturen. Es besteht aus bestimmten Feldern und einer sogenannten Satzklammer. Diese Satzklammer ist zweigliedrig: es ist in eine linke und eine rechte Satzklammer unterteilt. Man bezeichnet sie auch als Verbalklammer. Links von der linken Satzklammer (LSK) steht das sogenannte Vorfeld (VF). Rechts von der rechten Satzklammer (RSK) ist das Nachfeld (NF). Zwischen LSK und RSK ist ein Feld, das als Mittelfeld (MF) bezeichnet wird. Das folgende Schaubild verdeutlicht diese Felderstruktur am Beispiel des Satzes *Deutsche Sätze werden in topologische Felder eingeteilt*:

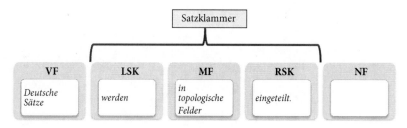

Abbildung 11: Topologische Felder des Deutschen.

Für die Analyse deutscher Sätze ist im Rahmen dieses Feldermodells somit zunächst die Zuordnung des Prädikats in die Satzklammer wichtig. Alle Satzglieder werden danach auf die restlichen Positionen verteilt. Wie dies genau aussehen kann, soll im Folgenden an den drei Satzformen verdeutlicht werden.

Für eine intensivere Auseinandersetzung mit den topologischen Feldern kann vorab z. B. auf folgende Literatur hingewiesen werden: Adamzik (2010: 218–225), Duden (2016: 871–899.), Dürscheid (2010: Kap. 6), Geilfuß-Wolfgang (2015), Hentschel/Weydt (2021: Abschnitt 11.3 und Abschnitt 11.4), Imo (2016: Kap. 10), Öhl/Seiler (2013), Wöllstein (2014), Pafel (2011). In den folgenden Abschnitten sind an verschiedenen Stellen vertiefende Dikussionen sowie Hinweise auf relevante Literatur bzw. Textstellen zu finden, die es ermöglichen, sich ein relativ umfassendes Bild von den topologischen Strukturen des Deutschen zu machen.

7.2 V1-Sätze und ihre Aufteilung auf die topologischen Felder

Für alle V1-Sätze gilt die Regel, dass das in der ersten Position stehende finite Verb in die LSK und alle anderen Prädikatsteile – soweit diese vorhanden sind – in die RSK eingeordnet werden. Das Vorfeld bleibt dabei immer frei. Am Beispiel aller drei Typen von V1-Sätzen wird diese Regel verdeutlicht.

Für Entscheidungsfragesätze sieht die Verteilung wie folgt aus:

VF	LSK	MF	RSK	NF
a)	*Kochst*	*du gerne?*		
b)	*Kannst*	*du mir den Stift*	*geben?*	
c)	*Passt*	*du heute auf die Kinder*	*auf?*	

Tabelle 11: Entscheidungsfragesätze in topologischen Feldern.

Ist das Prädikat eingliedrig, ist nur die LSK, nicht aber die RSK besetzt (wie oben im ersten Satz). Besteht das Prädikat aus mindestens zwei Verben, ist das Finitum in der LSK und der infinite Teil in der RSK zu positionieren (wie in b)). Trennbare Verbpräfixe werden wie infinite Prädikatsteile behandelt. Auch sie stehen in der RSK (vgl. c)). Das VF bleibt in solchen Sätzen unbesetzt. Das NF kann grundsätzlich besetzt sein, muss es aber nicht (vgl. zum NF ausführlicher Abschnitt 7.7).

Diese Verteilungsregeln gelten genauso für die beiden anderen Typen von V1-Sätzen. Für Imperativsätze sehen die Positionierungen dann so aus:

VF	LSK	MF	RSK	NF
a)	*Nimm*	*diese Packung!*		
b)	*Bleib*		*stehen!*	
c)	*Setz*	*bitte deine Mütze*	*auf!*	

Tabelle 12: Imperativsätze in topologischen Feldern.

Auch hier ist das VF jeweils unbesetzt und zwar genauso, wie es grundsätzlich auch für alle V1-Sätze der Fall ist.

Die Aufteilung der einzelnen Einheiten der nicht subjunktional eingeleiteten Nebensätze mit V1-Stellung auf die topologischen Felder wird mit Hilfe der folgenden – auch schon oben erwähnten – Beispielsätze verdeutlicht (verteilt wird hier jeweils nur der unterstrichene Teilsatz): *Werden die Prüfungen auf den April gelegt, können wir nicht in Urlaub fahren* sowie *Hätten wir es vorher gewusst, könnten wir heute eine Lösung anbieten.*

© Frank & Timme   Verlag für wissenschaftliche Literatur

VF	LSK	MF	RSK	NF
a)	*Werden*	*die Prüfungen auf den April*	*gelegt,*	
b)	*Hätten*	*wir es vorher*	*gewusst,*	

Tabelle 13: Nicht subjunktional eingeleitete Nebensätze mit Verberststellung in topologischen Feldern.

Für alle V1-Sätze gelten somit hinsichtlich der Besetzung der topologischen Felder immer die gleichen Regeln:

a) Das VF bleibt immer unbesetzt.

b) Der finite Prädikatsteil muss in die LSK eingeordnet werden.

c) Alle infiniten Prädikatsteile (Infinitive, Partizipien, Verbpräfixe) sind in die RSK einzuordnen. Ist das Prädikat eingliedrig, bleibt die RSK frei.

d) Einheiten, die zwischen dem finiten und dem infiniten Prädikatsteil stehen, werden alle ins MF eingeordnet. Das MF kann aber auch unbesetzt sein.

e) Das NF kann, muss aber nicht besetzt sein.

7.3 V2-Sätze und ihre Aufteilung auf die topologischen Felder

Als nächstes können die Sätze mit einer V2-Position betrachtet werden. Zur Erinnerung: Sätze, die eine V2-Position aufweisen, sind Aussagesätze, W-Fragesätze und die sogenannten abhängigen Hauptsätze oder uneingeleiteten Verbzweitnebensätze. Für jeden Untertyp werden hier je zwei Beispiele in die topologischen Felder eingeordnet:

Aussagesätze:

a) *Bei großer Kälte können einem leicht Zehen und Finger erfrieren.*

b) *Meinen Chef habe ich schon gestern angerufen.*

W-Fragesätze:

   c) *Wann findet die Tagung statt?*
   d) *Was haben Sie mit den Kollegen vereinbart?*

uneingeleitete Verbzweitnebensätze (nur unterstrichener Teilsatz wird einge-ordnet):

   e) *Ich finde, <u>das ist eine schwierige Situation</u>.*
   f) *Er glaubt, <u>er wurde getäuscht</u>.*

VF	LSK	MF	RSK	NF
a) *Bei großer Kälte*	**können**	*einem leicht Zehen und Finger*	**erfrieren.**	
b) *Meinen Chef*	**habe**	*ich schon gestern*	**angerufen.**	
c) *Wann*	**findet**	*die Tagung*	**statt?**	
d) *Was*	**haben**	*Sie mit den Kollegen*	**vereinbart?**	
e) *das*	**ist**	*eine schwierige Situation.*		
f) *er*	**wurde**	*beim Autokauf*	**getäuscht.**	

Tabelle 14: V2-Sätze in topologischen Feldern.

V2-Sätze sind hinsichtlich der Besetzung der topologischen Felder durch folgende Regeln gekennzeichnet:

   a) Anders als in V1-Sätzen ist das VF in V2-Sätzen immer besetzt. Das ist der einzige Unterschied zu den V1-Sätzen.
   b) Der finite Prädikatsteil muss auch hier in die LSK eingeordnet werden.
   c) Infinite Prädikatsteile (Infinitive, Partizipien, Verbpräfixe) sind alle in der RSK zu finden, soweit diese im Satz realisiert sind.

d) Einheiten, die zwischen dem finiten und dem infiniten Prädikatsteil stehen, werden alle ins MF eingeordnet. Ansonsten kann das MF auch leer sein.

e) Auch hier gilt bezüglich des NF: grundsätzlich kann es gefüllt sein, in den genannten Beispielen ist es jedoch unbesetzt.

7.4 VL-Sätze und ihre Aufteilung auf die topologischen Felder

Nun müssen noch die VL-Sätze hinsichtlich ihrer Verteilung auf die topologischen Felder betrachtet werden. Zu den VL-Sätzen gehören die in Kap. 6 genannten Nebensätze, die entweder mit einer Subjunktion oder einem *W*-Fragewort eingeleitet sind sowie die Relativsätze. Im Folgenden wird ausgehend von je zwei Beispielsätzen die topologische Segmentierung demonstriert (die für die Aufgliederung relevanten Teilsätze sind im Folgenden jeweils unterstrichen):

Subjunktional eingeleitete Nebensätze:

a) *Wenn du Erfolg haben willst, musst du selbst dafür etwas tun.*
b) *Familie Müller kann nicht in Urlaub fahren, weil die Tochter schwer erkrankt ist.*

Mit einem *W*-Fragewort eingeleitete Nebensätze:

c) *Sie kann nicht verstehen, warum sie sich nicht bewerben darf?*
d) *Wessen Idee das war, kann ich nicht sagen.*

Relativsätze:

e) *Das ist ein Thema, womit ich mich bisher noch nicht beschäftigt habe.*
f) *Wir erreichten einen Fluss, in dem wir unbesorgt baden konnten.*

VF	LSK	MF	RSK	NF
a)	*Wenn*	*du Erfolg haben*	*willst,*	
b)	*weil*	*die Tochter schwer*	*erkrankt ist.*	
c)	*warum*	*sie sich nicht*	*bewerben darf.*	
d)	*Wessen*	*Idee das*	*war,*	
e)	*womit*	*ich mich bisher noch nicht*	*beschäftigt habe.*	
f)	*in dem*	*wir unbesorgt*	*baden konnten.*	

Tabelle 15: VL-Sätze in topologischen Feldern.

Alle hier aufgelisteten Satzbeispiele haben hinsichtlich der Prädikation eines gemeinsam: die Prädikatsteile folgen direkt aufeinander und stehen alle rechts in der RSK. Da Prädikatsteile immer die Satzklammer besetzen und das finite Verb in diesen Sätzen jedoch weder in der Erst- noch in der Zweitposition steht, ist die Einordnung der gesamten Prädikation in die RSK die einzig korrekte Möglichkeit. Der linke Teil der Satzklammer ist zwar auch besetzt, allerdings ist es so, dass anders als in V1- und V2-Sätzen nun keine verbalen Elemente integriert werden, sondern die einleitenden Elemente dieser VL-Sätze. Die Duden-Grammatik (2016), die die Subjunktionalnebensätze nach diesem Schema auf die topologischen Felder aufteilt, weist darauf hin, dass „[a]n den Subjunktionen die Semantik des jeweiligen Nebensatzes abgelesen werden [kann]" (Duden 2016: 887). Was damit gemeint ist, lässt sich an den Subjunktionalnebensätzen a) und b) in Tabelle 15 ablesen: die Subjunktion *wenn* drückt Temporalität und die Subjunktion *weil* Kausalität aus (ausführlicher dazu vgl. das Kapitel 10 zur semantischen Gliederung der Nebensätze). Subjunktionalnebensätze stellen für die topologische Aufgliederung eher keinen Streitpunkt dar. Anders verhält es sich hingegen mit den o. g. *W*-Fragenebensätzen (s. die Teilsätze c) und d)) und den Relativsätzen (vgl. e) und f)). Die Grammatik- bzw. Syntaxbeschreibungen gehen hier unterschiedlich vor. Einige (neben Duden 2016 z. B. auch Wöllstein 2014 oder Öhl/Seiler 2013) vertreten die Position, dass die LSK in *W*-Fragenebensätzen und Relativsätzen nicht besetzt ist. Einleitende Elemente dieser Satztypen stünden im VF. Würde man dieser Aufteilung folgen, müsste man in Tabelle 15 c)–f) die Elemente, die dort in der LSK stehen ins VF verschieben. Resultat wäre dann eine unterschiedliche

Aufgliederung für Subjunktionalnebensätze auf der einen Seite und *W*-Frage-nebensätze und Relativsätze auf der anderen Seite.

Die oben gezeigte Aufteilung der VL-Sätze auf die topologischen Felder ist eine Möglichkeit, die in (nur scheinbar) ähnlicher Art und Weise z. B. in Pafel (2011) zu finden ist. Pafel (2011) bezeichnet die LSK im Falle von VL-Sätzen als COMP. COMP steht hier als Abkürzung für den englischen Begriff *complementizer* und bedeutet ‚Subjunktion' (vgl. Pafel 2011: 54). Für Pafel (2011) verhält sich auch das Relativum in Relativsätzen wie die Subjunktion in Subjunktionalnebensätzen: es steht immer am Anfang. Demnach ist Pafel (2011) folgend ein Relativsatz genauso wie ein Subjunktionalsatz auf die topologischen Felder aufzuteilen. Gleiches gilt auch für *W*-Fragenebensätze und Infinitivkonstruktionen, auf die weiter unten noch eingegangen wird. Pafel (2011) verwendet außerdem anstelle des Begriffs LSK in V1- und den V2-Sätzen die Bezeichnung *Finitheitsposition* (FINIT). Er geht zudem davon aus, dass V1- und VL-Sätze kein Vorfeld besitzen, während andere eher von einem unbesetzten Vorfeld sprechen. Pafels (2011) Aufgliederung der toplogischen Felder und die verwendeten Bezeichnungen unterscheiden sich damit von denen anderer Autoren bzw. Autorinnen (z. B. von der Duden-Grammatik 2016 oder von Wöllstein 2014). Die Problematik der unterschiedlichen Bezeichnungen der Felder und die Aufteilung der Satzformen auf die einzelnen Felderpositionen soll hier nicht weiter vertieft werden. Der Hinweis darauf soll lediglich dazu dienen, sich diesen Sachverhalt bewusst zu machen. Es werden in dieser Einführung die in der Forschungsliteratur am häufigsten verwendeten Felderbezeichnungen verwendet (wie z. B. in der Duden-Grammatik, in Wöllstein 2014, Öhl/Seiler 2013), hinsichtlich der Aufteilung gibt es hingegen keine vollständige Übereinstimmung. Für die Verteilungen der V1-, V2- und VL-Sätze auf die bisher besprochenen topologischen Felder kann zusammenfassend zunächst Folgendes festgehalten werden:

a) In V1- und V2-Sätzen ist die LSK immer mit einem finiten Verb besetzt, die RSK kann – muss aber nicht – besetzt sein.

b) Bei VL-Sätzen stehen hingegen alle Prädikatteile ausschließlich in der RSK. Die LSK ist nur mit nichtverbalen Elementen besetzt, wie z. B. den Subjunktionen, *W*-Fragewörtern und Relativausdrücken.

c) Das VF von V1- und VL-Sätzen ist nicht besetzt.

d) Für V1-, V2- und VL-Sätze gilt: MF und NF können – müssen aber nicht – besetzt sein.

7.5 Infinitivkonstruktion und ihre Aufteilung in topologische Felder

In den oben besprochenen Satzformen ging es immer um solche Sätze bzw. Teilsätze, die ein finites Verb aufweisen. Es müssen aber auch die infiniten Konstruktionen berücksichtigt werden, wie z. B. Konstruktionen mit *um ... zu*, *ohne ... zu* oder *anstatt ... zu*. Auch diese können auf die topologischen Felder aufgeteilt werden. Die im Folgenden unterstrichenen Infinitivkonstruktionen werden bei der Aufteilung wie Subjunktionalnebensätze oder Relativsätze behandelt:

Beispiel 30: Infinitivkonstruktionen.

a) *Die Menschen auf der ganzen Welt müssen zusammenhalten, <u>um diese schwere Krise zu bewältigen</u>.*

b) *Er spielte Computerspiele, <u>anstatt sich um seine Hausaufgaben zu kümmern</u>.*

c) *Sie redet, <u>ohne sich Gedanken um ihre Worte zu machen</u>.*

VF	LSK	MF	RSK	NF
a)	*um*	*diese schwere Krise*	*zu bewältigen.*	
b)	*anstatt*	*sich um seine Hausaufgaben*	*zu kümmern.*	
c)	*ohne*	*sich Gedanken um ihre Worte*	*zu machen.*	

Tabelle 16: Infinitivkonstruktionen in topologischen Feldern.

Wie bei den anderen VL-Sätzen sind auch in Infinitivkonstruktionen, einleitende Elemente zu finden, die in die LSK eingeordnet werden können. In diesen Fällen handelt es sich um die Einheiten *um*, *anstatt*, *ohne*. Das infinite

Verb einschließlich *zu* wird jeweils in die RSK eingeordnet. Zifonun et el. (2011 [1997]: 2159) folgend wird *zu* als Bestandteil des Infinitums und – damit trotz der Getrenntschreibung – als ein Wort betrachtet.[38] Damit folgen auch die Infinitivkonstruktionen einer ähnlichen Aufteilung wie die der finiten Verbletztsätze. Bei den o. g. Beispielen handelt es sich um nicht-valenzabhängige Infinitivkonstruktionen mit einem bestimmten Sinn. Es gibt auch Infinitivkonstruktionen, die von der Valenz des Verbs abhängen wie z. B. von *anfangen, beabsichtigen, befehlen, bereuen, hoffen* u. a. (vgl. dazu z. B. Helbig/Buscha 2001: Abschnitt 16.4.2.1). In diesem Fall gibt es in den Infinitivkonstruktionen keine einleitenden Elemente, wie in den folgenden Beispielen zu sehen:

Beispiel 31: Valenzabhängige Infinitivkonstruktionen.

a) *Sara hofft, <u>die Prüfung bestanden zu haben</u>.*
b) *Mein Freund bereut, <u>sein Studium nicht abgeschlossen zu haben</u>.*

Anstelle dieser Infinitivsätze können z. T. auch *dass*-Nebensätze verwendet werden:

Beispiel 32: Verwendung von Nebensätzen anstelle von Infinitivkonstruktionen.

a) *Sara hofft, <u>dass sie die Prüfung bestanden hat.</u>*
b) *Mein Freund bereut, <u>dass er sein Studium nicht abgeschlossen hat.</u>*

....

38 Vgl. dazu folgende begründende Textstelle in Zifonun et al. (2011 [1997]: 2159): „*Zu* betrachten wir – trotz der graphischen Abtrennung – als Bestandteil der Verbform Infinitiv, als Verbaffix. *Zu* wird niemals topologisch vom Infinitiv abgetrennt, bei Verben mit abtrennbarem Verbpräfix wird *zu* zwischen Präfix und Verbstamm eingeschoben: *einzugehen*, *abzufahren*. Hier zeigt schon die Akzentstruktur, daß es sich um **ein** Wort handelt. *Zu* verhält sich ähnlich wie das Partizipialpräfix *ge*- […]. Wie bei der Partizipialform, z. B. *gearbeitet*, kann man auch beim Infinitiv Präfix und Suffix als diskontinuierliche Bestandteile **eines** grammatischen Morphems betrachten: *zu* + *arbeiten*. Es existieren somit zwei Infinitive nebeneinander, der reine Infinitiv und der *zu*-Infinitiv, ihre Verteilung ist syntaktisch geregelt, nicht etwa wortstrukturell, wie dies bei Allomorphen von Verbalmorphemen z. B. bei der Partizipbildung üblich ist […].“ (Hervorhebungen im Original; Weglassungen N.T.).

Bei der Überführung der Infinitivkonstruktionen zu Nebensätzen sind zwingend ein finites Verb und ein Subjekt zu realisieren. Wie die valenzabhängigen Infinitivkonstruktionen auf die topologischen Felder verteilt werden können, ist in der folgenden Tabelle zu sehen:

VF	LSK	MF	RSK	NF
a)		*die Prüfung*	**bestanden zu haben.**	
b)		*sein Studium nicht*	**abgeschlossen zu haben.**	

Tabelle 17: Valenzabhängige Infinitivkonstruktionen in topologischen Feldern.

Die LSK bleibt anders als bei den o. g. Infinitivkonstruktionen mit *um, anstatt* und *ohne* unbesetzt. Lediglich das MF und die RSK sind hier belegt.

Für eine intensivere Beschäftigung mit den Infinitivkonstruktionen im Allgemeinen (ebenso mit den Partizipialkonstruktionen) kann hier z. B. auf Duden (2016: 858–865), Eisenberg (2020: Kap. 11), Helbig/Buscha (2001: Abschnitt 16.4.2), Zifonun et al. (2011 [1997]: Kap. G3) verwiesen werden.

7.6 Nichtverbale Prädikatsteile in topologischen Feldern

Alle oben genannten Beispiele enthalten ausschließlich verbale Elemente in der Prädikation. Nun ist es im Deutschen aber so, dass die Prädikation auch nichtverbale Glieder enthalten kann, wie bspw. im Falle der prädikativ gebrauchten Substantive und Adjektive, insbesondere in Verbindung mit den Kopulaverben *sein, werden, bleiben* und *heißen* wie z. B. *er ist Arzt* oder *er ist groß*. Das Hilfsverb *ist* bildet nicht alleine das Prädikat dieser Sätze, sondern zusammen mit dem Substantiv *Arzt* bzw. mit dem Adjektiv *groß*. Solche Konstruktionen werden unterschiedlich bezeichnet. Die Duden-Grammatik (2016) verwendet u. a. die Bezeichnungen „prädikative Adjektivphrasen" bzw. „prädikative Nominalphrasen" und es handelt sich dabei um sogenannte „Prädikativergänzungen" mit einem Adjektiv oder Nomen als Kern. Es sind also Ergänzungen, ähnlich wie z. B. die Objektergänzungen *ihm* und *ein Buch* im Satz *Er gibt ihm ein Buch*, aber die Verbindung zwischen dem finiten Verb und dem Adjektiv oder Substantiv ist sehr eng und zusammen ergibt dies eine prädikative Bedeutung. Auch die sogenannten Funktionsverbgefüge sind als Prädikationen einzuordnen, wie z. B. *in Betrieb setzen* oder *zur Kenntnis nehmen*. Die Verben in Funktionsverbgefügen haben eine verblasste bzw. unvollständige Bedeutung (anders als die entsprechenden Vollverben). Sie sind vor allem als Träger grammatischer Merkmale zu verstehen (also ähnlich wie bei den Hilfsverben). Das Substantiv steuert einen großen Anteil an der Gesamtbedeutung der Prädikation bei. Aus diesem Grund werden auch prädikative Adjektive und Substantive sowie die phrasalen Elemente der Funktionsverbgefüge als Teil der Prädikation betrachtet (vgl. z. B. Öhl/Seiler 2013: 166 f.). So wird z. B. der phrasale Teil des Funktionsverbgefüges im Satz *Morgen wird die neue Maschine in Betrieb gesetzt* als prädikativer Bestandteil in die RSK eingeordnet. Gleiches gilt für das prädikative Adjektiv bzw. das prädikative Substantiv in den Sätzen *Das Auto ist neu* und *Mein Sohn wird Ingenieur* (s. folgende Aufteilung):

VF	LSK	MF	RSK	NF
a) *Morgen*	*wird*	*die neue Maschine*	*in Betrieb gesetzt.*	
b) *Das Auto*	*ist*		*neu.*	
c) *Mein Sohn*	*wird*		*Ingenieur.*	

Tabelle 18: Funktionsverbgefüge und prädikative Adjektive/Substantive in topologischen Feldern.

Die Entscheidung darüber, was alles in die Satzklammer integriert werden kann, ist keine einfache und die Meinungen gehen hier auch auseinander. Für den Zweck dieser Einführung reichen die hier gemachten Angaben aus. Ein kurzer, aber aufschlussreicher Überblick über die verschiedenen Definitionen des Begriffs Prädikat ist z. B. in Hentschel/Weydt (2021: Abschnitt 10.2) zu finden.

7.7 Das Nachfeld

Das NF ist das Feld, dem in dieser Einführung bisher wenig Aufmerksamkeit geschenkt wurde. Als integraler Bestandteil eines Satzes ist das NF als „[…] der

Satzabschnitt hinter dem (virtuellen) rechten Satzklammerteil." (Zifonun et al. 2011 [1997]: 1649) zu verstehen. In den bisherigen Beispielen war das NF immer unbesetzt. In komplexen Sätzen (vgl. dazu ausführlich Kap. 9) können die abhängigen Teilsätze abhängig von ihrer Funktion im VF (wie in der folgenden Tabelle in a)), MF (wie in b)) oder aber auch im NF (wie in c)) stehen:

VF	LSK	MF	RSK	NF
a) *Sobald ich mit der Arbeit fertig bin,*	**werde**	*ich dich*	**anrufen.**	
b) *Ich*	**werde**	*dich, sobald ich mit der Arbeit fertig bin,*	**anrufen.**	
c) *Ich*	**werde**	*dich*	**anrufen,**	*sobald ich mit der Arbeit fertig bin.*

Tabelle 19: Felderbesetzung abhängiger Teilsätze in komplexen Sätzen.

In dieser Tabelle ist ein temporaler Nebensatz zu finden, der in allen drei Felderpositionen erscheinen kann. Relativsätze und Infinitivkonstruktionen können im NF stehen. Ausgehend von den folgenden zwei Beispielsätzen, die einen Relativsatz bzw. eine Infinitivkonstruktion enthalten, wird die Verteilung auf die topologischen Felder gezeigt: a) *Sie reichte eine Arbeit ein, die alle überzeugte* sowie b) *Er bringt die Unterlagen persönlich hin, anstatt sie per Post zu schicken.*

VF	LSK	MF	RSK	NF
a) *Sie*	*reichte*	*eine Arbeit*	*ein,*	*die alle überzeugte.*
b) *Er*	*bringt*	*die Unterlagen persönlich*	*hin,*	*anstatt sie per Post zu schicken.*

Tabelle 20: Besetzung des NF durch einen Relativsatz oder eine Infinitivkonstruktion.

Relativsätze und Infinitivkonstruktionen können – wie Nebensätze auch – das NF des übergeordneten Teilsatzes besetzen, also das NF des jeweiligen Matrixsatzes (zum Begriff Matrixsatz vgl. Abschnitt 9.3). Im Falle von Subjunktionalnebensätzen, Relativsätzen und Infinitivkonstruktionen ist darauf hinzuweisen, dass bei der Aufteilung in die topologischen Felder hierarchisch vorgegangen werden muss. Die abhängigen Teilsätze, die zunächst als Ganzes im NF des jeweiligen Matrixsatzes eingeordnet werden, erhalten in einem zweiten Schritt eine Aufteilung auf eine eigene Felderstruktur. Am Beispiel des komplexen Satzes *Ich werde dich anrufen, sobald ich mit der Arbeit fertig bin*, der auch schon oben in Tabelle 19 als Gesamtstruktur in die topologischen Felder eingeordnet wurde, soll diese Vorgehensweise erläutert werden:

VF	LSK	MF	RSK	NF
a) *Ich*	**werde**	*dich*	**anrufen,**	*sobald ich mit der Arbeit fertig bin.*
b)	**sobald**	*ich mit der Arbeit*	**fertig bin.**	

Tabelle 21: Komplexe Sätze in topologischen Feldern.

Die Verteilung der syntaktischen Einheiten des subjunktional eingeleiteten Nebensatzes folgt der in Abschnitt 7.4 besprochenen Zuordnung. Wie schon oben Tabelle 19 gezeigt, gehört der temporale Nebensatz *sobald ich mit der Arbeit fertig bin* zu den abhängigen Teilsätzen, die sowohl im VF, als auch MF oder NF vorkommen können. In Tabelle 21 steht er in a) im NF. In b) wird dieser Nebensatz alleine auf die einzelnen Felderpositionen verteilt und zwar so, dass die Subjunktion in der LSK und das Prädikat in der RSK positioniert werden. Die restlichen Einheiten stehen im MF.

Anders als dieses Beispiel mit dem temporalen Nebensatz, können bestimmte Nebensätze ausschließlich im NF vorkommen. Dies ist der Fall bei den Konsekutivsätzen (vgl. Wöllstein 2014: 51). Mit einem Konsekutivsatz wird die Konsequenz eines im übergeordneten Satz ausgedrückten Sachverhalts genannt. Konsekutivsätze können u. a. mit *sodass* oder *so ..., dass* gebildet werden (vgl. zu diesem Typ von Nebensatz Abschnitt 10.5). Im folgenden Beispiel ist nur Satz a) grammatisch korrekt, während die Positionierung des Konsekutivsatzes im MF (b) oder im VF (c) zu ungrammatischen Konstruktionen führt:

Beispiel 33: Beschränkung des Konsekutivsatzes auf das NF.

a) *Diese Menschen sind selbst Teil des Systems, <u>sodass sie den notwendi-</u>*
   <u>gen Reformbedarf nicht wahrnehmen können bzw. wollen.</u>
b) **Diese Menschen sind, <u>sodass sie den notwendigen Reformbedarf</u>*
   <u>nicht wahrnehmen können bzw. wollen</u>, selbst Teil des Systems.
c) **<u>Sodass sie den notwendigen Reformbedarf nicht wahrnehmen kön-</u>*
   <u>nen bzw. wollen</u>, sind diese Menschen selbst Teil des Systems.

Die Belegung des NF kommt aber auch im Falle der sogenannten *Ausklamme-rung* vor: bestimmte syntaktische Einheiten, die im MF stehen, können nach rechts versetzt werden und somit im NF positioniert werden. Laut Duden (2016) können „Präpositionalobjekte" (vgl. 34a)), „adverbiale Präpositional-phrasen" (vgl. 34b)) sowie „Vergleichskonstruktionen mit *als/wie*" (vgl. 34c)) ausgeklammert werden (vgl. Duden 2016: 897):

Beispiel 34: Beispiele für Ausklammerungen (Beispiele aus Duden 2016: 897).

a) *Als er endlich begann <u>mit der Arbeit,</u> …*
b) *Erstaunt wollte sie sich umsehen <u>in der Gegend</u>.*
c) *Anna hat das Ergebnis schneller ausgerechnet <u>als alle anderen</u>.*

Insbesondere, wenn das MF umfangreich besetzt ist bzw. mehrere Satzglieder enthält, kann die Ausklammerung genutzt werden, um das MF zu entlasten und den jeweiligen Satz eventuell auch verständlicher zu gestalten. In der Duden-Grammatik (2009) wird für den Begriff *Ausklammerung* synonym auch der Begriff *Rechtsversetzung* verwendet. In der Auflage von 2016 (Duden 2016: 897) kommt hingegen nur der Begriff *Ausklammerung* vor. *Rechtsversetzung* als Begriff findet sich aber z. B. in Imo (2016) als eine besondere Form der Ausklammerung: eine ins NF versetzte syntaktische Einheit hat gleichzeitig ein pronominales „Platzhalterelement" im MF. Das kann z. B. so aussehen: *Ich habe ihm das Buch gegeben* (ohne Rechtsversetzung) > *Ich habe <u>es</u> ihm gegeben, <u>das</u>* *<u>Buch</u>* (mit Rechtsversetzung). Eine besondere Art der Ausklammerung kann der sogenannte *Nachtrag* sein:

„Während nach schriftsprachlichen Normen das Phänomen der Ausklammerung typisch für umfangreiche, satzwertige Einheiten ist, kommen in der gesprochenen Sprache Ausklammerungen auch bei kurzen Satzgliedern vor. Diese Nachfeldbesetzungen werden oft durch die strukturellen Bedingungen des Sprechens ausgelöst, z. B. dadurch, dass Satzglieder während einer Äußerung ›vergessen‹ wurden, d. h. die rechte Satzklammer schon geliefert wurde, und daher im Nachfeld nachgetragen werden müssen. Anders als die schriftsprachlichen Ausklammerungen sind diese Nachfeldbesetzungen oft eher ungeplant. Entsprechend nennt man diese Art der Ausklammerung auch Nachtrag." (Imo 2016: 208; Hervorhebung im Original).

Solche Nachträge sind also eher als Erscheinung der gesprochenen Sprache zu verstehen. *Ausklammerung, Rechtsversetzung* und *Nachtrag* sind nicht die einzigen Begriffe, die in der Fachliteratur im Zusammenhang mit dem NF fallen. Es muss an dieser Stelle darauf hingewiesen werden, dass es keineswegs einheitliche Vorstellungen vom NF und eventuell verschiedenen Positionen innerhalb des NF gibt. Diese Problematik kann hier jedoch nicht vertieft werden. Für eine intensivere Beschäftigung mit dem NF und seiner Topologie kann z. B. auf den kurzen Überblick in Wöllstein (2014: Abschnitt 4.6) oder ausführlicher auf Frey (2015) sowie auf die detaillierte Behandlung in Zifonun et al. 2011 [1997]: 1644–1675) verwiesen werden.

7.8   Das Vorvorfeld und die Koordinationsposition

In der Forschungsliteratur wird noch ein weiteres Feld genannt, auf das in den obigen Ausführungen noch nicht eingegangen wurde. Es handelt sich um das sogenannte Vorvorfeld (VVF), einem Feld also vor dem VF. Da man davon ausgeht, dass im VF nur jeweils ein einziges Satzglied stehen kann, muss man unter bestimmten Umständen ein solches VVF annehmen, was somit auch eine Erweiterung des traditionellen Feldermodells bedeutet. Vor dem VVF wird außerdem eine Position angesetzt, die als außerhalb der topologischen Felder befindlich betrachtet wird. Diese externe Position lässt sich exemplarisch mit folgendem komplexen Satz verdeutlichen: *Er würde sich gerne ein neues Auto kaufen, aber er muss noch ein wenig abwarten.* Hier sind zwei Hauptsätze (HS1: *Er würde sich gerne ein neues Auto kaufen* / HS2: *er muss noch ein wenig abwarten*) mit Hilfe der Konjunktion *aber* zu einem komplexen Satz verbunden (zum komplexen Satz vgl. Kap. 9). Die Verteilung auf die topologischen Felder ergibt für jeden Hauptsatz Folgendes:

VF	LSK	MF	RSK	NF
a) *Er*	*würde*	*sich gerne ein neues Auto*	*kaufen,*	
b) *er*	*muss*	*noch ein wenig*	*abwarten.*	

Tabelle 22: Verteilung zweier mit *aber* verknüpfter Hauptsätze auf die topologischen Felder.

Das Problem an dieser Aufteilung ist, dass hier die Konjunktion *aber* nicht berücksichtigt wurde. Die Konjunktion geht dem zweiten Hauptsatz voran, ohne die Wortstellung desselben zu beeinflussen (anders als dies bei den Konjunktionaladverbien oder bei den Subjunktionen der Fall ist; vgl. zu den verschiedenen Konnektoren Abschnitt 9.2). Im VF kann die Konjunktion nicht stehen, weil es nur von maximal einem Satzglied besetzt werden kann. Wohin also mit der Konjunktion? Im NF des ersten Hauptsatzes kann sie nicht stehen, da man dann Konjunktionen wie Subjunktionen behandeln müsste und den zweiten Hauptsatz dementsprechend als Satzglied des ersten Hauptsatzes betrachten müsste. Der zweite Hauptsatz ist jedoch unabhängig und kann daher nicht im NF stehen: „Koordinierte Sätze werden strukturell wie auch semantisch nicht subordiniert, sondern sind einander nebengeordnet, d. h. es werden zwei satzwertige Strukturen miteinander auf der gleichen syntaktischen Ebene verknüpft [...]." Wöllstein (2014: 65 f.). Um dieses Problem zu lösen, geht man von einer Position außerhalb dieser einzelnen Felder aus (s. die KOOR-Position), in welches das koordinierende Element (KOOR) – also die Konjunktion – eingefügt werden kann:

KOOR	VF	LSK	MF	RSK	NF
a)	*Er*	*würde*	*sich gerne ein neues Auto*	*kaufen,*	
b) *aber*	*er*	*muss*	*noch ein wenig*	*abwarten.*	

Tabelle 23: Aufteilung eines komplexen Satzes auf die topologischen Felder mit einer KOOR-Position.

Diese KOOR-Position wird *Koordinationsfeld* (vgl. z. B. Öhl/Seiler 2013: 174) oder *Koordinationsposition* (Imo 2016: 217) bzw. *Anschlussposition* (Pafel 2011: 55 f. und 73 f.;[39] Wöllstein 2014: 68) genannt. Es ist eine Position, die außerhalb des koordinierten Hauptsatzes steht. Diese Einheit ist nicht in den nachfolgenden Satz integriert. Die Duden-Grammatik spricht bei der Positionierung von beiordnenden Konjunktionen (wie im Falle des oben erwähnten *aber*) von einer „Anlehnung ans Vorfeld" (Duden 2016: 897). Was genau darunter zu verstehen ist, wird nicht weiter erläutert.

Zwischen dieser außerhalb der eigentlichen Felderpositionen liegenden KOOR-Position und dem VF ist das oben erwähnte VVF zu finden (erwähnt wird dieses Feld z. B. auch noch in der 8. Auflage der Duden-Grammatik 2009: 885),[40] welches dazu dienen soll, u. a. linksherausgestellte Einheiten

---

39 Pafel (2011) sieht die Anschlussposition als Feld für Diskursmarker, die formal mit den Konjunktionen zusammenfallen können: „In der Anschlussposition stehen vor allem **Diskursmarker** wie *denn*, *aber* oder *und*, die die Funktion haben, den inhaltlichen Bezug eines Satzes zu dem vorausgegangenen Diskurs anzuzeigen (ob es sich um eine Erläuterung, einen Kontrast, eine Weiterführung etwa handelt). Es ist wichtig, diese Diskursmarker von den manchmal gleichlautenden Konjunktionen (koordinierenden Partikeln) zu unterscheiden. Als Diskursmarker haben diese Ausdrücke keine im syntaktischen Sinne koordinierende Funktion." (Pafel 2011: 73; Hervorhebungen im Original). Dies verdeutlicht Pafel (2011) an einem Beispiel, in dem *und* diskursfunktional eingesetzt wird:
„A: *Dann habe ich das Rad auf die Seite gelegt.*
B: *Und warum hast du das gemacht?*" (Pafel, 2011: 74; Hervorhebungen im Original).
Der Diskursmarker *und* besetzt in diesem Fall die sogenannte Anschlussposition. Es ist dieselbe Position, die auch die Konjunktion *und* besetzt. Zu den Diskursmarkern gehören aber auch Partikelwörter, wie z. B. *nein* oder *also* (vgl. die Beispiele in Pafel 2011: *„Nein, das mache ich nicht. Also, so geht es nicht."* (Pafel 2011: 73; Hervorhebungen im Original).

40 Anders als in Duden (2009) wird in der 9. Auflage (Duden 2016) nicht mehr vom Vorvorfeld gesprochen. Im Duden (2009) steht unter einer mit „Das Vorvorfeld" betitelten Kapitelüberschrift Folgendes: „Sätze können um einen zusätzlichen Bereich noch vor dem Vorfeld erweitert sein; man spricht dann von einem Vorvorfeld." Duden (2009: 885). Im Duden (2016) wird durch den Wegfall der Bezeichnung „Vorvorfeld" die Position vor dem Vorfeld nur mit

aufzunehmen. Es gibt Sätze, die scheinbar mehr als ein Satzglied vor der LSK – und damit im VF – aufweisen, wie z. B. in den folgenden Sätzen:[41]

Beispiel 35: Mehrfachbesetzungen der Position vor der LSK.

a) <u>Urlaub, **den**</u> *kann sich nicht jeder leisten.*
b) <u>Bei dem Wetter, **da**</u> *bleibt man am besten zu Hause.*
c) <u>Dass er die Prüfung nicht schafft, **damit**</u> *haben wir nun wirklich nicht gerechnet.*

Dieses Problem löst sich dann auf, wenn von folgender Verteilung ausgegangen wird: Die VF-Positionen in diesen Sätzen sind durch die anaphorischen Elemente bzw. Korrelate *den*, *da* und *damit* besetzt. Sie haben die Funktion, die jeweils davorstehenden Einheiten *Urlaub*, *Bei dem Wetter* und *Dass er die Prüfung nicht schafft*, die im VVF – der Topikposition des Deutschen – stehen, wieder aufzunehmen. Bei den im VVF stehenden Einheiten handelt es sich um linksversetzte Einheiten. Die Aufteilung auf die topologischen Felder sieht demzufolge so aus:

---

unterschiedlichen Umschreibungen, wie bspw. „noch vor dem Vorfeld" (Duden 2016: 895; hier im Zusammenhang mit linksversetzten und pronominal bzw. adverbial wiederaufgenommenen Phrasen), „Anlehnung ans Vorfeld" (Duden 2016: 897; im Zusammenhang mit den Konjunktionen), „Anlehnung an eine Phrase vor dem Vorfeld" (Duden 2016: 897; hier wieder im Zusammenhang mit linksversetzten und wiederaufgenommenen Phrasen) sowie schließlich von „Anlehnung an die linke Satzklammer" (Duden 2016: 897) erfasst. Es ist unschwer zu erkennen, dass der Wegfall eines mit dem Begriff „Vorfeld" bezeichneten Feldes in der Duden-Grammatik (2016) dazu geführt hat, dass die verschiedenen Beispiele nun auch einheitlich beschrieben und erklärt werden können. Es wird aber zumindest darauf hingewiesen, dass die in den genannten Positionen vorkommenden Ausdrücke „[t]eilweise […] summarisch einem ‚Vorvorfeld' oder ‚linken Außenfeld' zugeordnet [werden]" (Duden 2016: 895), wenn auch nicht dabei erläutert wird, welche Gründe dazu geführt haben, das Vorfeld nun anders als in der 8. Auflage des Duden nicht mehr als Bestandteil der topologischen Felderstruktur zu begreifen. In der vorliegenden Einführung wird auf den Begriff des *Vorfelds* nicht verzichtet, da sich damit verschiedene syntaktische Phänomene besser erfassen lassen und umständliche Umschreibungen vermieden werden können.

41 Zur Problematik der Mehrfachbesetzung der Position vor dem finiten Verb vgl. auch oben Abschnitt 5.1.

VVF	VF	LSK	MF	RSK	NF
a) *Urlaub,*	*den*	**kann**	*sich nicht jeder*	**leisten.**	
b) *Bei dem Wetter,*	*da*	**bleibt**	*man am besten zu Hause.*		
c) *Dass er die Prüfung nicht schafft,*	*damit*	**haben**	*wir nun wirklich nicht*	**gerechnet.**	

Tabelle 24: Besetzung des VVF mit linksversetzen Einheiten.

Weil die VVF-Position der Topikalisierung dient, d. h. der Hervorhebung eines Satzglieds, verwendet Pafel (2011) anstelle von VVF die Bezeichnung *Topikfeld* (vgl. Pafel 2011: 72 f.).[42]

Zum Umgang von Konjunktionen (oder auch Diskursmarkern) sowie linksherausgestellen Einheiten kann abschließend somit Folgendes festgehalten werden:

....

42 Pafel (2011) präferiert die Bezeichnung *Topikfeld* aus folgenden Gründen: „Die gängigste Bezeichnung für diesen Bereich ist wohl ‚Vorvorfeld' – doch wir werden diesen Bereich das **Topikfeld** (TF) nennen. Erstens wird dieses Feld von einem Topik besetzt (d. h. von einem Ausdruck, der den Gegenstand bezeichnet, über den ein [sic!] Aussage gemacht wird). Zweitens kommt das Topikfeld in allen drei Satztypen vor, aber nicht in allen Satztypen ist ein Vorfeld vorhanden. Und drittens umfasst die Bezeichnung Vorvorfeld oft auch noch die Anschlussposition, die wir vom Topikfeld unterscheiden (s. u.)." (Pafel 2011: 55). Der zweite Grund hängt mit der Tatsache zusammen, dass in Pafels (2011) Feldermodell das VF nicht als in allen Satzformen existent betrachtet wird, welches dann nur ungefüllt bleibt. Vielmehr wird nur für die V2-Sätze ein VF angenommen, während in V1-Sätzen das Feldermodell mit der „Finitheitsposition" (das entspricht der LSK wie sie in der vorliegenden Einführung verwendet wird) und die VL-Sätze mit dem COMP-Feld beginnt. Mit dem dritten Grund verweist Pafel (2011) darauf, dass die Position, die in der Fachliteratur als VVF bezeichnet wird, keineswegs einheitlich definiert wird. So kann es z. B. sein, dass keine Koordinationsposition bzw. Anschlussposition angesetzt wird und Konjunktionen werden dann als Bestandteil des VVF verstanden. Aber auch wenn zwischen einer Koordinationsposition und einem VVF differenziert wird, so lässt sich dann auch beobachten, dass die einzelnen syntaktischen Einheiten auch unterschiedlich auf diese beiden Positionen verteilt werden. So ist z. B. in Imo (2016) die Koordinationsposition Konjunktionen vorbehalten, während z. B. Diskursmarker im VVF stehen: „Das Vor-Vorfeld ist der Bereich vor dem Vorfeld eines Satzes. Es wird für drei Phänomene des Deutschen benötigt, die sogenannte **Linksversetzung** [...], das **Freie Thema** und die **Diskursmarker** oder **Operatoren**." (Imo 2016: 219; Auslassung N.T.; Hervorhebungen im Original). Nach Pafel (2011) sind – wie schon oben in diesem Abschnitt erwähnt – Diskursmarker hingegen in der Anschlussposition zu finden.

a) Konjunktionen (bzw. Diskursmarker) besetzen keine Felderposition, sondern stehen außerhalb derselben in einer KOOR- bzw. Anschlussposition.

b) Zwischen KOOR und VF ist das VVF zu finden, in welchem z. B. linksherausgestellte Einheiten stehen können.

Für weitere Formen der VVF-Besetzung, zur Positionierung der anaphorischen Elemente bzw. Korrelate sowie der Kongruenz zwischen derselben und den linksversetzten Einheiten vgl. z. B. Wöllstein (2014: Abschnitt 4.1 und 4.5) und Pafel (2011: 72 f.).

7.9 Das Mittelfeld: Abfolgeregularitäten der Satzglieder

Das Deutsche lässt sich – z. B. im Vergleich zum Englischen – bezüglich der Stellung der einzelnen Satzglieder als relativ flexibel einordnen. Nicht nur, dass man verschiedene Satzglieder aus dem MF ins VF oder NF verschieben kann, auch innerhalb des MF gibt es ein gewisses Spektrum variabler Positionierungen. So ist es z. B. möglich, eine temporale Angabe entweder vor oder nach einem Dativobjekt zu positionieren: *Ich werde morgen meinem Vater bei der Arbeit helfen* oder *Ich werde meinem Vater morgen bei der Arbeit helfen.* Es ist jedoch so, dass diese Flexibilität gleichzeitig auch nicht überstrapaziert werden darf, um die grammatische Korrektheit bzw. die Akzeptanz durch die Hörer/Hörerinnen nicht zu gefährden. Was aber genau als grammatisch korrekt bzw. noch angemessen empfunden wird, kann von unterschiedlichen Faktoren abhängen. In Wöllstein (2014: Abschnitt 3.4) sind verschiedene Präferenzbedingungen formuliert, die die Komplexität der Einflussfaktoren verdeutlichen (vgl. aber auch Duden 2016: 877–886; Eisenberg 2020: Abschnitt 12.1.2; Hentschel/Weydt 2021: 420–423; das Grammatische Informationssystem des IDS;[43] Pittner/Berman 2021: Kap. 10.2; Öhl/Seiler 2013: Abschnitt

....

43   Vgl. Folgendes: Gesamtabfolge der Komplemente und Supplemente im Mittelfeld. In: Leibniz-Institut für Deutsche Sprache: „Propädeutische Grammatik". Grammatisches Informati-

4.6.2). Die folgenden Abfolgeregeln sind eher für den DaF-/DaZ-Kontext formuliert und daher als relativ einfache Orientierungshilfe zu verstehen. Wie relevant Vorgaben zu Stellungsregeln im MF sein können, verdeutlicht das folgende, aus einem schriftlich formulierten Text eines marokkanischen Germanistikstudierenden bzw. DaF-Lernenden entnommene Beispiel: *Der Dieb lief in Richtung des Nagels mit großen Schritten und dann trat er auf den Nagel mit großer Wucht.* Der aus zwei Teilsätzen bestehende komplexe Satz ist grammatisch an zwei Stellen nicht angemessen. In beiden Teilsätzen ist jeweils eine Modalangabe in der letzten Position des MF zu finden (*mit großen Schritten* und *mit großer Wucht*) und zwar jeweils nach einem Satzglied, das aus einem Zielort im Akkusativ bzw. einer fakultativen Direktivergänzung (*in Richtung des Nagels*) sowie einer Präpositionalergänzung im Akkusativ (*auf den Nagel*) besteht. Modalangaben stehen – wenn noch andere Satzglieder im MF zu finden sind – nicht in dieser Letztposition. Bevor auf Angaben im MF eingegangen wird, soll im Folgenden zunächst die Stellung des Akkusativ- und Dativobjekts sowie des Subjekts im MF besprochen werden.

Sind z. B. sowohl ein nominales Akkusativ- als auch ein nominales Dativobjekt im Satz zu finden, so steht das Dativobjekt vor dem Akkusativobjekt. Sind beide pronominal, steht das Akkusativobjekt vor dem Dativobjekt. In den folgenden Beispielsätzen steht das Subjekt zunächst im VF:

	VF	LSK	MF		RSK
Nominale Objekte im MF	*Die Mutter*	*hat*	*ihren Kindern* DAT	*das Mittagessen* AKK	*gebracht.*
	Der Vater	*wird*	*seinem Sohn* DAT	*das Schreiben* AKK	*beibringen.*
Pronominale Objekte im MF	*Die Mutter*	*hat*	*es* AKK	*ihnen* DAT	*gebracht.*
	Der Vater	*wird*	*es* AKK	*ihm* DAT	*beibringen.*

Tabelle 25: Reihenfolge nominaler und pronominaler Objekte im Akkusativ und Dativ im MF.

onssystem grammis. DOI: 10.14618/programm
Permalink: https://grammis.ids-mannheim.de/progr@mm/5209 (letzter Zugriff: 17.04.2022).

Ist das Akkusativobjekt pronominal und das Dativobjekt aber nominal realisiert, dann steht das Akkusativobjekt auch vor dem Dativobjekt (z. B. *Die Mutter hat es ihren Kindern gebracht*). Nur wenn das Dativobjekt ein Pronomen, das Akkusativobjekt jedoch nominal ist, dann steht das Dativobjekt vor dem Akkusativobjekt (z. B. *Die Mutter hat ihnen das Mittagessen gebracht*). Es gilt also die Regel, dass pronominale Objekte immer vor nominalen stehen und bei pronominaler Realisierung beider Objekte geht das Akkusativobjekt immer dem Dativobjekt voran. Steht auch das Subjekt im Mittelfeld und ist es pronominal realisiert, dann muss das Subjekt direkt nach dem finiten Verb stehen, wie in den folgenden Beispielen:

Position und Art der Satzglieder	VF	LSK	MF	RSK
Nominale Objekte im Mittelfeld:	*Die Mutter*	**hat**	*ihren Kindern jetzt das Mittagessen*	***gebracht.***
Pronominale Objekte im Mittelfeld; Subjekt im Vorfeld:	*Die Mutter*	**hat**	*es ihnen jetzt*	***gebracht.***
Pronominales Subjekt und pronominale Objekte im Mittelfeld:	*Jetzt*	**hat**	*sie es ihnen*	***gebracht.***

Tabelle 26: Formen und Stellungen des Subjekts und der Objekte im MF.

Erscheinen im Satz auch Reflexivpronomen, gelten dieselben Wortstellungsregeln wie für die pronominalen Akkusativ- und Dativobjekte. Reflexivpronomen im Dativ (im folgenden Beispiel unterstrichen) stehen weiter rechts und zwar nach dem pronominalen Subjekt und dem pronominalen Akkusativobjekt: *Zum Geburtstag hat er es sich gewünscht*. Sind Subjekt und Akkusativobjekt jedoch nominal realisiert, dann folgt das Reflexivpronomen direkt auf das finite Verb und steht damit vor den anderen Satzgliedern: *Zum Geburtstag hat sich mein Bruder ein neues Fahrrad gewünscht*. Reflexivpronomen erscheinen nur dann im Dativ, wenn im Satz ein Akkusativobjekt realisiert wird. Ansonsten werden sie in der Akkusativform verwendet, wie in den folgenden Beispielen:

Beispiel 36: Reflexivpronomen im Akkusativ.

a) *sich ausruhen: Ich muss <u>mich</u> ein wenig ausruhen.*
b) *sich bedanken: Du musst <u>dich</u> jetzt bedanken.*
c) *sich erkälten: Ich habe <u>mich</u> erkältet.*
d) *sich freuen: Ich freue <u>mich</u> auf das Wiedersehen.*

Die folgenden Beispiele zeigen Reflexivpronomen im Dativ in Sätzen, in denen Akkusativobjekte vorkommen:

Beispiel 37: Reflexivpronomen im Dativ.

a) *sich etw. waschen: Ich wasche <u>mir</u> meine Hände.*
b) *sich etw. anschauen: Hast du <u>dir</u> die Wohnung angeschaut?*
c) *sich etw. merken: Ich kann <u>mir</u> Namen nur schlecht merken.*

Reflexivpronomen im Akkusativ und Dativ unterscheiden sich nur in der 1. und 2. Pers. Sg. In den anderen Fällen sind die Reflexivpronomen hinsichtlich der Kasusmarkierung formal gleich (vgl. folgende Tabelle):

Kasus	1. Pers. Sg.	2. Pers. Sg.	3. Pers. Sg.	1. Pers. Pl.	2. Pers. Pl.	3. Pers. Pl.
NOM	*ich*	*du*	*er/sie/es*	*wir*	*ihr*	*sie/Sie*
AKK	*mich*	*dich*	*sich*	*uns*	*euch*	*sich*
DAT	*mir*	*dir*				

Tabelle 27: Deklinationsformen der Reflexivpronomen.

Wenn in einem Satz adverbiale Angaben zu finden sind, dann müssen auch hier Wortstellungsregeln beachtet werden. Man unterscheidet zwischen temporalen (TE), kausalen (KA), modalen (MO) und lokalen (LO) Angaben. Wenn diese Angaben alle im Mittelfeld erscheinen, dann gibt es bestimmte Restriktionen hinsichtlich ihrer Abfolge. Welche Angaben am Anfang, in der Mitte oder am Ende des Mittelfeldes stehen, lässt sich zwar nicht als feste Regel formulieren, aber insbesondere im Kontext des DaF-Unterrichts hat sich die **TE-KA-MO-LO-**

Regel etabliert, die quasi als Orientierungshilfe für eine korrekte Wortstellung im Mittelfeld genutzt wird. In der folgenden Tabelle sind Beispiele für die einzelnen Angaben zu finden:

Mittelfeld: TE – KA – MO – LO			
Temporale Angabe WANN?	Kausale Angabe WARUM?	Modale Angabe WIE?	Lokale Angabe WO? WOHER? WOHIN?
heute / morgen / gestern	*wegen des Spiels*	*aus Versehen / ohne Absicht*	*hier / dort*
gestern Abend	*wegen der bestandenen Prüfung*	*sehr gerne*	*vor dem Haus*
am letzten Donnerstag	*deswegen*	*mit hohem Tempo*	*aus der Stadtmitte*
nächstes Jahr	*aus diesem Grund*	*mit Vergnügen*	*von der anderen Straßenseite*

Tabelle 28: TE-KA-MO-LO-Regel im MF.

Sind neben den Angaben auch Objekte im Mittelfeld zu realisieren, dann gilt bei nominalen Objekten neben der schon oben genannten Reihenfolge (das Dativobjekt vor dem Akkusativobjekt) die Regel, dass das Dativobjekt nach der temporalen Angabe und das Akkusativobjekt vor der lokalen Angabe steht. In der folgenden Tabelle sind die einzelnen Positionen aufgeführt:

Mittelfeld: TE – DATIV – KA – MO – AKKUSATIV – LO					
Temporale Angabe WANN?	**Dativ**objekt	**Ka**usale Angabe WARUM?	**Mo**dale Angabe WIE?	**Akku**sativobjekt	**Lo**kale Angabe WO? WOHER? WOHIN?
heute / morgen / gestern	seinem Vater	wegen des Spiels	aus Versehen / ohne Absicht	den Mantel	hier / dort
gestern Abend	ihrer Schwester	wegen der bestandenen Prüfung	sehr gerne	seine Mutter	vor dem Haus
am letzten Donnerstag	dem netten Nachbarn	deswegen	mit hohem Tempo	den Wettkampf	aus der Stadtmitte
nächstes Jahr	meiner Freundin	aus diesem Grund	mit Vergnügen	den nächsten Bus	auf der anderen Straßenseite

Tabelle 29: Objekte und Angaben im MF.

Beim Dativobjekt ist es jedoch auch möglich, es vor der temporalen Angabe zu positionieren. Grundsätzlich muss angemerkt werden, dass ein MF mit mehreren und insbesondere komplexen Satzgliedern eher gemieden wird. Wenn möglich, werden bestimmte Teile auch in den Positionen links oder rechts der Satzklammer verschoben.

8   Verbalkomplexe

In Abschnitt 7.1 wurden schon die Begriffe *einfaches* und *komplexes Prädikat* angesprochen. Der Begriff *Verbalkomplex* steht im Zusammenhang mit dem Terminus *komplexes Prädikat*. Ein Verbalkomplex ist eine Wortgruppe, in der verschiedene Verben voneinander abhängen und das Prädikat des Satzes bilden. Bei einem einfachen Prädikat ist nur ein Verb im Satz zu finden. Besteht das Prädikat aus mindestens zwei Verben, spricht man von einem Verbalkomplex bzw. von einer komplexen Prädikation. Eines dieser Verben ist ein infinites Vollverb, das selbst von einem anderen Verb abhängt, das einen Infinitiv fordert. Ist dieses regierende Verb in einem zweiteiligen Verbalkomplex zu finden, dann ist es finit. Ein Verbalkomplex enthält als Mindestvoraussetzung ein Hilfsverb (*sein, haben, werden*) oder ein Modalverb sowie mindestens eine infinite Verbform. Diese Definition für den Begriff *Verbalkomplex* ist z. B. in der Duden-Grammatik zu finden. Dort heißt es:

> „Der Verbalkomplex eines finiten Satzes ist eine Wortverbindung, die folgende Merkmale aufweist: (i) Sie enthält ein infinitregierendes Verb und eine davon regierte infinite Form (Partizip II, Infinitiv oder – seltener – *zu*-Infinitiv) eines Vollverbs. Das regierende Verb ist finit, wenn es sich um einen zweiteiligen Verbalkomplex handelt [...]. (ii) Die Verbformen eines Verbalkomplexes sind obligatorisch **kohärent** (lat. ‚zusammenhängend') miteinander verbunden [...]. [...] (iii) Der Verbalkomplex bildet das Prädikat (oder den verbalen Teil des Prädikats) im Satz. Seine Valenz ist dabei durch das Zusammenspiel zwischen der Valenz des Vollverbs und den anderen Bestandteilen des Verbalkomplexes festgelegt." (Duden 2016: 470; Hervorhebungen im Original).

Unter einem Verbalkomplex versteht die Duden-Grammatik (2016) die Gesamtheit aller verbalen Elemente, die in einem finiten Satz zu finden sind. Dazu gehören nicht nur die finit markierten Verben, sondern auch die infiniten Prädikatteile. Bei zweiteiligen Verbalkomplexen ist ein Verb finit und eines infinit. Mit der obligatorischen Kohärenz ist gemeint, dass die einzelnen Verben nach einer bestimmten Reihenfolge geordnet in bestimmten Positionen im Satz zu finden bzw. „‚zusammenhängend' […] miteinander verbunden" sind (vgl. ii). Dabei stehen alle Verben des Verbalkomplexes nur in Verbletztsätzen in der rechten Satzklammer, während in V1- und V2-Sätzen der finite Teil der Prädikation in der linken Satzklammer steht. Als Prädikat ist der Verbalkomplex gekennzeichnet von Abhängigkeitsbeziehungen, die durch die Valenz der einzelnen Verben bestimmt werden.

In diesem Sinne soll der Begriff *Verbalkomplex* verstanden werden, wobei diese Begriffsbestimmung in der Forschungsliteratur keine Allgemeingültigkeit besitzt. So bezieht z. B. Pafel (2011) den Begriff *Verbalkomplex* ausschließlich auf die Elemente, die in der rechten Satzklammer stehen. Der in der linken Satzklammer (nach Pafel die „Finitheitsposition") stehende finite Teil der Prädikation in V1- und V2-Sätzen fällt nach Pafel (2011) nicht darunter.[44]

Verbalkomplexe kommen im Deutschen in verschiedenen Kontexten vor, wie in bestimmten Tempuskategorien sowie in den Passiv- und Modusformen. Im Folgenden werden einige Beispiele aus dem Bereich Tempusbildung und Passivierung aufgeführt.

---

44 „Die Position, in der das finite Verb in V1- und V2-Sätzen steht, heißt **Finitheitsposition** (abgekürzt FINIT), und der Bereich, in dem in diesen Sätzen die infiniten Verben stehen, heißt **Verbalkomplex** (VK). […] Wenn wir annehmen, dass im Verbalkomplex nicht nur infinite, sondern auch finite Verben stehen können, unter Umständen infinite und finite Verben zusammen, dann können wir für die […] [Verbend]-Sätze auch einen Verbalkomplex am Ende ansetzen." (Pafel 2011: 53 f.; Hervorhebungen im Original; Weglassung N.T.). Diese Definition führt dazu, dass im Falle der V1- und V2-Sätze das finite Verb nicht als Teil des Verbalkomplexes angesehen wird, während in Verbletztsätzen das Finitum aufgrund seiner Positionierung in der Letztposition im Verbalkomplex einbezogen wird. Damit ist unter dem Begriff *Verbalkomplex* nach Pafel (2011) nichts anderes zu verstehen als die rechte Satzklammer selbst, denn auch wenn diese Felderposition frei bleibt, spricht Pafel (2011) von einem Verbalkomplex. So weist nach Pafel (2011) z. B. ein Satz wie „Wir ändern uns nicht" eben einen leeren Verbalkomplex auf (Pafel 2011: 66); gemeint ist damit also eine unbesetzte rechte Satzklammer. Wenn man jedoch den Bestandteil *-komplex* des Begriffs *Verbalkomplex* als das verstehen möchte, was es auch bedeutet (nämlich als ein „geschlossenes Ganzes, dessen Teile vielfältig verknüpft sind" (vgl. Duden-Online: https://www.duden.de/rechtschreibung/ Komplex#bedeutungen), dann ist es auch wichtig, die Gesamtheit der verbalen Elemente als Verbalkomplex zu verstehen und nicht nur diejenigen, die in einer bestimmten Position stehen.

Verbalkomplexe im Kontext von Tempusmarkierungen sind in den zusammengesetzten (periphrastischen) Tempuskategorien zu finden (vgl. unten Beispiel 38). Dies ist der Fall in den Vergangenheitsformen Perfekt (vgl. a) und b) und Plusquamperfekt (vgl. c) und d)) sowie in den Zukunftsformen Futur I (vgl. e) und f)) und Futur II (vgl. g) und h)).

Beispiel 38: Verbalkomplexe in den zusammengesetzten Tempora (Aktivformen).

a) *Sara <u>hat</u> sich gestern zu einem Französischkurs <u>angemeldet</u>.*
b) *..., dass sich Sara gestern zu einem Französischkurs <u>angemeldet hat</u>.*
c) *Sara <u>hatte</u> sich vor längerer Zeit mal zu einem Französischkurs <u>angemeldet</u>.*
d) *..., dass sich Sara vor längerer Zeit mal zu einem Französischkurs <u>angemeldet hatte</u>.*
e) *Sara <u>wird</u> sich nächste Woche zu einem Französischkurs <u>anmelden</u>.*
f) *..., dass Sara sich nächste Woche zu einem Französischkurs <u>anmelden wird</u>.*
g) *Sara <u>wird</u> sich nächste Woche zu einem Französischkurs <u>angemeldet haben</u>.*
h) *..., dass Sara sich nächste Woche zu einem Französischkurs <u>angemeldet haben wird</u>.*

In den Beispielsätzen a) – f) sind die Verbalkomplexe zweigliedrig, in g) und h) dreigliedrig. Je nach Satzform steht das finite Verb mal in der linken Satzklammer und mal zusammen mit den anderen Verben in der rechten Satzklammer. Auch die Formen des sogenannten „doppelten Perfekts" sowie des „doppelten Plusquamperfekts" (vgl. Duden 2016: 473) zählen zu den Verbalkomplexen (wie z. B. *er hat gesucht gehabt, er hatte gesucht gehabt*).

Die Bildung von Passivformen (vgl. unten Beispiel 39) führt zu einer Erhöhung der Verbanzahl der in Beispiel 38 aufgeführten Sätze bzw. Teilsätze. Aus zweigliedrigen werden dreigliedrige (vgl. e) bis j)) und aus dreigliedrigen werden viergliedrige (vgl. k) und l)) Verbalkomplexe. Die Passivierung führt aber auch in den einfachen Tempora Präsens (vgl. a) und b)) und Präteritum (vgl. c) und d)) zur Bildung komplexer Prädikationen (zweigliedrige Verbalkomplexe).

Beispiel 39: Verbalkomplexe in Passivformen.

a) *Sara _wird_ zu einem Französischkurs _angemeldet_.*

b) *..., dass Sara zu einem Französischkurs _angemeldet wird_.*

c) *Sara _wurde_ zu einem Französischkurs _angemeldet_.*

d) *..., dass Sara zu einem Französischkurs _angemeldet wurde_.*

e) *Sara _ist_ gestern zu einem Französischkurs _angemeldet worden_.*

f) *..., dass Sara gestern zu einem Französischkurs _angemeldet worden ist_.*

g) *Sara _war_ vor längerer Zeit mal zu einem Französischkurs _angemeldet worden_.*

h) *..., dass Sara vor längerer Zeit mal zu einem Französischkurs _angemeldet worden war_.*

i) *Sara _wird_ nächste Woche zu einem Französischkurs _angemeldet werden_.*

j) *...., dass Sara nächste Woche zu einem Französischkurs _angemeldet werden wird_.*

k) *Sara _wird_ nächste Woche zu einem Französischkurs _angemeldet worden sein_.*

l) *..., dass Sara nächste Woche zu einem Französischkurs _angemeldet worden sein wird_.*

Laut Duden (2016) sind Häufigkeit und Form der unterschiedlich komplexen Verbalkonstruktionen wie folgt zu charakterisieren:

- zweiteilige Verbalkomplexe sind am häufigsten,
- aber auch dreiteilige sind nicht selten,
- drei- und mehrteilige Verbalkomplexe enthalten meist eine Passivkonstruktion mit *werden* (vgl. Duden 2016: 471).

Verbalkomplexe sind hinsichtlich der Reihenfolge der einzelnen Verben durch bestimmte Stellungsregeln gekennzeichnet. Im Zusammenhang mit den Satzformen wurden in Kap. 6 schon die Stellungsregel bezüglich des finiten Verbs behandelt: Für V1- und V2-Sätze (wie z. B. *Sara hat ihrem Vater ausgeholfen* / *Wird Sara ihrem Vater aushelfen?* / *Hilft Sara ihrem Vater aus?*) gilt, dass in der linken Satzklammer das finite Verb steht und in der rechten Satzklammer alle infiniten Prädikatsteile (einschließlich der Verbpartikel) positioniert werden. Die infiniten Prädikatsteile in der rechten Satzklammer der V1- und V2-Sätze folgen dabei einer bestimmten Reihenfolge (vgl. zu den Regeln für die Stellung verbaler Prädikatsteile und den hier aufgeführten Beispielen Hentschel/Weydt 2021: 418):

a) „Partizipien von Vollverben stehen vor denen der Hilfsverben:
   … ist … gestreikt worden"

b) „sämtliche Partizipien stehen vor Infinitiven:
   … muss … passiert sein (Partizip vor Infinitiv)
   … soll … ausgeraubt worden sein (Partizip des Vollverbs, Partizip des Hilfsverbs, Infinitiv"

c) „Infinitive von Voll- und Hilfsverben stehen vor denen der Modalverben:
   … wird … untersucht werden müssen (Partizip, Infinitiv des Hilfsverbs, Infinitiv des Modalverbs)"

d) „Infinitive von modifizierenden Verben stehen nach denen der Vollverben, aber vor denen der Modalverben:
   … wird … untersuchen lassen müssen (Infinitiv des Vollverbs, Infinitiv des modifizierenden Verbs, Infinitiv des Modalverbs)"

Für VL-Sätze (wie z. B. *…, dass Sara ihrer Mutter beim Putzen geholfen hat*) gilt die in Abschnitt 7.4 erwähnte Regel, dass alle Prädikatsteile in der rechten Klammer stehen müssen, während die rechte Satzklammer mit nichtverbalen Elementen gefüllt wird. Die Stellungsregeln, die nun im Folgenden von Interesse sind, sind die Regeln der Reihenfolge in der rechten Satzklammer, wenn sich das finite Verb in der Letztstellung befindet. Man muss grundsätzlich von einer Normal- und einer Sonderregel ausgehen (vgl. hierzu Duden 2016: 483–486).

Bei der **Normalregel** gilt, dass bei VL-Sätzen das finite Verb am rechten Rand der RSK steht, weil es das hauptregierende Verb ist. Es regiert selbst ein infinites Verb, das links davon in der RSK stehen muss. Regiert dieses infinite Verb selbst auch ein Infinitum, muss dieses wieder links davon in der RSK positioniert werden. Jede Erweiterung erfolgt dabei von rechts nach links:

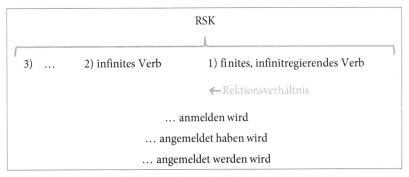

Abbildung 12: Rektionsverhältnisse und Normalstellungsregel in der RSK.

Verben in der RSK folgen nicht nur einer festen Reihenfolge, sondern dürfen auch nicht getrennt werden. Wird gegen diese Regel verstoßen, können z. B. folgende ungrammatische Konstruktionen entstehen:

Beispiel 40: Verstöße gegen die Stellungsregeln verbaler Elemente.

a) *..., dass er _wird_ die Prüfung _bestehen_.
b) *..., dass er _wird_ die Prüfung _bestanden haben_.
c) *..., ob er _wird angemeldet_.
d) *..., ob er _möchte angemeldet werden_.
e) *..., ob er _wird sein angemeldet worden_.
f) ?*..., weil er _hat_ diese Arbeit _geschrieben_.
g) ?*..., weil er _muss_ diese Arbeit _geschrieben haben_.

In Beispiel 40 a) bis e) wird eindeutig gegen die Stellungsregeln verstoßen, weil das finite Verb nicht in der für subjunktional eingeleitete Nebensätze normalen Letztstellung zu finden ist. In f) und g) sind _weil_-Nebensätze zu finden, in denen ebenfalls gegen die normale VL-Stellung verstoßen wird. Allerdings handelt es sich hierbei um Konstruktionen, die in der gesprochenen Sprache weit verbreitet sind. Die Subjunktion *weil* verhält sich hier quasi wie eine nebenordnende Konjunktion, was dazu führt, dass das finite Verb in der zweiten Position realisiert wird (vgl. zur V2-Stellung nach *weil* ausführlicher Duden 2016: 1222–1223).

Die **Sonderregel** tritt ein, wenn es sich innerhalb des Verbalkomplexes beim hauptregierenden Verb um das Hilfsverb *haben* handelt und dabei auch ein Modalverb vorhanden ist, das im sogenannten *Ersatzinfinitiv* steht. Bevor auf diese Sonderregel eingegangen wird, soll zunächst kurz erläutert werden, was ein Ersatzinfinitiv ist. Die Modalverben *dürfen, können, mögen, müssen, sollen, wollen* bilden ihr Perfekt mit dem Hilfsverb *haben* und der Partizipialform *ge-…-t* (*hat gedurft, hat gekonnt, hat gemocht, hat gemusst, hat gesollt, hat gewollt*). Sobald Modalverben im Perfekt jedoch selbst einen Infinitiv regieren, erscheinen sie nicht in der Partizipialform, sondern im Infinitiv. Dieser in einem Verbalkomplex verwendete Infinitiv wird *Ersatzinfinitiv* genannt (vgl. hierzu auch Duden 2016: 476). In Beispiel 41 ist zu sehen, wie bei der Erweiterung des zweigliedrigen Verbalkomplexes in a) aus dem Modalverb im Partizip II ein Ersatzinfinitiv wird (vgl. b)):

Beispiel 41: Ersatzinfinitiv beim Modalverb.

   a) *Wir haben alles <u>gedurft</u>.*   b) *Wir haben alles tun <u>dürfen</u>.*

In a) steht der Satz im Perfekt und das Modalverb *dürfen* weist hier die Partizipialform auf. In b) kommt das Verb *tun* hinzu. In diesem Fall kann das Modalverb nicht mehr im Partizip II stehen, sondern muss im Infinitiv realisiert werden. Die Verwendung des Partizip II beim Modalverb in b) wäre ungrammatisch (**Wir haben alles tun gedurft*). Dieser Ersatzinfinitiv kommt zudem bei einer kleinen Anzahl weiterer Verben vor (wie z. B. bei *lassen, sehen, fühlen, hören, spüren* u. a.) allerdings können diese Verben auch in der Partizip-II-Form realisiert werden (vgl. Duden 2016: 476).

Wie unter diesen Umständen die Sonderregel für die Stellung der einzelnen Verben im Verbalkomplex von VL-Sätzen aussieht, ist im folgenden Schaubild verdeutlicht:

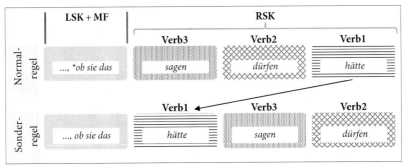

Abbildung 13: Sonderregel im Vergleich zur Normalregel bei der Stellung der Verben in der RSK.

Sobald ein Ersatzinfinitiv realisiert werden muss und dieser vom finiten Hilfsverb *haben* abhängt, muss das finite, hauptregierende Verb, das normalerweise in der Letztposition steht, an den linken Rand der RSK verschoben werden. Daher kann in einem Nebensatz die Verbletztstellung entsprechend der Normalstellung unter diesen Umständen nicht realisiert werden. Stattdessen rückt das finite Verb nach links. Daher muss der in Abbildung 13 aufgeführte Nebensatz mit Normalstellung (*ob sie das sagen dürfen hätte*) der Sonderregel folgen (*ob sie das hätte sagen dürfen*), um die grammatische Korrektheit des Nebensatzes zu gewährleisten.

Die Sonderregel bei der Realisierung des Ersatzinfinitivs anderer Verben (wie z. B. beim Verb *lassen* und den Wahrnehmungsverben) führt zur selben Voranstellung des finiten, hauptregierenden Verbs: *..., dass er ihn hat warten lassen / ..., ob sie das hat kommen sehen.* Aber auch die Normalstellung trotz Ersatzinfinitiv ist bei *lassen* und den Wahrnehmungsverben zu finden (z. B. *..., dass er ihn warten lassen hat / ...., ob sie das kommen sehen hat*). Werden *lassen* und die Wahrnehmungsverben in der Partizipialform realisiert, ist dabei der Normalstellung zu folgen: *..., dass er ihn warten gelassen hat / ..., ob sie das kommen gesehen hat.* Wenn es sich beim regierenden Verb um das Hilfsverb *werden* oder ein Modalverb handelt, dann sind beide Stellungsregeln möglich.

Für eine intensivere Beschäftigung mit den beiden Stellungsregeln im Zusammenhang mit verschiedenen Verben und den entsprechenden Ausnahmen vgl. z. B. Duden (2016: 483–486) und Hentschel/Weydt (2021: Abschnitt 11.3 und 11.4). Dort wird auch darauf hingewiesen, dass „[…] die Wortstellung im Verbalkomplex durch eine gewisse Instabilität und Fluktuation geprägt" ist (Duden 2016: 486), was auch zu bedeuten hat, dass die Stellungsregeln in Verbalkomplexen von Ausnahmen bzw. Realisierungsvarianten geprägt sind.

9   Der komplexe Satz

9.1   Einfacher vs. komplexer Satz

Ausgangspunkt für die Beschäftigung mit dem komplexen Satz ist zunächst das Verständnis dessen, was ein einfacher Satz ist. Enthält ein Satz nur eine Prädikation, dann liegt ein einfacher Satz vor. Alle Bestandteile dieses Satzes hängen von diesem einen Prädikat ab. Sätze, wie die im Folgenden aufgelisteten, gehören zu den einfachen Sätzen:

Beispiel 42: Einfache Sätze des Deutschen.

a) *Das Spiel beginnt gleich.*
b) *Was hast du gerade gesagt?*
c) *Nun hör endlich auf!*

Es handelt sich dabei um unterschiedliche Satzarten (Aussagesatz, W-Fragesatz, Imperativsatz), aber alle drei enthalten nur ein Prädikat, das entweder einfach oder komplex sein kann.

Ein komplexer bzw. zusammengesetzter Satz besteht hingegen aus mindestens zwei Teilsätzen. Jeder Teilsatz hat sein eigenes Prädikat. Komplexe Sätze enthalten mindestens einen Hauptsatz, wie z. B. in dem komplexen Satz *Er erledigt diese Aufgabe, sobald er zu Hause ist.* Hier ist der erste Teilsatz ein Hauptsatz mit der Prädikation *erledigt* und der zweite Teilsatz ist ein temporaler Nebensatz mit dem Prädikat *ist* in finaler Position. Aber auch Hauptsätze können miteinander verbunden werden und so ebenfalls einen komplexen Satz formen. In komplexen Sätzen können Junktionen (Konjunktionen oder Subjunktionen) oder Konjunktionaladverbien vorkommen. Diese können sich unterschiedlich auf die Wortstellung im jeweils nachfolgenden Teilsatz auswirken. Im folgenden Abschnitt sollen zunächst die Auswirkungen der verschiedenen Bindewörter auf die Wortstellung erläutert werden (vgl. auch schon die Anmerkungen in Abschnitt 4.2.8).

9.2 Konnektoren und ihr Einfluss auf die Wortstellung

9.2.1 Konjunktionen

Teilsätze können mittels unterschiedlicher Bindewörter verbunden werden: mit Konjunktionen, Konjunktionaladverbien oder Subjunktionen. Wenn ein Hauptsatz mit einem anderen Hauptsatz verbunden werden soll, dann geschieht das z. B. mit Konjunktionen (wie bspw. *und, denn*). Konjunktionen sind Bindewörter, die aber nicht nur Hauptsätze miteinander verbinden können, sondern auch kleinere syntaktische Einheiten, wie Wortgruppen oder Wörter. In diesem Abschnitt geht es ausschließlich um die Verwendung von Konjunktionen zur Verknüpfung von Teilsätzen zu komplexen Sätzen. Werden Konjunktionen für die syntaktische Verbindung von Hauptsätzen eingesetzt, dann gilt als wichtige Regel, dass die Wortstellung im nachfolgenden Hauptsatz nicht beeinflusst wird. Konjunktionen stehen in einer Position außerhalb der oben erwähnten topologischen Felder. Sie belegen die Position vor dem Vorvorfeld, welches oben schon als *Koordinationsfeld* bzw. *Koordinations-/Anschlussposition* eingeführt wurde (vgl. hierzu ausführlich Abschnitt 7.8), und verändern damit dann auch nicht Stellung der einzelnen syntaktischen Einheiten:

Hauptsatz 1: VF – LSK – MF – RSK – NF	KOOR	Hauptsatz 2: VF – LSK – MF – RSK – NF
a) *Er – spielt – Klavier –*	*und*	*sie – spielt – Gitarre –*
b) *Er – hätte – gerne ein Auto –*	*aber*	*im Moment – hat – er nicht genug Geld –*
c) *Wir – mussten – uns – beeilen –*	*denn*	*wir – hatten – nicht mehr so viel Zeit –*
d) *Entweder – beeilst – du dich jetzt –*	*oder*	*du – kommst – zu spät zur Schule –*
e) *Er – erschreckte – sich nicht nur,*	*sondern*	*er – verletzte – sich auch schwer –*

Tabelle 30: Wortstellung im zweiten Hauptsatz bei Verknüpfung mit einer Konjunktion.

In den obigen Beispielen sieht man auf der linken Seite jeweils den vorangehenden Hauptsatz (Hauptsatz 1) und auf der rechten Seite den Hauptsatz 2. Beide sind jeweils mit einer Konjunktion (*und, aber, denn, oder, sondern*) verbunden. Jeder Hauptsatz hat seine eigene Felderstruktur, welche jeweils aus dem VF, der LSK, dem MF, der RSK und dem NF besteht (das VVF wird hier außer Acht gelassen). Die jeweilige Konjunktion kann als außerhalb des Hauptsatzes betrachtet werden, sodass die einzelnen syntaktischen Einheiten des darauffolgenden Hauptsatzes auch in ihrer Position bleiben können. Würde eine Konjunktion die Wortstellung des nachfolgenden Satzes beeinflussen, müsste z. B. der Satz a) wie folgt realisiert werden: *Er spielt Klavier und spielt sie Gitarre.* Dies ist aber im Deutschen nicht möglich. Das Subjekt (*sie*) des zweiten Teilsatzes ist in dieser fehlerhaften Struktur ins MF verschoben worden. Eine solche Verschiebung kommt nur nach den Konjunktionaladverbien vor (dazu weiter unten Genaueres).

Eine veränderte Wortstellung im zweiten Hauptsatz ist zwar nicht möglich, aber es kann etwas weggelassen werden, wenn bestimmte Bedingungen zutreffen. Im Zusammenhang mit der Konjunktion *und* werden die entsprechenden Bedingungen hier erläutert. Die einzelnen Beispielsätze stehen in der folgenden Tabelle:

Hauptsatz 1 VF – LSK – MF – RSK – NF	KOOR	Hauptsatz 1 VF – LSK – MF – RSK – NF
a) *Er – spielt – Klavier –*	*und*	~~er~~ *– singt – auch im Chor –*
b) *Er – spielt – freitags Klavier –*	*und*	*samstags – singt – er im Chor*
c) *Er – spielt – Klavier –*	*und*	~~er – spielt~~ *– auch Gitarre –*
d) *Er – hat – Klavier – gespielt –*	*und*	~~er – hat~~ *– auch im Chor – gesungen –*
e) *Er – will – Klavier – spielen –*	*und*	~~er – will~~ *– auch im Chor – singen –*

Tabelle 31: Weglassungen im zweiten Teilsatz bei Verwendung der Konjunktion *und*.

Wenn in beiden Hauptsätzen das gleiche Subjekt vorliegt, dann ist das Subjekt im zweiten Hauptsatz weglassbar. Dies ist aber nur dann möglich, wenn das Subjekt nicht im MF steht, wie in Tabelle 31 unter a), wo man sich das Subjekt *er* im Vorfeld des zweiten Hauptsatzes semantisch mitdenken muss. Steht im VF des zweiten Teilsatzes aber anstelle des Subjekts ein anderes Satzglied, dann muss das Subjekt wiederholt werden, wie unter b) zu sehen. Nicht nur das Subjekt ist unter den o. g. Voraussetzungen weglassbar, sondern gleichzeitig auch das Vollverb, aber nur, wenn es sich um das gleiche Vollverb handelt. Dass das Vollverb dieselbe Konjugationsform wie im ersten Hauptsatz hat, leitet sich aus der Tatsache ab, dass in beiden Hauptsätzen dasselbe Subjekt vorliegt (vgl. c)). Neben Vollverben können auch Hilfs- und Modalverben weggelassen werden, wenn sie mit denen des vorangehenden Hauptsatzes identisch sind. Auch hier gilt: dasselbe Subjekt bedeutet auch dieselbe Konjugationsform beim jeweiligen Hilfs- oder Modalverb (vgl. d) und e)).

Bei den Konjunktionen *oder*, *aber* und *sondern* funktioniert die Weglassung hingegen ein wenig anders. Weglassungen im zweiten Hauptsatz sind nur möglich, wenn bestimmte Faktoren gleichzeitig zutreffen.

Hauptsatz 1 VF – LSK – MF – RSK – NF	KOOR	Hauptsatz 1 VF – LSK – MF – RSK – NF
1a) *Er – spielt – Klavier – ,*	*aber*	~~*er – spielt*~~ *– auch Gitarre –*
1b) *Er – kommt – heute –*	*oder*	~~*er – kommt*~~ *– morgen –*
1c) *Er – ist – nicht nur unhöflich –,*	*sondern*	~~*er – ist*~~ *– auch böse –*
2a) *Er – übt – seit Jahren Klavier –,*	*aber*	*er – spielt – bis heute noch schlecht –*
2b) *Er – meldet – sich entweder jetzt –*	*oder*	*er – kann – den Job – vergessen –*
2c) *Er – brauche – nicht so – übertreiben – ,*	*sondern*	*er – solle – besser die Wahrheit – sagen –*

Tabelle 32: Weglassungen im zweiten Hauptsatz bei Verwendung von *aber, oder, sondern*.

In Tabelle 32 sind an den jeweiligen Beispielen folgende Regeln abzulesen:

a) Ist im zweiten Hauptsatz dasselbe Subjekt wie im ersten zu finden, dann kann dieses nur dann weggelassen werden, wenn auch das finite Verb dasselbe ist. In diesem Fall lässt man dann auch das finite Verb weg, wie in 1a), 1b) und 1c).

b) Sobald jedoch im zweiten Hauptsatz ein anderes finites Verb vorkommt, muss das Subjekt auch dann realisiert werden, wenn es sich um dasselbe Subjekt handelt (vgl. 2a), 2b) und 2c).

Bei der Konjunktion *denn* sind Weglassungen wie die obigen nicht möglich. So ist weder das Subjekt noch das finite Verb im folgenden Beispiel weglassbar: *Er kann heute nicht kommen, denn er kann nicht auf seinem Fuß stehen.* Für eine intensivere Beschäftigung mit den Weglassungen bzw. mit Ellipsen vgl. z. B. Pasch et al. (2003: Kap. B 6 sowie Kap. C 2.2.6).

Jede Konjunktion hat ihre eigene Bedeutung. Die hier aufgeführten Konjunktionen sind nicht die einzigen, aber sie gehören zu den wichtigsten. Die Konjunktion *und* hat eine nebenordnende Funktion, wie bspw. in *Die Kinder spielen und die Eltern liegen in der Sonne.* Bei Verwendung der Konjunktion *oder* lässt sich eine Alternative ausdrücken. Der Inhalt des zweiten Satzes ist als Alternative zum Inhalt des ersten Hauptsatzes zu verstehen, wie in *Soll ich das blaue Kleid nehmen oder doch lieber das rote?* Wenn mit der Entscheidung für die Alternative A die Alternative B ausgeschlossen wird, dann muss die Konjunktion *oder* mit *entweder* kombiniert werden (*entweder ... oder: Entweder hört er sofort mit dem Trinken auf oder seine Leber wird für immer zerstört sein*). Als Konjunktion drückt *aber* einen Gegensatz zu etwas aus. Das Besondere an *aber* ist, dass sie auch in anderen Funktionen und in verschiedenen Positionen im Satz vorkommen kann. In den folgenden Sätzen[45] (vgl. Beispiel 43) sind zwei Stellungstypen zu sehen:

Beispiel 43: Funktionen von *aber* in Abhängigkeit von der Position im Satz.

a) *Das weiß Patrick, **aber** es ist ihm egal.*

b) *Der Mieterbund in Deutschland ist naturgemäß immer alarmiert, **aber** er ist auch informiert.*

c) *Begegnen will man ihm vielleicht nicht, **aber** man fiebert mit ihm.*

d) *Sie können ihn nirgendwo finden, **aber** was heißt das schon?*

e) *Meistens rede ich einfach mit den Leuten, **aber** manchmal geht das auch nicht mehr.*

....

45 Die Beispielsätze sind aus dem DWDS-Korpus entnommen (Quellenangabe: Korpustreffer für „aber", aus dem aggregierten Referenz- und Zeitungskorpus des Digitalen Wörterbuchs der deutschen Sprache, <https://www.dwds.de/r/?corpus=public&q=aber>, abgerufen am 30.03.2022).

f) *Ich war so wütend, habe **aber** lange gezweifelt, dass da filmisch was drinsteckt.*

g) *Wer Programme wie Owncloud oder Nextcloud nutze, müsse **aber** selbst für die Aktualisierung der Software sorgen.*

h) *Es gibt Impfstoffe ausschließlich gegen Masern, oft erfolgt die Impfung **aber** in Kombination gegen Mumps und Röteln, deshalb heißt es MMR-Impfstoff.*

i) *So musste ich ein Produkt für die Bevölkerung schaffen, durfte es der Bevölkerung **aber** nicht zeigen.*

j) *Wer damit geimpft ist, ist vor einer Lähmung geschützt, kann den Erreger **aber** noch weiter verbreiten.*

Die Sätze in Beispiel 43 zeigen unterschiedliche Positionsmöglichkeiten von *aber*. Allerdings kann nur dann von einer Konjunktion gesprochen werden, wenn es vor dem zweiten Hauptsatz steht (wie in den Sätzen a)–e)). Anders gestaltet sich die Angelegenheit in den Beispielsätzen in f)–j). Hier steht *aber* nach dem finiten Verb und zwar in unterschiedlichen Positionen im MF. Laut Duden (2016: 635) handelt es sich bei *aber* im MF um ein „Konnektoradverb"[46] oder eine „Abtönungspartikel". In den Beispielen f)–j) wird *aber* als Konjunktionaladverb (bzw. Konnektoradverb) verwendet (zu den Konjunktionaladverbien Genaueres weiter unten).[47] Ein Beispiel für die Verwendung von *aber* als Abtö-

....

46 Duden (2009) verwendet den Begriff *Konjunktionaladverb*, während in der 9. Auflage von 2016 dann in der Regel der Begriff *Konnektoradverb* dominiert. In der vorliegenden Einführung wird die Bezeichnung Konjunktionaladverb präferiert.

47 Zu den verschiedenen Funktionen von *aber* sowie zum zweiteiligen *aber auch* vgl. z. B. ausführlich Métrich/Faucher (2009: 3–24). Allerdings wird hier in den verwendeten Bezeichnungen nicht zwischen konjunktionalem und konjunktionaladverbialem Gebrauch differenziert. Die Funktionen, die in Métrich/Faucher (2009) dem Wort *aber* zugewiesen werden, sind Konjunktion, Interjektion und Satzpartikel. In Breindl/Volodina/Waßner (2014: 22) wird *aber* als nichtvorfeldfähiger Adverbkonnektor eingeordnet, der zwar im MF, nicht aber allein im VF vorkommen kann. Eine Zuordnung von *aber* als Konjunktion wird in Breindl/Volodina/ Waßner (2014) nicht gemacht. Vielmehr wird das im Beispielsatz „Nashörner sehen sehr schlecht. **Aber** sie haben in der Regel ein gutes Gehör." (Breindl/Volodina/Waßner 2014: 22; Hervorhebung im Original) genannte *aber* als Adverbkonnektor eingeordnet. Grundsätzlich gilt, dass *aber* als Konjunktionaladverb nicht vorfeldfähig ist (vgl. auch Duden 2016: 597), was bedeutet, dass es nicht alleine im VF stehen kann, so wie dies z. B. bei *dann* oder *trotzdem* möglich ist. Welche Funktion genau die Stellung von *aber* im VF nach einem Satzglied, wie

nungspartikel liegt im Satz „Der Vortrag war aber interessant" (Duden 2016: 604) vor, wenn man diesen in einem Kontext äußert, in dem man einen weniger interessanten Vortrag erwartet hatte.

Die Konjunktion *sondern* ist nach Hauptsätzen zu finden, in denen eine Negation vorkommt. Mit *sondern* wird quasi eine Aussage, die im ersten Hauptsatz zu finden ist, berichtigt bzw. es wird gesagt, was wirklich zutrifft. Der Hauptsatz kann nicht ohne Negation realisiert werden, da gesagt wird, dass das Erstgesagte nicht zutrifft, aber das zuletzt Erwähnte hingegen schon:

Beispiel 44: Verwendung der Konjunktion *sondern*.

a) *Das Kleid ist nicht lila, sondern blau.*
b) *Die Schuhe sind nicht aus echtem Leder, sondern aus Kunstleder.*

Die Aussage im jeweils zweiten Hauptsatz ist nur dann keine Berichtigung, wenn man die Konstruktion *nicht nur …, sondern auch* verwendet. In diesem Fall treffen dann beide Aussagen zu (z. B. *Er ist nicht nur fleißig, sondern auch sehr intelligent*).

Die Konjunktion *denn* „[…] führt einen Satz ein, der in Bezug auf das zuvor Gesagte erklärende bzw. begründende Funktion hat." (Métrich/Faucher 2009: 180). Verwendung findet *denn* insbesondere in Deklarativsätzen sowie Interrogativsätzen (s. Métrich/Faucher 2009: 180) und „die Sätze müssen von ein und demselben Sprecher ausgesprochen werden (Monolog)." (Métrich/Fau-

----

z. B. in *Die Kinder schliefen schon, die Mutter **aber** war noch wach*, hat, kann an dieser Stelle nicht geklärt werden. Fakt ist, dass z. B. weder im Duden (2016) noch in Breindl/Volodina/Waßner (2014) auf dieses besondere Muster eingegangen wird. In Breindl/Volodina/Waßner (2014: 20) werden zwar adverbiale Konnektoren, die in der „**Nacherstposition**, d. h. im Vorfeld nach einer anderen Konstituente" (Breindl/Volodina/Waßner 2014: 20; Hervorhebung im Original) stehen, erwähnt, allerdings beziehen sich Breindl/Volodina/Waßner (2014) hier nur auf solche Konnektoren, die gleichzeitig auch alleine im vf stehen können, wie dies z. B. im Falle von *allerdings* im Beispielsatz „Das Nashorn ist fast so zahm wie eine Hauskuh. Der Bulle **allerdings** ist etwas angriffslustiger." (Breindl/Volodina/Waßner 2014: 20; Hervorhebung im Original) zutrifft. Das Beispiel *Die Kinder schliefen schon, die Mutter **aber** war noch wach* zeigt, dass *aber* die gleiche Position wie *allerdings* einnimmt, ohne dass jedoch *aber* die Fähigkeit hätte, allein die vf-Position zu besetzen (vgl. z. B. die Umstellung des o. g. Satzes aus Breindl/Volodina/Waßner 2014): *Allerdings ist der Bulle angriffslustiger*).

cher 2009: 180), vgl. z. B. *Sie muss es gewusst haben, denn sonst hätte sie nicht so reagiert* oder *Er möchte eine Ausbildung als Koch machen, denn er liebt das Kochen und Backen über alles.* Semantisch gibt es hier eine Nähe zum kausalen *weil*, welches Nebensätze einleitet. Strukturell sind die mit *denn* und *weil* eingeleiteten Teilsätze aber verschieden. Es existieren homonyme Formen von *denn* auch in anderen Wortarten. Nur wenn es vor einem Hauptsatz steht, handelt es sich um eine Konjunktion (vgl. ausführlich Métrich/Faucher 2009: 180–194).

9.2.2 Konjunktionaladverbien

Konjunktionaladverbien sind eine Gruppe von Wörtern, die man zu den Adverbien zählt, die aber wie die Konjunktionen die Funktion haben, Hauptsätze inhaltlich miteinander zu verbinden. Der Unterschied zwischen den Konjunktionen und den Konjunktionaladverbien liegt in der Beeinflussung der Wortstellung. Während Konjunktionen – wie schon oben besprochen – die Wortstellung im nachfolgenden Hauptsatz nicht beeinflussen, weil sie außerhalb der Felderpositionen des zweiten Hauptsatzes stehen, führen Konjunktionaladverbien dazu, dass sie das Satzglied, das im Vorfeld des zweiten Hauptsatzes steht, ins Mittelfeld verschieben. In Tabelle 33 ist zu sehen, wie Konjunktionen und Konjunktionalaverbien sich auf die topologischen Felder verteilen:

Art der Binde-wörter	KOOR	VF	LSK	MF	RSK	NF
Konjunk-tionen	*und*	*der Lehrer*	*möchte*	*seine Schüler zu einem erfolgreichen Abschluss*	*führen.*	
	denn	*der Vulkan*	*hat*	*große Teile der Insel*	*zerstört.*	
Konjunk-tional-adverbien		*außerdem*	*musste*	*ich noch Zusatz-unterricht*	*anbieten.*	
		deshalb	*ist*	*das keine gute Idee*	*gewesen.*	

Tabelle 33: Syntaktische Positionen der Konjunktionen und Konjunktionaladverbien im Vergleich.

Es gibt verschiedene Untergruppen von Konjunktionaladverbien (vgl. zu den folgenden Beispielen Duden 2016: 597):

Beispiel 45: Beispiele für Konjunktionaladverbien.

a) Anreihende/kopulative Konjunktionalaverbien: z. B. *außerdem, zudem, darüber hinaus, ebenso*

b) Temporale Konjunktionaladverbien: *währenddessen, indessen, danach, anschließend*

c) Kausale Konjunktionaladverbien: *folglich, demzufolge, damit, somit, deswegen, deshalb, daher*

d) Konditionale und konsekutive Konjunktionaladverbien: *ansonsten, andernfalls, so, dann*

e) Konzessive Konjunktionaladverbien: *trotzdem, dennoch, dessen ungeachtet, allerdings*

f) spezifizierende Konjunktionaladverbien: *insofern, so weit, freilich*

g) adversative Konjunktionaladverbien: *hingegen, jedoch, doch, dennoch, allerdings, stattdessen, einerseits – andererseits*

An dieser Stelle ist anzumerken, dass es einige Konjunktionaladverbien gibt, die sich wie Konjunktionen verhalten, indem sie nämlich in der Nullposition erscheinen und damit nicht die nachfolgende Wortstellung beeinflussen. Laut Duden (2016) handelt es sich bei diesen als „Parakonjunktionen" vorkommenden Konjunktionaladverbien um *„indes, indessen, immerhin, dennoch, mithin, trotzdem"* (Duden 2016: 598; Hervorhebungen im Original).

9.2.3 Subjunktionen

Neben Konjunktionen und Konjunktionaladverbien zählen auch die Subjunktionen zu den Konnektoren bzw. Bindewörtern. Sie verbinden jedoch keine Hauptsätze, sondern Nebensätze mit übergeordneten Teilsätzen, welche entweder zu den Haupt- oder den Nebensätzen zählen. Sie verhalten sich hinsichtlich der Wortstellung anders als Konjunktionen und Konjunktionaladverbien. Bei Verwendung einer Subjunktion wird das finite Verb aus der LSK in die letzte Position der RSK verschoben. Nebensätze, die mit einer Subjunktion eingeleitet sind, zählt man daher zu den Verbletztsätzen, während Hauptsätze, die mit einer Konjunktion oder einem Konjunktionaladverb eingeleitet werden, zu den Verbzweitsätzen gehören. Wie schon Abschnitt 4.2.8 erwähnt, gehören Konjunktionen und Subjunktionen zur Wortart der Junktionen, während die Konjunktionaladverbien der Wortart Adverb zugeordnet werden. Es existieren in der deutschen Sprache unterschiedliche Gruppen von Subjunktionen, wie bspw. die folgenden:

Beispiel 46: Beispiele für Arten von Subjunktionen.

a) temporale Subjunktionen: z. B. *als, wenn, während, nachdem, bis*
b) Kausale Subjunktionen: z. B. *weil, da, zumal*
c) Konditionale Subjunktionen: z. B. *wenn, falls*
d) Konsekutive Subjunktionen: z. B. *sodass, so – dass*
e) Konzessive Subjunktionen: z. B. *obwohl, obgleich*
f) Modal-instrumentale Subjunktionen: z. B. *indem, dadurch – dass*

Auf die einzelnen Bedeutungen dieser und weiterer Subjunktionen wird weiter unten detaillierter eingegangen, wenn die verschiedenen Arten von Nebensätzen angesprochen werden (vgl. Kap. 10). Wie sich die einzelnen Bestandteile der Nebensätze, die mit einer Subjunktion eingeleitet sind, auf die Felderpositionen verteilen, wurde in Abschnitt 7.4 ausführlich behandelt: die Subjunktionen stehen in der LSK, während alle Prädikatsteile in der RSK positioniert werden.

Subjunktionen werden in die LSK gesetzt, weil sie für die Bedeutung des Nebensatzes eine wichtige Rolle spielen. An der Subjunktion ist in der Regel ablesbar, um welche Art von Nebensatz es sich handelt. Die Subjunktion *weil* weist auf eine kausale Beziehung hin; *obwohl* drückt eine Einschränkung aus und leitet als Subjunktion konzessive Nebensätze ein. Diese inhaltliche Relevanz der Subjunktionen ist der Grund dafür, dass in vielen Grammatikbeschreibungen Subjunktionen ihren Platz in der LSK erhalten. Die syntaktisch zwei wichtigsten Felder – nämlich die LSK und RSK – werden im Falle der Nebensätze somit von einem nicht-verbalen und einem verbalen Teil besetzt.

Für eine tiefergehende Beschäftigung mit den Konnektoren im Allgemeinen kann z. B. auf Breindl/Volodina/Waßner (2014), Hentschel/Weydt (2021: Abschnitt 9.2 und 9.3), Métrich/Faucher (2009), Pasch et al. (2003), Thielmann (2021: Abschnitt 5.6.5, Abschnitt 4.7, Abschnitt 4.8), Zifonun et al. 2011 [1997]: 60–62) verwiesen werden.

9.3 Hauptsatz, Nebensatz, Matrixsatz: eine begriffliche Differenzierung

An dieser Stelle ist es notwendig, einen Begriff, der im Zusammenhang mit komplexen Sätzen fällt und von den beiden Begriffen *Hauptsatz* und *Nebensatz* abgegrenzt werden muss, zu besprechen. Es handelt sich hierbei um den sogenannten *Matrixsatz*. Bevor dieser erläutert wird, sollen hier zunächst die gängigen Begriffe **Hauptsatz** und **Nebensatz** nochmals aufgegriffen werden. Ein Hauptsatz ist ein Satz, der selbst nicht in einen anderen Satz eingebettet ist (z. B. *Das Fußballspiel war schon zu Ende*), in dem aber andere Teilsätze eingebettet sein können, wie z. B. in *Das Fußballspiel war schon zu Ende, bevor es zu regnen begann*. Der temporale Nebensatz *bevor es zu regnen begann* ist als eingebetteter Teilsatz vom übergeordneten Hauptsatz *Das Fußballspiel war schon zu Ende* abhängig. Nebensätze lassen sich häufig durch nicht-satzwertige Konstituenten ersetzen. Der obige Nebensatz kann z. B. durch das Temporaladverb *dann* ersetzt werden: *Das Fußballspiel war dann schon zu Ende*. Auch bei Nebensätzen in der Funktion einer Ergänzung (z. B. Subjekt oder Objekt) können solche Ersetzungen durchgeführt werden: *Er weiß, dass er nicht ins Kino darf > Er weiß das*. Ein (Teil-)Satz, von dem ein Nebensatz abhängt, wird als **Matrixsatz** bezeichnet. Es kann sich dabei um einen Hauptsatz oder einen Nebensatz handeln. In dem o. g. Beispiel *Er weiß, dass er nicht ins Kino darf* ist der Hauptsatz *Er weiß* der Matrixsatz, von dem der Nebensatz *dass er nicht ins Kino darf* abhängt. Ein Nebensatz muss aber nicht zwingend von einem Hauptsatz abhängen. Eine Abhängigkeit kann auch in Relation zu einem anderen Nebensatz bestehen, wie dies im folgenden Beispiel der Fall ist:

Beispiel 47: Komplexer Satz mit Nebensätzen ersten und zweiten Grades.

[$_{S0}$ [$_{S1}$ *Obwohl ich weiß,* [$_{S2}$ *dass es nicht möglich ist,*]] *versuche ich es trotzdem*].

In diesem Beispiel ist der am Ende stehende Hauptsatz *versuche ich es trotzdem* (hier in der eckigen Klammer mit S0 gekennzeichnet) der Matrixsatz des eingebetteten Nebensatzes *Obwohl ich weiß* (mit S1 gekennzeichnet). Dieser Nebensatz ersten Grades (vgl. Abschnitt 9.5 zur Unterscheidung zwischen den Graden der Nebensätze) ist jedoch grammatisch unvollständig, da noch eine Ergänzung fehlt. Eine Aussage wie **Obwohl ich weiß, versuche ich es trotzdem* ist grammatisch unvollständig, weil das Verb *wissen* noch eine Akkusativergänzung fordert. Diese Ergänzung wurde in dem obigen Beispiel in Form des Nebensatzes *dass es nicht möglich ist* realisiert, der einen Nebensatz zweiten Grades bildet und selbst nicht vom Hauptsatz, sondern vom Nebensatz ersten Grades abhängt. Der Nebensatz S1 ist der Matrixsatz des Nebensatzes S2.

9.4 Parataxe vs. Hypotaxe

Bei komplexen Sätzen unterscheidet man je nach Zusammensetzung der Teilsätze zwischen **Parataxen** und **Hypotaxen**. Eine Parataxe ist eine Verbindung gleichrangiger Teilsätze, also eine Verbindung von Hauptsätzen, die zusammen eine **Satzreihe** ergeben. Es handelt sich hierbei um eine koordinierte Reihung von Teilsätzen gleichen Ranges. Es gibt kein Abhängigkeitsverhältnis zwischen den jeweiligen Teilsätzen. Als Hypotaxen bezeichnet man hingegen eine Verbindung von Teilsätzen, die nicht durch Gleichrangigkeit, sondern durch Abhängigkeit gekennzeichnet sind. Man spricht auch von einem **Satzgefüge**. In diesem Fall muss mindestens ein Hauptsatz als Matrixsatz fungieren und ein nicht gleichrangiger Teilsatz das Abhängigkeitsverhältnis repräsentieren.

In diesem Kontext von Gleichrangigkeit oder Abhängigkeit auf der Ebene des Satzes ist auch das Begriffspaar **Koordination** und **Subordination** zu sehen. Die Koordination ist die Art der Verbindung gleichrangiger Teilsätze (Koordination tritt auch auf der Wort- und Phrasenebene auf) und das Ergebnis der Koordination ist die Satzreihe bzw. Parataxe. Bei der Subordination handelt es sich um das Prinzip der Unterordnung: etwas wird etwas anderem untergeordnet. Auf der Satzebene meint Subordination die Unterordnung eines Teilsatzes unter einen anderen, was zum Ergebnis eine Hypotaxe hat. Häufig werden Koordination und Subordination auch gleichbedeutend mit Parataxe und Hypotaxe verwendet.

Eng verknüpft mit dem Begriffspaar *Koordination* und *Subordination* sind auch die beiden Termini **syndetisch** und **asyndetisch**. *Syndese* bedeutet auf der syntaktischen Ebene die Verbindung von Teilsätzen mit Hilfe bestimmter Bindewörter. Es können dabei z. B. Konjunktionen oder Subjunktionen verwendet werden, um Teilsätze miteinander zu verbinden. Eine Parataxe ist dann syndetisch miteinander verknüpft, wenn Konjunktionen eingesetzt werden (vgl. die folgenden Beispiele):

Beispiel 48: Syndetische Koordination von je zwei Hauptsätzen (HS1 und HS2).

HS1	syndetische Verknüpfung mit Konjunktionen	HS2
Er spielt Gitarre	—— *und* ——	*sie tanzt.*
Sara würde gerne ein Auto kaufen,	—— *aber* ——	*sie verdient nicht genug.*
Sabine hat nie Zeit,	—— *denn* ——	*sie muss sich ja immer um ihre Kinder kümmern.*

Jeder einzelne Teilsatz in den drei komplexen Sätzen kann für sich alleine stehen. Alle Teilsätze sind hier mit Hilfe der Konjunktionen *und*, *aber* und *denn* zu komplexen Sätzen miteinander verbunden. Diese Art der Koordination wird *syndetische Koordination* genannt. Die Parataxen sind syndetisch, weil hier Konjunktionen eingesetzt werden. Werden keine Konjunktionen verwendet, dann handelt es sich um eine asyndetische Parataxe. Die Hauptsätze werden im Schriftlichen lediglich durch ein Komma abgetrennt, wie z. B. in *Sara arbeitet den ganzen Tag, ihr Bruder liegt faul zu Hause herum.*

Die Unterscheidung zwischen syndetisch und asyndetisch lässt sich ebenso bei den Hypotaxen durchführen. Eine Hypotaxe ist syndetisch, wenn die Teilsätze durch entsprechende Konnektoren miteinander verbunden sind, wie in dem Satzgefüge *Ich wäre sicher nicht gekommen, wenn ich es vorher gewusst hätte.* Hier ist die konditionale Subjunktion *wenn* das Bindewort, das die syndetische Verbindung zwischen dem Hauptsatz und dem Nebensatz herstellt. Da ein Nebensatz auch vorangestellt werden kann, ist dementsprechend auch das Bindewort in erster Position zu finden, wie in *Obwohl ich die Sonnenstrahlen nicht sehen kann, so kann ich sie doch spüren.* Bei diesem Nebensatz handelt es sich um einen konzessiven Nebensatz. Sowohl konditionale als auch konzessive Nebensätze können auch uneingeleitet vorkommen, so dass asyndetische Satzgefüge entstehen (vgl. auch schon oben die in Abschnitt 7.2 erwähnten Nebensätze mit V1-Struktur): *Hätte ich es vorher gewusst, wäre ich sicher nicht gekommen / Kann ich die Sonnenstrahlen nicht sehen, so kann ich sie doch spüren.* In den genannten Beispielen rückt das finite Verb durch den Wegfall der Subjunktion von der finalen in die erste Position. In bestimmten Nebensätzen ohne Subjunktion wird das finite Verb hingegen in die Zweitposition verschoben (vgl. zu den Verbzweitnebensätzen bzw. abhängigen Hauptsätzen oben Abschnitt 7.3). Eine syndetische Hypotaxe wie z. B. *Früher glaubte man, dass die Welt eine Scheibe sei* wird durch den Wegfall der Subjunktion *dass* ein asyndetisches Satzgefüge der Form *Früher glaubte man, die Welt sei eine Scheibe.* Der Nebensatz erhält hier eine Hauptsatzstruktur, aber seine Abhängigkeit wird dabei nicht aufgehoben.

9.5 Abhängigkeitsgrade der Nebensätze

Nebensätze werden nicht nur bezüglich ihres Anschlusses an den Matrixsatz unterschieden, sondern auch hinsichtlich ihres Grades der Abhängigkeit. In einem aus einem Hauptsatz und einem Nebensatz bestehenden Satzgefüge ist der Nebensatz direkt abhängig vom Hauptsatz. Hier liegt dann ein Nebensatz 1. Grades vor. Ein komplexer Satz kann auch mehrere Nebensätze enthalten. Wenn ein Nebensatz von einem anderen Nebensatz abhängt, der selbst vom Hauptsatz abhängt, dann spricht man vom Nebensatz 2. Grades. Ist ein Nebensatz abhängig von einem Nebensatz 2. Grades, ist dieser ein Nebensatz 3. Grades. In einem komplexen Satz können auch Nebensätze desselben Grades vorkommen. Es gibt unterschiedliche Möglichkeiten, die Grade der Nebensätze darzustellen, wie z. B. durch die Verwendung eckiger Klammer und der Durchnummerierung der einzelnen Teilsätze mit S0 beginnend für den Hauptsatz (vgl. dazu z. B. Duden 2016: 1067):

Beispiel 49: Visualisierung der Nebensatzgrade durch Klammerstrukturen.

a) $[_{S0}$ $[_{S1}$ Als ich vor dem Automaten stand,] stellte ich fest, $[_{S1}$ dass ich meine Bankkarte gar nicht dabei hatte]].

b) $[_{S0}$ $[_{S1}$ Obwohl ich weiß, $[_{S2}$ dass es nicht möglich ist,]] versuche ich es trotzdem].

In Beispiel 49 wird in b) ein schon oben (vgl. Beispiel 47) aufgeführter Satz nochmals zur Erläuterung herangezogen. Die Visualisierung durch Klammerstrukturen lässt die Einbettung der einzelnen Teilsätze erkennen. Hauptsätze in den beiden Beispielsätzen sind *stellte ich fest* in a) und *versuche ich es trotzdem* in b). Beide sind mit $[_{S0}$ ...] gekennzeichnet. Das Beispiel a) enthält zwei Nebensätze 1. Grades: *Als ich vor dem Automaten stand* und *dass ich meine Bankkarte gar nicht dabei hatte*. Das Beispiel b) enthält hingegen nur einen Nebensatz 1. Grades: *Obwohl ich weiß*. Die Kennzeichnung als Nebensätze 1. Grades erfolgt jeweils mit $[_{S1}$ ...]. Ein Nebensatz 2. Grades ist nur in b) zu finden: *dass es nicht möglich ist*. Dass dieser Nebensatz 2. Grades tatsächlich vom Nebensatz 1. Grades abhängt und nicht vom Hauptsatz, lässt sich durch eine einfache Weglassprobe beweisen. Lässt man den Nebensatz 1. Grades weg, dann erhält man einen ungrammatischen Satz: **Dass es nicht möglich ist, versuche ich es trotzdem* oder **Ich versuche es trotzdem, dass es nicht möglich ist.*

Man kann die Grade auch mit Hilfe einer vertikalen Aufeinanderfolge der Teilsätze mit Einrückungen visualisieren, wie sie z. B. in der Duden-Grammatik zu finden ist (vgl. Duden 2016: 1031–1032). Ein komplexer Satz wie „Ich zweifelte schon, ob ich mein Ziel noch rechtzeitig erreichen würde, als über Lautsprecher durchgegeben wurde, der Zug nach Jena werde auf Gleis 8 eintreffen, sobald der ICE das Gleis freigegeben habe" (Beispielsatz aus Duden 2016: 1032 entnommen) lässt sich hinsichtlich der Abhängigkeitsgrade am besten wie folgt visualisieren:

Beispiel 50: Visualisierung der Nebensatzgrade durch Einrückungen (Quelle: Duden 2016: 1032; Pfeile zur Verdeutlichung N.T.).

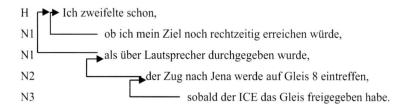

Hier sind zwei Nebensätze 1. Grades zu finden (N1: *ob ich mein Ziel noch rechtzeitig erreichen würde* / N1: *als über Lautsprecher durchgegeben wurde*), die beide direkt vom Hauptsatz *Ich zweifelte schon* abhängen. Von dem mit der temporalen Subunktion *als* eingeleiteten Nebensatz 1. Grades hängt der Nebensatz *der Zug nach Jena werde auf Gleis 8 eintreffen* ab, bei dem es sich um einen Verbzweitnebensatz handelt, in dem die Subjunktion *dass* weggelassen wurde. Von diesem hängt wiederum der temporale Nebensatz *sobald der ICE das Gleis freigegeben habe* ab. Dieses Beispiel zeigt, dass diese Form der Visualisierung insbesondere bei sehr komplexen Sätzen mit mehreren Nebensätzen die hierarchischen Beziehungen schneller verdeutlichen kann. Auch in diesem Beispiel lassen sich die Abhängigkeitsgrade mit Hilfe von Weglassproben aufzeigen. So führt z. B. die Realisierung des Hauptsatzes nur zusammen mit dem Nebensatz der Ebene N2 oder N3 zu ungrammatischen Strukturen: **Ich zweifelte schon, der Zug nach Jena werde auf Gleis 8 eintreffen* / **Ich zweifelte schon, sobald der ICE das Gleis freigegeben habe.*

9.6   Nebensätze und ihre Funktionen

Neben den Abhängigkeitsgraden lassen sich Nebensätze auch hinsichtlich ihrer Funktion differenzieren. Wenn man von *Nebensatzfunktionen* spricht, dann geht es darum, die Nebensätze danach zu unterscheiden, ob sie Satzgliedern entsprechen oder selbst nur Gliedteile von Satzgliedern repräsentieren. Im ersten Fall spricht man von *Gliedsätzen* und im anderen Fall von *Attribut- oder Gliedteilsätzen*. Des Weiteren gibt es auch abhängige Teilsätze, die zu keiner der beiden Kategorien gehören, weil sie keine syntaktische Funktion aufweisen. Solche Nebensätze werden *weiterführende Sätze* genannt.

Was ein Satzglied ist und wie man dieses bestimmt, lässt sich methodisch genauso ermitteln, wie dies auch für Satzglieder in Form von Wortgruppen gezeigt wurde (vgl. oben Abschnitt 5.1). Satzglieder sind syntaktische Einheiten, die im Satz verschiebbar (Verschiebeprobe) und auch substituierbar (Ersatzprobe) sind. Und wenn dies auch für Nebensätze möglich ist, dann kann man davon ausgehen, dass es sich um Nebensätze mit Satzgliedfunktion handelt. Funktional sind sie den nicht-satzwertigen Satzgliedern gleichgestellt. Sie können in Funktion eines Subjekts, eines Objekts, einer adverbialen Angabe oder auch in prädikativer Funktion vorkommen (vgl. z. B. Pittner/Berman 2021: Abschnitt 7.2.2):

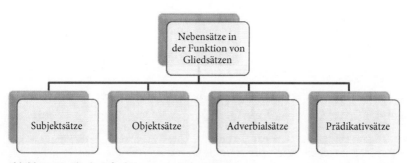

Abbildung 14: Gliedsatzfunktionen von Nebensätzen.

Subjektsätze sind Nebensätze, die in der Funktion eines Subjekts stehen, wie in den folgenden Beispielen zu sehen (Subjektsätze sind unterstrichen):

Beispiel 51: Nebensätze in Subjektfunktion.

a) *Wer seine Aufgaben rechtzeitig erledigt, erreicht auch seine Ziele.*
b) *Dass der Computer nicht mehr funktioniert, ärgert mich sehr.*
c) *Wie ich das schaffen soll, ist mir unklar.*

Die hier aufgeführten Beispiele für Subjektsätze lassen sich problemlos durch einfache Konstituenten ersetzen: *Derjenige erreicht auch seine Ziele / Das ärgert mich sehr / Das ist mir unklar*. Diese Substitutionsprobe ist ein Beweis für die Gliedsatzfunktion dieser Nebensätze. Als **Objektsätze** werden sie dann bezeichnet, wenn sie in der Funktion eines Objekts erscheinen. Dabei können sie entweder für ein Akkusativ-, Dativ- oder Genetivobjekt stehen (im folgenden Beispiel jeweils unterstrichen):

Beispiel 52: Nebensätze in Objektfunktion.

a) *Man sieht diesen Tomaten nicht an, ob sie genetisch verändert wurden.*
b) *Ich gebe meine Unterlagen, wem ich will.*
c) *Hans ist sich bewusst, dass er einen Fehler gemacht hat.*

Pronominalisiert man die einzelnen Nebensätze in Beispiel 52, dann erkennt man in a) ein Akkusativobjekt (*Man sieht es diesen Tomaten nicht an*), in b) ein Dativobjekt (*Ich gebe meine Unterlagen dem*), in c) ein Genitivobjekt (*Hans ist sich dessen bewusst*).

Nebensätze in der Funktion von **Adverbialsätzen** sind z. B. in folgenden komplexen Sätzen zu finden (Adverbialsätze sind jeweils unterstrichen):

Beispiel 53: Nebensätze in der Funktion von Adverbialsätzen.

a) *Als es anfing zu regnen, eilten wir schnell nach Hause.*
b) *Ich studiere Medizin, weil ich Menschen heilen möchte.*
c) *Er redete weiter, obwohl er kein Rederecht mehr hatte.*

 © Frank & Timme   Verlag für wissenschaftliche Literatur

Alle Nebensätze in Beispiel 53 haben eine rein adverbiale Bedeutung. Sie sind zwar Satzglieder, können aber auch weggelassen werden, und zwar so, wie man z. B. eine temporale Angabe wie *gestern*, *heute* oder *jetzt* in einem einfachen Satz weglassen kann, ohne dass die grammatische Korrektheit des Satzes darunter leidet. Der Nebensatz in a) ist ein temporaler Adverbialsatz, der sich z. B. durch das Temporaladverb *dann* ersetzen lässt (*Wir eilten dann schnell nach Hause*). In b) ist ein kausaler Nebensatz realisiert, der durch das Adverb *deswegen* ersetzt werden kann (*Deswegen studiere ich Medizin*) und in c) ist der konzessive Nebensatz durch das Adverb *trotzdem* austauschbar, um einen einfachen Satz zu erhalten (*Er redete trotzdem weiter*). Die Substitution der einzelnen Adverbialsätze erfolgt also hier immer mit einem einfachen Adverb, das die Bedeutung trägt, die mit dem Sinn des entsprechenden Nebensatzes übereinstimmt. Ein temporaler Nebensatz wird also durch ein Temporaladverb ersetzt und ein kausaler Nebensatz durch ein Adverb mit kausaler Bedeutung usw.

Nebensätze mit einer prädikativen Funktion sind die letzte Gruppe der Nebensätze mit Gliedsatzfunktion. Die beiden Beispielsätze enthalten solche **Prädikativsätze** (vgl. die unterstrichenen Teilsätze):

Beispiel 54: Nebensätze in prädikativer Funktion.

a) *Ich bin geworden, was ich schon immer werden wollte.*
b) *Die Kinder sind, wie sie sind.*

Solche Prädikativsätze lassen sich ebenfalls substituieren: *Ich bin das/so geworden*; *Die Kinder sind so*. Damit kann auch hier die Gliedsatzfunktion dieser Prädikativsätze bestätigt werden.

Sind Nebensätze hingegen keine Satzglieder, sondern lediglich Gliedteile von Satzgliedern, dann spricht man von **Attributsätzen** bzw. **Gliedteilsätzen**. Das ist am besten zu verstehen, wenn man z. B. Phrasen zum Vergleich heranzieht. Phrasen wie z. B. *das große Haus* oder *das Haus des Nachbarn* können jeweils Satzglieder repräsentieren (z. B. *Das große Haus gehört meinem Onkel* oder *Das Haus des Nachbarn ist sehr alt*). In der ersten Phrase ist das Adjektiv *große* zu finden, welches ein Gliedteil des Satzglieds *das große Haus* darstellt.

Auch in der Nominalphrase mit Genitivattribut stellt *des Nachbarn* lediglich ein Gliedteil des Satzglieds dar. Sowohl *große* als auch *des Nachbarn* sind als Attribute einzuordnen, weil sie in attributiver Funktion Bezug auf ein übergeordnetes Element nehmen (in diesen Fällen jeweils auf ein Nomen). Dieses Prinzip ist auch auf Nebensätze übertragbar. Ein Attributsatz ist ein Nebensatz, der attributiv auf einen Satzteil im Matrixsatz Bezug nimmt. Das Bezugswort ist häufig ein Nomen. Ein Attributsatz steht dabei niemals vor dem Bezugswort. Zu den Attributsätzen gehören bestimmte Relativsätze, wie die im Folgenden unterstrichenen:

Beispiel 55: Relativsätze als Attributsätze.

a) *Das Buch, <u>das du ihr neulich geschenkt hast</u>, hat sie schon durchgelesen.*
b) *Absolventen, <u>die mit guten Noten abschließen</u>, finden schnell eine Arbeitsstelle.*
c) *Das Gebäude, <u>das durch das Feuer stark beschädigt wurde</u>, muss nun abgerissen werden.*

In Satz a) wird die attributive Funktion des Relativsatzes durch das Relativum *das* deutlich, welches auf das übergeordnete Element *Das Buch* des Matrixsatzes verweist. Der Relativsatz schränkt quasi die Menge an möglichen Büchern ein, indem spezifiziert wird, welches Buch konkret gemeint ist. Gleiches gilt für b) und c). Nicht irgendwelche Absolventen, sondern nur diejenigen, die mit guten Noten abschließen, sind gemeint. Und nicht auf irgendein Gebäude wird in c) Bezug genommen, sondern nur auf das, welches durch das Feuer stark beschädigt wurde.

Auch Subjunktionalnebensätze können eine attributive Funktion haben (vgl. folgende Beispielsätze):

Beispiel 56: Subjunktionalnebensätze als Attributivsätze.

a) *In dem Moment, <u>als sein Vater die Tür öffnete</u>, blieb ihm das Herz stehen.*

b) *Die Feststellung, <u>dass es sich hierbei um einen Irrtum handelt</u>, entspricht den Tatsachen.*

c) *Die Frage, <u>ob sein Verhalten angemessen ist</u>, stellt sich hier nicht.*

In a) wird der besagte Moment durch einen temporalen Nebensatz, in b) die Feststellung durch einen attributiven *dass*-Satz und in c) die Frage durch einen indirekten Fragesatz spezifiziert und damit der Interpretationsspielraum eingeschränkt. Es geht also um einen bestimmten Moment, eine bestimmte Feststellung und um eine bestimmte Frage.

Die dritte Gruppe von Nebensätzen weist – wie schon oben erwähnt – keine syntaktische Funktion auf. Sie sind an verschiedenen Merkmalen erkennbar (vgl. z. B. Duden 2016: 1042–1043). Sie verhalten sich ähnlich wie ein Attribut, beziehen sich aber auf den ganzen Matrixsatz oder einen größeren Teil davon. Dabei stehen Nebensätze ohne syntaktische Funktion immer nach dem Bezugssatz, niemals davor. Sie weisen ein einleitendes Wort auf, das sogenannte Relativum, ohne dass es jedoch einen Bezugsausdruck im Matrixsatz gibt. Es handelt sich also um einen bestimmten Typ von Relativsatz, der als **weiterführender Relativsatz** bezeichnet wird. Die folgenden Beispielsätze können diesen Umstand verdeutlichen:

Beispiel 57: Weiterführende Relativsätze.

a) *Sie hat mir eben zum Geburtstag gratuliert, <u>was mich sehr gefreut hat</u>.*

b) *Seit Tagen ruft sie nicht an, <u>was mich sehr beunruhigt</u>.*

c) *Insgesamt fehlen in unserer Kasse mehr als 150 €, <u>worüber wir jetzt sofort reden müssen</u>.*

d) *Er hat alle Prüfungen bestanden, <u>wozu ich ihm nun gerne gratulieren möchte</u>.*

All diesen Sätzen in Beispiel 57 ist gemeinsam, dass der jeweilige weiterführende Satz am Ende steht und jeweils mit einem Relativum eingeleitet wird, was sich auf den ganzen vorangehenden Matrixsatz bezieht. Es gibt hier also kein einzelnes Bezugswort, sondern der Bezug erfolgt auf die ganze im Hauptsatz gemachte Aussage.

9.7 Das Korrelat

Im Zusammenhang mit dem komplexen Satz ist auch der Begriff des *Korrelats* zu klären. Ein Korrelat wird auch *Verweiselement* bzw. *Platzhalterelement* genannt und es besteht aus einem Pronomen, einem Pronominaladverb oder einem Adverb. Der Verweis erfolgt auf einen Nebensatz oder eine Infinitivkonstruktion. Das Korrelat selbst ist im Matrixsatz zu finden. Der Anschluss des Nebensatzes bzw. der Infinitivkonstruktion erfolgt dabei über das Korrelat. Je nach Position des Korrelats unterscheidet man zwischen dem *vorverweisenden* (erst Matrixsatz mit Korrelat, dann der Nebensatz) und dem *rückverweisenden* (erst der Nebensatz, dann der Matrixsatz mit Korrelat) Korrelat. Im Folgenden sind einige Beispielsätze aufgeführt, in denen jeweils das Pronomen *es* als Korrelat für unterschiedliche Nebensätze bzw. Infinitivkonstruktionen vorkommt. Die Nebensätze stehen in diesen Beispielen entweder in der Funktion eines Subjekts oder Objekts (vgl. oben in Abschnitt 9.6 zur Differenzierung zwischen den verschiedenen Funktionen der Nebensätze):

Beispiel 58: Das Pronomen *es* als Korrelat für Nebensätze bzw. Infinitivkonstruktionen in Subjekt- oder Objektfunktion.

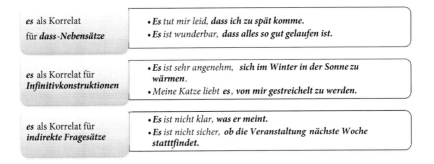

es als Korrelat für *dass*-Nebensätze	• *Es tut mir leid, dass ich zu spät komme.* • *Es ist wunderbar, dass alles so gut gelaufen ist.*
es als Korrelat für *Infinitivkonstruktionen*	• *Es ist sehr angenehm, sich im Winter in der Sonne zu wärmen.* • *Meine Katze liebt es, von mir gestreichelt zu werden.*
es als Korrelat für *indirekte Fragesätze*	• *Es ist nicht klar, was er meint.* • *Es ist nicht sicher, ob die Veranstaltung nächste Woche statttfindet.*

In den einzelnen Satzbeispielen ist das Korrelat des Matrixsatzes und der jeweilige Nebensatz fett markiert. Alle Nebensätze stehen hier nach dem Matrixsatz. Das Korrelat ist also ein vorverweisendes Korrelat. Diese Nebensätze lassen sich erfragen, wie z. B. *Was ist wunderbar? Dass alles so gut gelaufen ist, ist wunderbar.* Gerade diese Umstellung des Nebensatzes in der Antwort zeigt ein Charakteristikum dieses Korrelats: *es* entfällt, wenn der Nebensatz, auf den das Korrelat verweist, vor dem Matrixsatz steht, wie z. B. in *Dass ich zu spät komme, tut mir leid* oder *Ob die Veranstaltung nächste Woche stattfindet, ist nicht sicher.* Anstelle des Pronomens *es* könnte man *das* einsetzen: *Dass ich zu spät komme, das tut mir leid* oder *Ob die Veranstaltung nächste Woche stattfindet, das ist nicht sicher.* Aber in diesem Fall ist deutlich zu erkennen, dass das neutrale *es* nicht mit dem eine demonstrative Bedeutung tragenden *das* zusammenfällt. Daher sind *es* und *das* nicht einfach austauschbar. Für Subjekt- und Objektsätze ist nach Eisenberg (2020: 352) *es* das wichtigste Korrelat.

Neben dem Pronomen *es* existieren noch andere Wörter, die als Korrelate verwendet werden können, wie z. B. Demonstrativpronomina und Präpositionaladverbien. Im Folgenden sind zwei Beispielsätze zu sehen, in denen Präpositionaladverbien als Korrelate vorkommen:

Beispiel 59: Präpositionaladverbien als Korrelate.

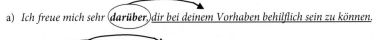

a) *Ich freue mich sehr* (*darüber,*) *dir bei deinem Vorhaben behilflich sein zu können.*

b) *Sie leidet* (*darunter,*) *dass sie bis jetzt noch keinen Job gefunden hat.*

Wie beim Korrelat *es* haben auch diese Präpositionaladverbien eine Verweisfunktion, die in den obigen Beispielsätzen zur Verdeutlichung mit Hilfe der Pfeile visualisiert wird.

Welche Form genau ein Präpositionaladverb haben muss, ist von der Valenz des Verbs abhängig. Man geht von der Präposition aus, die vom regierenden Verb verlangt wird und fügt eines von drei Adverbien (*da, hier* oder *wo*) hinzu. Lautet die Präposition vokalisch an, dann muss zwischen dem Adverb und der Präposition noch das konsonatische <r> eingefügt werden. Die folgenden Verknüpfungen das Adverbs *da* mit drei verschiedenen Präpositionen sollen diese Regel verdeutlichen:

Verb mit regierter Präposition	Hinzufügung eines Adverbs	Präpositionaladverb
an etwas glauben	*da(r)*	*daran* glauben
auf etwas hoffen	*da(r)*	*darauf* hoffen
mit etwas rechnen	*da*	*damit* rechnen

Tabelle 34: Bildung von Präpositionaladverbien.

Die Präpositionen *an, auf* und *mit*, die alle von der Valenz der jeweiligen Verben gefordert sind, werden hier mit dem Adverb *da* verbunden. Da die Präpositionen *an* und *auf* mit einem Vokal anlauten, muss ein *-r-* eingefügt werden. Dies ergibt die Präpositionaladverbien *daran, darauf* und *damit*, welche dann in dieser Form als Korrelate eingesetzt werden. In dieser Form ersetzen sie auch Präpositionalphrasen (vgl. zur Pronominalisierung/Substitution von Satzgliedern Abschnitt 5.1). Vgl. zum Korrelat ausführlicher z. B. Eisenberg (2020: Abschnitt 10.3), Duden (2016: 835 f.; 1069–1072); Zifonun et al. (2011 [1997]: 1082 sowie Kap. E3, Abschnitt 5).

10 Nebensatzarten: Semantische Gliederung der adverbialen Nebensätze

10.1 Vorbemerkung

Abhängige Teilsätze lassen sich nach verschiedenen Kriterien unterteilen. In Abschnitt 9.6 wurde schon die funktionale Aufteilung der Nebensätze besprochen. Man kann Nebensätze auch nach formalen oder inhaltlichen Gesichtspunkten unterscheiden. Geht man von einem sehr weiten Nebensatz-Begriff aus und fasst alle abhängigen Teilsätze und satzwertigen Konstruktionen darunter, dann könnte eine formale Unterteilung auf der Grundlage der einleitenden Elemente, mit welchen eine Verknüpfung zum Matrixsatz hergestellt wird, erfolgen. Auch die Frage nach der Besetzung der rechten Satzklammer kann für eine formale Untergliederung herangezogen werden. Erfolgt die Verknüpfung mit einer Subjunktion (z. B. *dass, weil, ob …*), spricht man von *Subjunktionalnebensätzen*, wie z. B. in *Er glaubt, <u>dass</u> er die Prüfung bestanden hat.* Ist das verknüpfende Element ein Pronomen, dann handelt es sich um *Relativsätze* und *Interrogativnebensätze*, wie in *Das Kleid, <u>das</u> ich mir gestern gekauft habe, ist wunderschön* und *Er tut das, <u>was</u> ihm gefällt.* Infinitivkonstruktionen (wie in *Es reicht nicht, sich nur auf die Unterrichtsstunden an der Uni <u>zu verlassen</u>*) sowie die satzwertigen Partizipphrasen (z. B. *Auf bessere Zeiten <u>hoffend</u>, arbeitete er weiter in dem ungeliebten Beruf*) könnten ebenfalls auf der Grundlage formaler Kriterien unterschieden werden.

Für die inhaltliche Gliederung der Nebensätze sollen im Folgenden insbesondere die adverbialen Nebensätze näher betrachtet werden. In Eisenberg (2020: Abschnitt 10.4) tragen Adverbialsätze auch die Bezeichnung *Adjunkt-* oder *Angabesätze*. Es geht dabei eher um einen groben Überblick als um eine detaillierte Behandlung dieses Themas. Was Adverbialsätze sind, wurde oben schon ausführlich erläutert. Es handelt sich im Grunde um adverbiale Bestimmungen, die ein Prädikat enthalten (vgl. z. B. das Adverbial in *Seit ihrer Kindheit leidet sie darunter* im Vergleich zum Adverbialsatz *Seit sie ein Kind ist, leidet sie darunter*). Adverbialsätze sind zumeist Nebensätze, die mit einer Subjunktion eingeleitet werden. Aber nicht alle Subjunktionen leiten Adverbialsätze ein. Die Subjunktion *dass* leitet zwar Nebensätze ein, aber bei diesen handelt es sich um Subjekt-, Objekt- oder Attributsätze (vgl. Thielmann 2021: 170). Das finite Verb steht normalerweise in der letzten Position und auf der schriftlichen Ebene wird ein Komma zwischen dem Matrixsatz und dem Nebensatz eingefügt. Adverbialsätze hängen nicht von der Valenz des Verbs ab. Die Duden-Grammatik (2016: 1040) bezeichnet die „Subjekt- Objekt- und Prädikativnebensätze" mit dem Begriff *Inhaltssätze* und die valenzunabhängigen Nebensätze mit Satzgliedstatus als *Verhältnissätze*. Dazu werden in Duden (2016) neben den Sujunktionalnebensätzen aber auch die sogenannten satzwertigen Infinitiv-/, Partizip- und Adjektivphrasen gezählt. Inhalts- und Verhältnissätze sind nach Duden (2016: 1040) von den Relativsätzen abzugrenzen. Im vorliegenden Kapitel liegt der Fokus insbesondere auf den Adverbialsätzen, die durch Subjunktionen eingeleitet werden, die wie folgt differenziert werden können:

Beispiel 60: Adverbialsätze.

   a) Temporale Nebensätze
   b) Kausale Nebensätze
   c) Konditionale Nebensätze
   d) Konsekutive Nebensätze
   e) Konzessive Nebensätze
   f) Modale Nebensätze
   g) Finalsätze

Diese Nebensatzarten lassen sich auf der Grundlage ihrer jeweiligen Subjunktionen ermitteln. So enthalten temporale Nebensätze z. B. die Subjunktionen *als, bevor, solange* usw., die eine temporale Lesart erfordern. Kausale Nebensätze sind deshalb als kausal interpretierbar, weil sie z. B. die Subjunktion *weil* aufweisen. Adverbiale Nebensätze, die keine Subjunktion enthalten und daher auch keine Verbletztstellung aufweisen sind in konditionaler und konzessiver Bedeutung zu finden. In den Abschnitten 10.4 und 10.6 werden diese trotz fehlender Subjunktionen auch angesprochen. In Abschnitt 10.8 werden bei den subjunktional eingeleiteten Finalsätzen auch die mit *um … zu* gebildeten Infinitivkonstruktionen mit finaler Bedeutung aufgegriffen, um den inhaltlichen Zusammenhang trotz der formalen Unterschiede deutlich zu machen. Die oben aufgelisteten Adverbialsätze werden im Folgenden hinsichtlich ihrer Bedeutungen und der darin vorkommenden Subjunktionen kurz besprochen. Lokalsätze sind in der obigen Auflistung nicht aufgeführt, da diese nicht durch Subjunktionen, sondern durch Lokaladverbien (z. B. *wo, woher, wohin*) eingeleitet werden.[48]

10.2   Temporale Nebensätze

Temporale Nebensätze sind Nebensätze der Zeit. Subjunktionen, die Temporalität ausdrücken, können durch verschiedene Fragepronomen erfragt werden. Die temporalen Subjunktionen wie z. B. *als, da, wenn, sobald, während, bevor, ehe, nachdem* u. a. (vgl. Breindl/Volodina/Waßner 2014: 290 und 297) lassen sich mit „wann?" erfragen. Mit der Frage „wie lange?" können die Subjunktionen *solange, seit, bis* (Breindl/Volodina/Waßner 2014: 290) ermittelt werden. Mit „wie oft?" wird auf die Subjunktion *sooft* (Breindl/Volodina/Waßner 2014: 290) hingewiesen. Temporale Subjunktionen lassen sich abhängig von ihrem zeitlichen Verhältnis zwischen Nebensatz und Matrixsatz unterteilen (vgl. zu den folgenden Unterteilungen Duden 2016: 638 f.): Gleichzeitigkeit wird mit Hilfe der Subjunktionen *während, als, wie, wenn, indem, seit(dem), indessen, solange, sobald, sowie, sooft, da* ausgedrückt; die Subjunktionen *nachdem* und *kaum dass* werden zum Ausdruck von Vorzeitigkeit verwendet; Nachzeitigkeit lässt sich mittels *bis, bevor* und *ehe* äußern. Nach Helbig/Buscha (2001)

> „[…] werden mit den Temporalsätzen noch weitere spezielle Zeitangaben gemacht. Dazu gehören die Unterscheidung nach Dauer und Zeitpunkt,

....

48   Beachte hierzu folgende Erläuterung in Zifonun et al. (2011 [1997]): „Lokalsätze […] sind die einzige Art kontextspezifizierender Adverbialsätze, die **nicht** durch Subjunktoren eingeleitet werden können. […] Lokalsätze müssen (Charakteristiken von) Orte(n) denotieren, an denen Ereignisse stattfinden. Dazu sind nur W-Sätze geeignet, nicht Subjunktorsätze." (Zifonun et al. 2011 [1997]: 2280; Hervorhebung im Original; Weglassung N.T.).

nach Einmaligkeit und Wiederholung, nach Anfang und Ende u. a. Diesen verschiedenen Zeitverhältnissen entsprechen verschiedene Subjunktionen, mit denen die Temporalsätze eingeleitet werden, zum Teil auch verschiedene Korrelate im HS und bei der Vorzeitigkeit auch bestimmte Tempusformen [...]." (Helbig/Busch 2001: 600; Weglassungen N.T.).

Es handelt sich dabei konkret um ein Zusammenspiel von Zeiten bzw. Zeitverläufen und Aktionsarten. Ohne hier im Einzelnen auf alle Zeitverhältnisse im Detail eingehen zu wollen, soll im Folgenden eine kurze Auseinandersetzung mit der Gleichzeitig dazu dienen, die Komplexität zeitlicher Verhältnisse und das semantische Zusammenspiel von Subjunktionen und Tempusformen zu demonstrieren. Hierfür werden jeweils nur einige Subjunktionen exemplarisch aufgegriffen.

Zu den „typischen Subjunktoren" zum Ausdruck von Gleichzeitigkeit gehören nach Engel (2004: 144) *solange, während, sooft.* Mit *solange* wird in temporalen Nebensätzen eine Gleichzeitigkeit ausgedrückt, bei der das Geschehen des Hauptsatzes genauso lange dauert wie das Geschehen im Nebensatz. Wenn das eine Geschehen endet, endet auch das andere (vgl. z. B. *Sie unterstützte ihn finanziell, solange er studierte, danach musste er selbst für sich sorgen* sowie *Solange du krank bist, musst du im Bett bleiben.*). In temporalen Nebensätzen mit *während* laufen zu einem bestimmten Zeitpunkt zwei Geschehen gleichzeitig ab, ohne dass es aber dabei Hinweise darauf gibt, ob das Ende des einen Geschehens auch das Ende des anderen Geschehens herbeiführt. Der Ausdruck von Gleichzeitigkeit mittels der Subjunktion *während* ist z. B. in *Während die Kinder vor dem Fernseher saßen, schliefen die Eltern tief und fest* zu finden. Bei den Subjunktionen *als, seit, wenn, wie* als weitere Ausdrucksmöglichkeiten von Gleichzeitigkeit, ist zu beachten, dass „[...] die Gleichzeitigkeit dann zusätzlich durch die Verbform verdeutlicht werden [muss]." (Engel 2004: 144; Weglassung und Hinzufügung N.T.). Das bedeutet, dass im Neben- und Matrixsatz das gleiche Tempus verwendet werden sollte. Die folgenden aus dem DWDS-Korpus[49]

---

49 Quellenangabe: Korpustreffer für »als«, aus dem Kernkorpus 21 des Digitalen Wörterbuchs der deutschen Sprache, <https://www.dwds.de/r/?q=als&corpus=korpus21&format=full&date-start=2000&date-end=2010&genre=Gebrauchsliteratur&genre=Zeitung&genre=Wissenschaft&genre=Belletristik&p=15&sort=random&limit=50&seed=37>, abgerufen am 22.07.2022.

entnommenen Beispiele verdeutlichen diese einheitliche Tempusverwendung im Nebensatz und dem jeweiligen Matrixsatz:

Beispiel 61: Gleiches Tempus im Neben- und Matrixsatz im Kontext der Subjunktion *als*.

a) PRÄSENS – PRÄSENS:
- *Als 1944 ein russischer Zwangsarbeiter einen Graben für eine Pipeline aushebt, stößt er auf ein Massengrab.*
- *Ammar strahlt, **als** er mir die Sandrosen zum Sattel hinaufreicht, mit beiden Händen, wie ein feierliches Geschenk.*
- *Als am nächsten Morgen Marge das Wohnzimmer betritt, erschrickt sie, denn schließlich bin ich ja ein Punk aus Deutschland und sehe auch so aus.*
- *Als er die Autos vor der Praxis sieht, haut er ab.*
- *Das macht nichts, sagt die Amme zu mir, **als** mir mein Eis aus der Hand fällt, und kauft mir ein neues.*

b) PRÄTERITUM – PRÄTERITUM:
- *Als sie endlich um Hilfe riefen und einen Arzt zu ihm ließen, war der Häftling schon eine halbe Stunde tot.*
- *Als sie sich zum Wasserhahn umdrehte, wischte ich mir die Hand an der Hose ab.*
- *Als sie abfuhren, stand sie noch immer in der Tür und zog eine Haarsträhne durch ihren Mund.*
- *Als ich jünger war, wollte ich unbedingt aussehen wie diese Hollywoodköniginnen – also älter, als ich war.*
- *Als es klingelte, hüpfte ich erleichtert vom Stuhl.*
- *Als am Sonntagabend Gisela zurückkam, war Barbara bis spät nachts im Theater.*
- *Als sie allein waren, nahm Jacky den Faden wieder auf.*

Neben diesen relativ häufig verwendeten Tempuskombinationen (Präsens – Präsens; Präteritum – Präteritum), lassen sich im selben DWDS-Korpus z. B.

auch Verbindungen von Plusquamperfekt – Plusquamperfekt finden: „Als er sich auf das Bett des Pensionszimmers gesetzt hatte, war ihm der Schwindel aufgefallen, den die Außenwelt überkommen hatte." Laut Duden (2016: 638) ist nach der Subjunktion *als* eine Vergangenheitsform oder aber das historische Präsens zu verwenden. Das historische Präsens ist in den o. a. Sätzen in Beispiel 61 a) zu finden. Bei Verwendung von Vergangenheitsformen ist es nach Engel (2004: 144) möglich, Präteritum und Perfekt miteinander zu kombinieren, und bei Bezug auf die Zukunft das Präsens und das Futur. Mit Fokus auf die Vergangenheitstempora werden im Folgenden einige Beispiele aufgeführt, die verdeutlichen, dass die Variation in der Verknüpfung der Tempusformen sehr groß zu sein scheint. Die Beispielsätze stammen aus dem oben erwähnten DWDS-Korpus (vgl. Quellenhinweis in Fußnote 49):

Beispiel 62: Tempusverbindungen im Kontext der Subjunktion *als*:

a) PRÄSENS im Nebensatz, PERFEKT im Matrixsatz:
   - *Als Schiller am »Tell« zu arbeiten beginnt, hat die Schweiz soeben ihre äußere und zum Teil auch ihre innere Freiheit verloren.*

b) PERFEKT im Nebensatz, PRÄSENS im Matrixsatz:
   - *Als die Journalisten gegangen sind, klopfen ihm die Freunde auf die Schulter.*

c) PERFEKT im Nebensatz, PRÄTERITUM im Matrixsatz:
   - *Als der Schauspieler Bernhard Wicki für Michael Haneke gearbeitet hat (1979 in Lemminge), war das sicher eine Begegnung der besonderen Art.*

d) PRÄTERITUM im Nebensatz, PERFEKT im Matrixsatz:
   - *Seine Freunde haben ihn zuerst verspottet, als er Arzthelfer wurde.*

e) PRÄTERITUM im Nebensatz, PLUSQUAMPERFEKT im Matrixsatz:
   - *Als er mit der Segelfliegerei begann, hatten sie einander schon aus den Augen verloren.*
   - *Als er gestern in Frankfurt ankam und in der Information am Bahnhof nach einem Hotel fragte, hatte man ihn zuerst ausgelacht und dann nach Bad Nauheim geschickt.*

f) PLUSQUAMPERFEKT im Nebensatz; PRÄTERITUM im Matrixsatz:

- *Aber **als** sie nach dem dritten oder vierten Walzer atemlos in einen Stuhl gesunken war, sagte sie, in zwei Wochen müsse sie wegen ihrer Lunge raus aus Berlin.*

Diese große Variation soll jedoch nicht darüber hinwegtäuschen, dass die einheitliche Tempusverwendung (Präsens – Präsens bzw. Präteritum – Präteritum) die bevorzugte zu sein scheint. Bei typischer Verwendung der Gleichzeitigkeit ausdrückenden Subjunktionen werden im Nebensatz und Matrixsatz die gleichen Tempusformen verwendet (vgl. Duden 2016: 638). Im DWDS-Korpus weisen komplexe Sätze mit *als* im Nebensatz tatsächlich zumeist die gleichen Tempusformen auf. Zudem fällt auf, dass bei unterschiedlichem Tempusgebrauch im Neben- und Matrixsatz nicht unbedingt von einer Gleichzeitigkeit im eigentlichen Sinne ausgegangen werden kann, sondern vielmehr von einer unmittelbaren Aufeinanderfolge der in den Teilsätzen beschriebenen Sachverhalte. Die Verwendungskontexte und Interpretationsmöglichkeiten von *als* beschränken sich keineswegs auf die oben bisher erwähnten (vgl. z. B. auch die folgenden aus dem gleichen DWDS-Korpus entnommenen Beispielsätze „Elinor sah sie an, *als* hätte sie ihre Gedanken gehört.", „Sie fuhren durch einen kleinen Ort, vorbei an Häusern, die so bunt waren, *als* hätte ein Kind sie gemalt." oder „Und Elses Stirn und Wangen waren fleckig, *als* leide sie an Ausschlag.", bei denen eine temporale Lesart nicht möglich ist). Nicht nur *als*, sondern auch andere Subjunktionen lassen abhängig vom syntaktischen Kontext unterschiedliche Interpretationsmöglichkeiten zu.[50] Im Abschnitt zu den Modalsätzen (vgl. 10.7) wird gezeigt, wie die Subjunktion *als* auch in vergleichender Funktion Anwendung findet.

....

50 Eine Vertiefung dieser Problematik ist hier nicht möglich, aber es werden im Folgenden immer wieder Hinweise auf die kontextabhängigen Interpretationsmöglichkeiten einzelner Subjunktionen gegeben. Generell kann an dieser Stelle auch auf die Fachliteratur verwiesen werden, die sich ausführlich mit den Subjunktionen bzw. den subjunktional eingeleiteten Nebensätzen auseinandersetzt (vgl. z. B. Breindl/Volodina/Waßner 2014: Kap. C; Duden 2016: 1091 ff.; Eisenberg 2020: Abschnitt 10.4; Engel 2004: Abschnitt 3.7.3; Helbig/Buscha 2001: Kap. 17; Thielmann 2021: Abschnitt 4.8; Zifonun et al. 2011 [1997]: Kap. H1 (hier insbesondere S. 2280 ff.)).

Die ebenfalls Gleichzeitigkeit ausdrückende Subjunktion *wenn*, die bei einmaligen Geschehen im Präsens oder Futur sowie bei wiederholten Geschehen in der Gegenwart oder Vergangenheit verwendet wird, während *als* in temporaler Bedeutung hingegen nur im Kontext einmaliger Geschehen in der Vergangenheit vorkommt, wird von Deutschlernenden häufig übergeneralisiert und in *als*-Kontexten verwendet. Die Verteilung der beiden Subjunktionen auf die zeitliche Situierung und die Aktionsarten ist in der folgenden Tabelle zusammengefasst (vgl. hierzu z. B. auch Helbig/Buscha 2001: 601):

	Gegenwarts- oder Zukunftsbezug	Vergangenheitsbezug
Einmaliges Geschehen	wenn	als
Wiederholtes Geschehen	wenn	wenn

Tabelle 35: Verteilung der Subjunktionen *wenn* und *als* auf die Tempora und die Art des Geschehens.

In Verknüpfung mit einem Gegenwarts- bzw. Zukunftsbezug kann ein Sachverhalt als einmalig oder sich wiederholend repräsentiert werden, wenn die Subjunktion *wenn* verwendet wird. Bei Vergangenheitsbezug teilen sich *wenn* und *als* die beiden Formen des Geschehensablaufs. Der fehlerhafte Verwendung von *wenn* bei Deutschlernenden wird also durch die höhere Frequenz von wenn im Vergleich zu als hervorgerufen.

Wie so viele andere Subjunktionen auch, ist *wenn* aber nicht nur ausschließlich in den o. g. temporalen Kontexten zu finden, sondern insbesondere auch in konditionalen. Oft ist es schwierig, zwischen der temporalen und der konditionalen Bedeutung zu differenzieren. Auf den ersten Blick scheint nach Breindl/Volodina/Waßner (2014: 317) die temporale Bedeutung die nächstliegende zu sein, trotzdem müsse „[…] für *wenn* synchron die konditionale Bedeutung als die dominante und allgemeinere angesehen werden […]", auch wenn die konditionale Bedeutung sich selbst aus der temporalen entwickelt hat. Die Subjunktion *während* kann ebenfalls außerhalb des temporalen Kontextes vorkommen. Sie kann eine adversative (gegensätzliche) Bedeutung tragen, wie dem folgenden Beispiel: *während er sehr jähzornig sein kann, hat sie einen sanftmütigen Charakter*. Wie bei der problematischen Differenzierung zwischen temporalem und konditionalem *wenn*, lässt sich auch zwischen dem temporalen und dem adversativen *während* nur schwer unterscheiden.

10.3 Kausale Nebensätze

Helbig/Buscha (2001) unterteilen die Kausalsätze in zwei Untergruppen: in eine, die „die *Ursache* (Grund, Bedingung, Gegengrund)" und eine, die „die *Wirkung* (Folge, Zweck)" angibt (Helbig/Buscha 2001: 607; Hervorhebungen im Original). Damit werden nach Helbig/Buscha (2001) unter den Nebensätzen zum Ausdruck der Ursache nicht nur „Kausalsätze im engeren Sinne", sondern auch die konditionalen und konzessiven Nebensätze verstanden. Zu den Nebensätzen, die die Wirkung ausdrücken, zählen Helbig/Buscha (2001) die Konsekutiv- und die Finalsätze. Auch die Duden-Grammatik (2016: 1103 ff.) spricht bei den Konnektoren von kausalen Konnektoren im „weiteren" und „engeren Sinne" und bei den Subjunktionen ist von „[i]m engeren Sinn kausale[n] Subjunktionen" die Rede (vgl. Duden 2016: 642).[51] Die Unterteilungen in Helbig/Buscha (2001) und Duden (2016) sind keineswegs als gleichartig zu betrachten. Ohne hier ins Detail gehen zu wollen, soll hier darauf hingewiesen werden, dass unter dem Begriff kausale Nebensätze ausschließlich die Nebensätze verstanden werden sollen, die mit den laut Duden (2016) bezeichneten kausalen Subjunktionen „im engeren Sinne" eingeleitet werden. Dazu gehören *weil, da, zumal, wo (doch), umso mehr als, umso weniger als, nachdem* (vgl. Duden 2016: 642). Bei den Subjunktionen *weil* und *da* handelt es sich um häufig verwendete kausale Subjunktionen. Mit *weil* wird eine Begründung für einen Sachverhalt geäußert, der im Matrixsatz formuliert wird. Man kann die Frage nach dem Nebensatz mit *warum* stellen und die Antwort darauf erfolgt mit

....

51   „**Im weiteren Sinne kausale Konnektoren** bauen auf einem konditionalen *wenn-dann*-Verhältnis auf, das meist stillschweigend vorausgesetzt ist. Neben den kausalen Konnektoren im engeren Sinn, die Begründungsbeziehungen bezeichnen, stellen auch die konsekutiven, die modal-instrumentalen und die finalen Konnektoren eine gleichläufige Interpretation der konditionalen Beziehung her. Dagegen versprachlichen adversative und konzessive Verknüpfungen das Verhältnis aus einer gegenläufigen Perspektive, verweisen also auf einen Gegensatz." (Duden 2016: 1103; Hervorhebungen im Original).

weil. Es existiert ein kausaler bzw. logischer Zusammenhang zwischen dem Geschehen im Matrixsatz und dem im Nebensatz. Zumeist können *weil* und *da* synonym verwendet werden. Allerdings lassen sich feine semantische Unterschiede erkennen, die dazu führen, dass *weil* nicht immer durch *da* ersetzt werden kann. Bei Begründungen mit einem besonderen Nachdruck wird *weil* präferiert; in Begründungen ohne besonderen Nachdruck werden hingegen sowohl *weil* als auch *da* verwendet. Ist im Kontext der Begründungen mit besonderem Nachdruck auch ein Korrelat (z. B. *darum, deshalb*) zu finden, dann kann *weil* nicht durch *da* ersetzt werden.[52] Auch bei Antworten auf eine direkte Frage, kann nur *weil* stehen (Helbig/Buscha 2001: 608), wie bspw. in *Warum hat er die Prüfung nicht bestanden? Weil er sich nicht darauf vorbereitet hat.* Anders als *weil* kann die Subjunktion *da* aber nicht nur eine kausale Bedeutung haben. Auch temporale, konzessive, adversative u. a. Bedeutungen sind möglich (vgl. hierzu die folgenden Beispiele aus dem DWDS):[53]

Beispiel 63: Weitere Bedeutungsaspekte der Subjunktion *da*.

a) temporal (gehobene Sprache):
   *An dem Tage, **da** er zum ersten Mal das Meer erblickte, beschloss er, Seemann zu werden*
b) konzessiv / adversativ (veraltet; Bedeutung ‚obwohl/während'):
   *Du wirst ein Sklave eines Edelmanns werden, **da** du Herr von Fürsten sein könntest* [Goethe, Götz, II]

Ähnlich wie *weil* wird auch *zumal* bzw. *zumal da* verwendet, aber hier wird eine Begründung in einer verstärkenden Art und Weise gegeben und zwar im Sinne von ‚besonders weil', ‚insbesondere weil', ‚vor allem da'. Nebensätze mit *zumal (da)* enthalten kein Korrelat und sie stehen nach dem Matrixsatz, wie in den folgenden Beispielen zu sehen:

....

52 Quelle: „weil", bereitgestellt durch das Digitale Wörterbuch der deutschen Sprache, https://www.dwds.de/wb/weil, abgerufen am 09.08.2022.

53 Quelle: „da", bereitgestellt duch das Digitale Wörterbuch der deutschen Sprache, https://www.dwds.de/wb/da#2, abgerufen am 09.08.2022.

© Frank & Timme   Verlag für wissenschaftliche Literatur

Beispiel 64: Beispiele für kausale Nebensätze mit *zumal*.

a) *Wegen des Regens können wir nun doch nicht wandern gehen, **zumal** wir uns immer so schnell erkälten.*

b) *Er hat für Besuche keine Zeit, **zumal** noch viel Arbeit zu erledigen ist.*

Gleiches gilt für *umso mehr als* bzw. *umso weniger als* (vgl. hierzu z. B. Helbig/ Buscha 2001: 608).

10.4 Konditionale Nebensätze

Konditionale Nebensätze drücken eine Bedingung für ein Geschehen aus, das im Matrixsatz erwähnt wird. Das Verhältnis zwischen dem konditionalen Nebensatz zu seinem Matrixsatz ist die einer Voraussetzung, die zu einer Konsequenz führt.[54] Erfüllt sich die Bedingung nicht, so führt dies auch nicht zu dem im Matrixsatz bezeichneten Sachverhalt:

Bedingung	→	Konsequenz
Wenn der Zug Verspätung hat,		*bekommen wir unseren Anschlusszug nicht.*

Tabelle 36: Abhängigkeit der Konsequenz von der Bedingung.

Eine Voraussetzung dafür, dass der Anschlusszug nicht erreicht wird, ist eine Verspätung des ersten Zuges. Hat der erste Zug keine Verspätung, so trifft der im Matrixsatz benannte Umstand auch nicht zu; d. h. der Anschlusszug wird rechtzeitig erreicht. Die Tatsache, dass der Anschlusszug verpasst wird, muss jedoch nicht zwingend von der im Nebensatz genannten Bedingung abhängen. Es sind weitere Bedingungen vorstellbar, die zur selben Konsequenz führen könnten, wie z. B. ein zu langsames Laufen in Richtung Anschlusszug, nachdem man den ersten Zug schon verlassen hat.

··

54 Vgl. die interessante Diskussion zur Bedeutung von *Bedingung* und dem Konditionalität-Kausalität-Verhältnis in Eisenberg (2020: 369–372).

Konditionalität lässt sich grundsätzlich in Form verschiedener syntaktischer Strukturen ausdrücken (vgl. z. B. Eisenberg 2020: Abschnitt 10.4.2; Helbig/Buscha 2001: 609). Im Bereich der Adverbialsätze werden bestimmte Subjunktionen zur Versprachlichung konditionaler Bedeutungen verwendet. Besonders häufig kommen dabei die beiden Subjunktionen *wenn* und *falls* vor. Auch *sofern, soweit, wenn … schon* gehören zu den Subjunktionen zur Herstellung konditionaler Beziehungen (vgl. z. B. Engel 2004: 147). Beispiele für *wenn*-Sätze sind im Folgenden zu sehen:

Beispiel 65: Konditionale Nebensätze mit der Subjunktion *wenn*.

a) *Wenn ich es nicht alleine schaffe, werde ich mich bei dir melden.*
b) *Wenn ich mich nicht irre, ist die Anmeldefrist schon vorbei.*
c) *Er möchte nur dann mitmachen, **wenn** es kein Risiko gibt.*
d) *Du solltest sofort kommen, **wenn** es dir möglich ist.*
e) *Wenn du meinen Schlüssel gefunden hast, **dann** rufe mich bitte sofort an.*

Konditionale Nebensätze mit *wenn* können dem Matrixsatz vorangestellt sein (wie in Beispiel 65 a) und b)) oder nach dem Matrixsatz stehen (wie in c) und d)). Im Matrixsatz kann *dann* zur Verstärkung bzw. als Korrelat hinzugefügt werden, wenn der Bedingungssatz mit *wenn* vorangestellt ist (vgl. e)).[55]

Konditionales und temporales *wenn* lassen sich oft nur schwer unterscheiden (vgl. auch schon den Hinweis oben in Abschnitt 10.2). In der Regel hilft der Kontext dabei, zwischen Temporalität und Konditionalität zu differenzieren. Wenn es sich um einen konditionalen Nebensatz handelt, kann man auch *falls* einsetzen, welches eindeutig konditional ist (vgl. Engel 2004: 147). Die Bedeutung kann mit ‚im Falle, dass' / ‚wenn' / ‚unter der Voraussetzung, dass' umschrieben werden:

---

55 Zur Beziehung zwischen der Subjunktion *wenn* und dem fakultativen Korrelat *denn* vgl. z. B. Eisenberg (2020: 367 f.).

Beispiel 66: Konditionalsätze mit der Subjunktion *falls*.

a) ***Falls*** *Sie weitere Informationen benötigen, melden Sie sich gerne auch telefonisch beim Sekretariat.*

b) *Es tut mir leid,* ***falls*** *dich meine Worte verletzt haben sollten.*

Abhängige Bedingungssätze können auch ohne Subjunktionen gebildet werden, indem man die jeweilige Subjunktion weglässt und dabei das finite Verb von der letzten Position in die erste Position verschiebt (vgl. dazu auch die schon in Kap. 6 erwähnten Nebensätze mit V1-Struktur). Es entsteht dabei eine syntaktische Struktur, die der eines Fragesatzes gleicht. Wichtig ist dabei, dass der Konditionalsatz dem Matrixsatz vorangeht, wie in den folgenden Beispielen zu sehen:

Beispiel 67: Beispiele für uneingeleitete Konditionalsätze.

Bedingungssatz **mit** Subjunktion	Bedingungssatz **ohne** Subjunktion
Wenn *sie das Formular bis Ende des Monats einreicht, können wir sie anmelden.*	***Reicht*** *sie das Formular bis Ende des Monats* ***ein****, können wir sie anmelden.*
Wenn *ich einen früheren Zug genommen hätte, wäre ich nicht zu spät zur Prüfung gekommen.*	***Hätte*** *ich einen früheren Zug genommen, wäre ich nicht zu spät zur Prüfung gekommen.*

Nach Engel (2004), der diese Form uneingeleiteter Konditionalsätze als „konditionale Frontsätze" (Engel 2004: 148) bezeichnet, enthält der jeweils übergeordnete Teilsatz das Korrelat *so*. Für die o. g. Beispiele würde die Integration von *so* dann wie folgt aussehen: *Reicht sie das Formular bis Ende des Monats ein,* ***so*** *können wir sie anmelden* bzw. *Hätte ich einen früheren Zug genommen,* ***so*** *wäre ich nicht zu spät zur Prüfung gekommen.*

Der Tempus- und Modusgebrauch hat einen entscheidenden Einfluss auf die Interpretation von Konditionalsätzen. Im Indikativ wird die Bedingung als potentiell interpretiert gelesen. Je nachdem, welches Tempus dabei verwendet wird, muss hinsichtlich der Realisierung zwischen einem noch zu realisierenden Geschehen (Tempora der Gegenwart und Zukunft) und einem realisierten Geschehen (Vergangenheitstempora) differenziert werden (vgl. Helbig/Buscha 2001: 181).

Wird in konditionalen Nebensätzen der Konjunktiv verwendet, führt dies zu als hypothetisch oder irreal interpretierbaren Lesarten (vgl. Helbig/Buscha 2001: Abschnitt 1.9.2.1.3), wie in den folgenden Beispielen aus Helbig/Buscha (2001: 181 f.) zu sehen:

Beispiel 68: Konditionale Nebensätze im Konjunktiv.

a) *Wenn das Buch mein Eigentum wäre, würde ich Ihnen das gerne leihen.*

b) *Wenn ich Zeit gehabt hätte, hätte ich meine Schwester besucht.*

Der Unterschied zwischen a) und b) in Beispiel 68 liegt darin, dass im ersten eine gewisse Realisierbarkeit oder Nichtrealisierbarkeit zumindest in der Vorstellung des Sprechers bzw. der Sprecherin besteht, während im zweiten Satz die Realisierung nicht gegeben ist bzw. nicht möglich sein wird. Zum Verhältnis von Tempus-/Modusgebrauch und der Wahrscheinlichkeit einer konditionalen Erfüllung vgl. ausführlicher z. B. Helbig/Buscha (2001: Abschnitt 1.9.2.1.3) und Engel (2004: 148 f.), zur Unterscheidung von Irrealis und Potentialis z. B. Schümann (2010: 163 f.) bzw. zu den konditionalen Nebensätzen im Allgemeinen detaillierter z. B. Zifonun et al. (2011 [1997]: Kap. H1, Abschnitt 7.3.2) oder Eisenberg (2020: Abschnitt 10.4.2).

10.5 Konsekutive Nebensätze

Konsekutivsätze sind Nebensätze der Konsequenz. Man nennt sie auch *Folgesätze* oder *Nebensätze der Folge*. Das, was im Nebensatz ausgedrückt wird, ist eine Konsequenz dessen, was im Matrixsatz steht. Damit findet das Nebensatzgeschehen nach dem des Hauptsatzes statt. Die Frage, die in diesem Zusammenhang gestellt werden kann, lautet: *Mit welcher Folge oder mit welchem Ergebnis geschieht dieses oder jenes?* Eine Ursache im übergeordneten Satz führt zu einer bestimmten Konsequenz im Nebensatz. Es ist also ein umgekehrtes Verhältnis von Ursache und Folge und somit anders als das Verhältnis zwischen einem kausalen Nebensatz und seinem übergeordneten Satz. Ein Konsekutivsatz erscheint nach dem Matrixsatz. Konsekutivsätze werden in der Regel mit *sodass* (auch *so dass*) oder *so ... dass* bzw. *zu ... als dass* gebildet (vgl. Duden 2016: 642). Bei Verwendung von *sodass* bzw. *so dass* steht die einteilige bzw. zweiteilige Subjunktion im Nebensatz, wie in den folgenden Beispielen zu sehen:

Beispiel 69: Konsekutivsätze mit *sodass* bzw. *so dass*.

a) *Der Zug kam viel zu spät am Flughafen an, **sodass** wir unseren Flug verpassten.*
b) *Es sollen pro Woche vier Transporter fahren, **so dass** die Aktion in etwa fünf Wochen beendet ist.*

Erscheint *so* nicht im Nebensatz, dann steht dieses als Gradpartikel im übergeordneten Satz (vgl. folgende Beispielsätze):

Beispiel 70: Konsekutivsätze mit *so ... dass*.

a) *Vor der Kamera war er **so** nervös, **dass** er seinen Text völlig vergaß.*
b) *Er fuhr **so** schnell auf der Autobahn, **dass** er für die Strecke nur halb so viel Zeit gebraucht hat.*

Anstelle von *so* kann auch *dermaßen* oder *derart* stehen. Bei Verwendung von *solch* anstelle von *so* folgt ein Substantiv:

Beispiel 71: Konsekutivsätze mit *solch ... dass*.

a) *Es herrschte **solch** eine Angst, **dass** alle panisch davonrannten.*
b) *Die Rede war **solch** ein Unsinn, **dass** alle den Raum verließen.*

c) *Das war* **solch** *eine große Leistung,* **dass** *man diese unbedingt mit einem Preis belohnen muss.*

Konstruktionen mit *zu … als dass* weichen von den oben genannten insofern ab, als hier eine erwartbare Konsequenz nicht eintritt: „Im HS wird das Übermaß eines Sachverhalts angegeben, auf Grund dessen eine im NS zu erwartende Folge ausbleibt (irrealer Konsekutivsatz)." (Helbig/Buscha 2001: 612). Diese Irrealität ist in den folgenden Beispielsätzen zu sehen:

Beispiel 72: Irreale Konsekutivsätze mit *zu … als dass*.

a) *Er ist viel* **zu** *nervös,* **als dass** *er nun etwas sagen könnte.*
b) *Es ist* **zu** *spät,* **als dass** *wir jetzt noch etwas dagegen tun könnten.*
c) *Im Krieg sind viele historische Gebäude* **zu** *stark zerstört worden,* **als dass** *man sie nun alle restaurieren könnte.*

Zu den Konsekutivsätzen vgl. ausführlicher z. B. Helbig/Buscha (2001: 611 f.) und Zifonun et al. (2011 [1997]: Kap. H1, Abschnitt 7.3.5).

10.6 Konzessive Nebensätze

Mit einem konzessiven Nebensatz wird ein Grund genannt, der normalerweise das Geschehen, das im Matrixsatz genannt wird, verhindern müsste, dies aber nicht tut. Es handelt sich also um einen Grund, der seine Wirkung nicht entfalten kann und damit als Hindernis für den Ablauf eines Geschehens unwirksam bleibt. Das Geschehen im Hauptsatz wird somit zu einem unerwarteten Geschehen, weil der im Nebensatz genannte Grund das Geschehen im Hauptsatz doch nicht einschränkt. Konzessive Bedeutungen können auch in Hauptsätzen vorkommen. Hier werden dann die Konjunktionaladverbien *trotzdem* und *dennoch* verwendet, wie in den folgenden Beispielen zu sehen:

Beispiel 73: Konjunktionaladverbien mit konzessiver Bedeutung.

a) *Meine Mutter hat es mir verboten, **trotzdem** gehe ich ins Kino.*
b) *Die Vorbereitungen waren schwierig, **dennoch** ist alles gut gelaufen.*

Aber anders als in konzessiven Nebensätzen steht in diesen Fällen der Gegengrund, der seine Wirkung nicht entfaltet, nicht in dem Teilsatz, in dem auch das Bindewort vorkommt, sondern im vorangehenden Hauptsatz. Mit dem Konjunktionaladverb erfolgt quasi nur ein Hinweis auf die vorher genannte Einschränkung.

In konzessiven Nebensätzen steht nicht nur die konzessive Subjunktion im Nebensatz, sondern auch die Einschränkung selbst. Die Subjunktionen *obwohl, obgleich, obschon* und *obzwar* werden mit unterschiedlicher Frequenz verwendet, wobei *obwohl* am häufigsten vorkommt und *obzwar* als veraltet gilt (vgl. Duden 2016: 643). Konzessive Subjunktionen sind „besonders umfangreich, regional differenziert und im Wandel begriffen." (Duden 2016: 643). Hinsichtlich der Position sind konzessive Nebensätze sowohl vor als auch nach dem Matrixsatz zur finden:

Beispiel 74: Konzessive Nebensätze mit *obwohl* und *obgleich*.

a) ***Obwohl** es verboten ist, habe ich die Mumie fotografiert.*
b) ***Obgleich** wir unterschiedlicher Meinung sind, finden wir immer eine gemeinsame Lösung.*
c) *Wir aßen noch in aller Ruhe unser Mittagessen, **obwohl** die Zeit drängte.*
d) *Mit dem Projekt kann man beginnen, **obgleich** die Gelder noch fehlen.*

Eine Besonderheit bildet das schon oben erwähnte und in Hauptsätzen vorkommende *trotzdem*: Laut Duden (2016) wird es regional beschränkt auch als konzessive Subjunktion verwendet (vgl. das Beispiel im Duden 2016: 643: „Trotzdem er krank war, ging er zur Arbeit."). Nach Zifonun et al. (2011 [1997]) handelt es sich bei dem subjunktionalen *trotzdem* jedoch nicht um ein rein regionalsprachliches Phänomen, auch wenn der subjunktionale Gebrauch

„standardsprachlich in der Regel eher gemieden [wird]" (Zifonun et al. 2011 [1997]: 2311; Hinzufügung N.T.). Nachweisbar ist der konzessive Gebrauch auch in den Werken deutscher Autoren wie bspw. „Fontane, Kafka, Thomas Mann, Hauptmann, Jaspers" (Zifonun et al. 2011 [1997]: 2311), wie auch im folgenden aus dem DWDS-Korpus entnommenen Beispiel zu sehen: „ich hab' die jungen Herrschaften auch gleich erkannt, trotzdem es ein bißchen dunkel ist hier in den Gängen [Th. Mann, *Königl. Hoheit*, 7,69]".[56]

Breindl/Volodina/Waßner (2014) sprechen im Zusammenhang mit den konzessiven Konnektoren von einem „[…] ‚Pendeln' zwischen subordinierender Verwendung und einer Verwendung als Adverbkonnektor. Bei einer ganzen Reihe von Konnektoren sind auch im Gegenwartsdeutschen beide Formen nebeneinander belegt, wobei meist eine der beiden Varianten geläufiger und unmarkiert ist." (Breindl/ Volodina/Waßner (2014: 905).

Zur Vertiefung kann an dieser Stelle z. B. auf Engel (2004: 150–151), Zifonun et al. (2011 [1997]: Kap. H1, Abschnitt 7.3.6) und Breindl/Volodina/Waßner (2014: Kap. C4.3) mit einer sehr ausführlichen Behandlung aller Arten von Konnektoren mit konzessiver Bedeutung verwiesen werden.

10.7 Modalsätze

10.7.1 Vorbemerkung

Bei den Modalsätzen lassen sich unterschiedliche Arten unterscheiden. Helbig/ Buscha (2001) differenzieren zwischen Modalsätzen „im eigentlichen Sinne" (Helbig/Buscha 2001: 603), die aus zwei Arten von Modalsätzen bestehen: den Instrumentalsätzen und den Modalsätzen „des fehlenden Begleitumstandes" (Helbig/Buscha 2001: 604). Unter einer dritten Gruppe werden die Komparativsätze bzw. Vergleichssätze gefasst, die sich durch die beiden erstgenannten Modalsätze dadurch unterscheiden, dass ihre Modalität nicht in einer Angabe der Art und Weise, sondern in einer Angabe eines Vergleichs besteht. Diese Vergleichssätze lassen sich nochmals nach ihrer modalen Art des Verhältnisses

....

56 Quelle: „trotzdem", bereitgestellt durch das Digitale Wörterbuch der deutschen Sprache, https://www.dwds.de/wb/trotzdem, abgerufen am 06.09.2022.

untergliedern. Neben diesen zwei Hautpgruppen von Modalsätzen werden in Helbig/Buscha (2001) noch die sogenannten „Restriktiv- und Spezifizierungs- sätze" erwähnt, „mit denen die Geltung der Aussage des Geschehens im HS bestimmt oder auch eingeschränkt wird." (Helbig/Buscha (2001: 603). Die folgende Aufteilung folgt der Grammatik von Helbig/Buscha (2001: Abschnitt 17.3), ohne dabei auf alle Untertypen und Details einzugehen. Behandelt wer- den hier exemplarisch die Instrumentalsätze aus der Gruppe der Modalsätze „im eigentlichen Sinne" sowie die Vergleichssätze mit ihren Untertypen. Er- läuterungen zu den anderen Modalsätzen sind in Helbig/Busch (2001: 604 sowie 606–607) zu finden.

10.7.2 Modal-instrumentale Nebensätze

Die Subjunktion *indem* gehört zu den eindeutig instrumental verwendbaren Subjunktionen. Es wird damit ein Instrumentalsatz gebildet, der sich mithilfe der Fragewörter *womit* oder *wodurch* erfragen lässt. Dabei wird nach dem Mittel, mit dem eine Handlung ausgeführt wird, gefragt:

Beispiel 75: Instrumentalsätze mit der Subjunktion *indem*.

   a) *Ich stärke meine Sprachkompetenzen, **indem** ich täglich Grammatik- übungen mache und Texte lese.*
   b) *Mein Körper bleibt fit, **indem** ich Sport treibe und mich gesund er- nähre.*

Ein Instrumentalsatz steht in einem Implikationsverhältnis zum Hauptsatz. Nach Eisenberg (2022) wird mit einem mit *indem* eingeleiteten Nebensatz „[…] behauptet […], dass der vom Nebensatz bezeichnete Sachverhalt hinrei- chende Bedingung für das Eintreten des vom Hauptsatz bezeichneten Sach- verhalts ist und dass der erste intentional hinsichtlich des zweiten realisiert wird. Der Begriff des Instrumentalen ist von dem der Intentionalität nicht zu trennen […]." (Eisenberg 2020: 362). Subjunktionale Nebensätze mit *indem* können sowohl vor als auch nach dem Hauptsatz stehen. Ein Korrelat im über- geordneten Satz wird dabei nicht eingesetzt. Anders gestaltet sich die Sache hingegen, wenn man das synonyme *dadurch … dass* verwendet. In diesem

Fall wird *dadurch* als Korrelat im Hauptsatz platziert und der Nebensatz wird mit *dass* eingeleitet.[57] Die Ersetzung von *indem* in den obigen Beispielen sieht dann wie folgt aus:

Beispiel 76: Instrumentalsätze mit *dadurch ... dass*.

a) *Ich stärke meine Sprachkompetenzen **dadurch, dass** ich täglich Grammatikübungen mache und Texte lese.*

b) *Mein Körper bleibt **dadurch** fit, **dass** ich Sport treibe und mich gesund ernähre.*

Diese beiden Subjunktionen zur Bildung instrumentaler Adverbialsätze können als eindeutig hinsichtlich ihrer modal-instrumentalen Bedeutung klassifiziert werden (vgl. auch Breindl/ Volodina/Waßner (2014: 1045–1046). Auch *damit ... dass* lässt sich als Subjunktion zur Bildung von Instrumentalsätzen nutzen.

Eine instrumentale Relation ist nach Breindl/Volodina/Waßner (2014: 1045) „[...] für Konnektoren eine eher periphere Relation.", was bedeutet, dass der Ausdruck instrumentaler Relationen mit Hilfe von Bindewörtern nicht zu den präferierten Optionen gehört. Vielmehr werden dafür vor allem nicht-satzwertige Konstruktionen verwendet, wie bspw. Präpositionalausdrücke. Im folgenden Schaubild sind präpositionale Ausdrücke den entsprechen-

---

57 Zifonun et al. (2011 [1997]) klassifizieren *dadurch* sowie *damit* in den Konstruktionen *dadurch ... dass* und *damit ... dass*, nicht als Korrelate und damit nicht als Platzhalter, sondern als „Träger der adverbialen Information", welches selbst ein „regierendes Element" darstellt: „Die stets akzentuierten Präpositionaladverbien sind hier obligatorische Träger der adverbialen Information; sie sind nicht als Platzhalter zu betrachten, sondern als regierendes Element der gesamten adverbialen Komponente, die ihrerseits den *daß*-Satz als Komponentensatz enthält [...]." (Zifonun et al. (2011 [1997]: 2279). Zu Beispielen sowie der Abgrenzung von *dadurch-dass*-Verbindungen im Kontext von valenzunabhängigen Adverbialsätzen und den Ergänzungssätzen vgl. Zifonun et al. (2011 [1997]: 2279–2280). Es wird dort darauf hingewiesen, dass *dadurch ... dass* nicht durch *indem* ersetzt werden kann, wenn es sich bei dem mit *dass* eingeleiteten Nebensatz um eine Ergänzung handelt. Nebensätze mit *indem* lassen auch *dadurch-dass*-Verbindungen zu, aber *dadurch-dass*-Verbindungen können nicht immer durch Nebensätze mit *indem* ersetzt werden.

den modal-instrumentalen Nebensätzen gegenübergestellt, um zu zeigen, dass beide Möglichkeiten die gleichen instrumentalen Relationen darstellen:

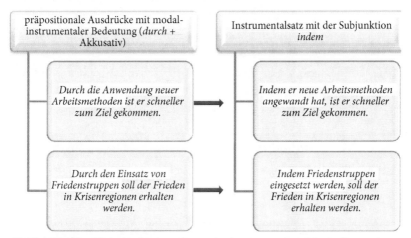

Abbildung 15: Überführung präpositionaler Ausdrücke mit instrumentaler Bedeutung in Instrumentalsätze.

Wichtig ist für die Überführung eines präpositionalen Ausdrucks mit instrumentaler Bedeutung in einen Instrumentalsatz, dass dabei ein Sachverhalt mit einer Prädikation realisiert wird. Die im obigen Beispiel links stehenden Präpositionalphrasen werden durch die Verwendung der Subjunktion *indem* und der Realisierung eines finiten Verbs in Endstellung zu einem Instrumentalsatz umformuliert. Für eine vertiefte Auseinandersetzung mit Instrumentalität bzw. dem Bestand instrumentaler Konnektoren im Allgemeinen kann hier auf Breindl/Volodina/Waßner (2014: Kap. C4.5, Abschnitt 4.5.4) verwiesen werden.

10.7.3 Vergleichssätze

Nach Helbig/Buscha (2001) „[…] kann man zwischen einem realen Verhältnis der Gleichheit oder Ungleichheit, einem hypothetischen Verhältnis der Gleichheit und einem proportionalen Entsprechungsverhältnis unterscheiden." (Helbig/Buscha 2001: 603). Besonders frequente Subjunktionen sind in Vergleichssätzen insbesondere *wie*, *als* sowie *je … desto*. Die beiden Subjunktionen *wie* und *als* kommen auch als Satzteilkonjunktionen (auch als *Adjunkte* bezeichnet) vor (vgl. hierzu Duden 2016: 636; vgl. auch oben Abschnitt 4.2.8).[58]

Handelt es sich um einen realen Vergleich und ist eine Gleichheit zwischen dem Sachverhalt des Nebensatzes und dem des Matrixsatzes zu finden (also zwischen einer Vermutung und einer Tatsache) wird die Subjunktion *wie* verwendet. Der durch den Nebensatz hergestellte Vergleich bezieht sich dabei auf ein im Hauptsatz vorkommendes Adjektiv oder ein Adverb, welches eine bestimmte Qualität bzw. einen Grad des Sachverhalts ausdrückt. Im Hauptsatz erscheint das Korrelat *so*, welches durch *genau-* verstärkt sein kann.

Beispiel 77: Vergleichssätze mit *wie* bei Übereinstimmung zwischen Vermutung und Tatsache.

a) *Die Feier war **so** schön, **wie** ich es mir vorgestellt hatte.*
b) *Er benahm sich **genauso** unmöglich, **wie** wir befürchtet hatten.*

Die Beispiele zeigen, dass dabei auch das Tempus gewechselt wird. Die Wörter *genauso* oder *so* im Hauptsatz heben die Übereinstimmung zwischen der Vermutung und der Tatsache hervor. Im Hauptsatz kann die Gradangabe auch fehlen, soweit der Kontext eindeutig ist, wie bspw. in *Sie lebt in diesem Land so, wie sie sich das schon immer gewünscht hatte* oder auch *Es spielte sich alles so ab, wie du es vorausgesagt hattest.*

Wie in Vergleichssätzen mit *wie* wird auch mit der Subjunktion *als* ein Vergleich zwischen einer früheren Vermutung und einer sich später ergeben-

---

58 Die folgende Textstelle aus Thielmann (2021) soll in aller Kürze am Beispiel von *als* verdeutlichen, wie komplex syntaktische Strukturen hinsichtlich ihrer Interpretationsmöglichkeiten sein können, was auch darin begründet sein kann, dass dieses nebensatzeinleitende Element nur eine abgeschwächte Eigenbedeutung trägt: „Wie wir schon gesehen haben, begegnet der Ausdruck uns u. a. als ‚temporale' Subjunktion (*Als Peter heimkam, war die Herdplatte noch an*), als Adjunktor (*Peter ist größer als Paul*) und als Subjunktion, die Vergleichssätze einleitet (*Es kam anders, als er erwartet hatte*). Bereits dieser Überblick zeigt, dass der Ausdruck selbst weder eine temporale (sonst könnte man mit ihm nichts vergleichen) noch eine vergleichende Funktion besitzt (sonst könnte man mit ihm keine ‚temporalen' Verhältnisse ausdrücken). Wir haben es hier mit einem Ausdruck zu tun, dessen symbolische wie deiktische Qualitäten durch Feldtransposition in einer Weise ‚abgeschliffen' sind, dass er zu rein sprachbearbeitenden, operativen Zwecken verwendet wird." Thielmann (2021: 178; Hervorhebungen im Original).

den Tatsache hergestellt, wobei jedoch in diesem Fall keine Übereinstimmung zwischen den beiden Sachverhalten gegeben ist. Im Matrixsatz ist das Adjektiv kompariert oder es wird darin das Averb anders verwendet.

Beispiel 78: Vergleichssätze mit *als* bei fehlender Übereinstimmung von Vermutung und Tatsache.

a) *Er war noch dümmer, **als** wir uns vorgestellt hatten.*
b) *Das Hotel war teurer, **als** er sich gedacht hatte.*
c) *Er benahm sich ganz anders, **als** wir vermutet hatten.*
d) *Die Besprechung verlief anders, **als** es geplant war.*

Die Formen *dümmer, teurer* sowie *anders* signalisieren schon im Voraus, dass hier keine Übereinstimmung vorliegt. Vergleiche mit *wie* und *als* kommen ebenso in Form von nicht-satzwertigen Konstituenten vor. Dabei verwendet man auch hier abhängig davon, ob eine Übereinstimmung vorliegt oder nicht entweder *wie* oder *als*:

Abbildung 16: Verwendung von vergleichendem *wie* und *als* in nicht-satzwertigen Konstituenten.

Wie bei der Verwendung von Vergleichssätzen wird auch bei den nicht-satzwertigen Konstruktionen entweder der Positiv (wie in den Konstruktionen mit *wie*) oder aber der Komparativ im Hauptsatz (wie in den Konstruktionen mit *als*) verwendet.

Wenn es sich um einen irrealen Vergleich (im Sinne von Helbig/Buscha (2001) also um ein hypothetisches Verhältnis der Gleichheit, bei der der im Nebensatz ausgedrückte Sachverhalt nicht real, sondern nur hypothetisch ist) handelt, verwendet man im Nebensatz den Konjunktiv I oder II (aber auch der Indikativ ist möglich),[59] während der Hauptsatz im Indikativ steht. Die beiden Vergleichswörter *als* und *wie* werden dann mit *wenn* oder *ob* verbunden, wie bspw. *als ob, als wenn, wie wenn*. In den folgenden Beispielen sind solche irrealen Vergleiche bzw. „hypothetischen Komparativsätze" (Helbig/Buscha 2001: 605) aufgeführt:

Beispiel 79: Vergleichssätze mit *als ob*, *als wenn* und *wie wenn* bei irrealen Vergleichen.

    a) *Warum tust du denn so, **als ob** du das nicht verstehen würdest?*
    b) *Er ist so entspannt, **als wenn** er nicht unter Zeitdruck stünde.*
    c) *Mein Kopf schmerzt so, **wie wenn** er gleich explodieren würde.*

Als ob, als wenn und *wie wenn* sind dabei als Synonyme zu betrachten. Im Hauptsatz ist ein obligatorisches *so* zu finden.

Vergleichssätze mit *je ... desto* oder *je ... umso* (in synonymer Verwendung) drücken proportionale Vergleiche aus und fordern die Verwendung von Komparativformen sowohl im Haupt- als auch im Nebensatz. Dabei verteilen sich die beiden Bestandteile der Subjunktion auf die Teilsätze wie folgt: *je* ist im Nebensatz zu finden, während *desto* oder *umso* den Hauptsatz einleitet. Auf diese folgen jeweils Komparativformen des Adjektivs, wie in den folgenden Beispielen zu sehen:

....

59 Der Indikativ kann deswegen verwendet werden, weil allein schon die Subjunktionen (*als ob*, *als wenn, wie wenn*) darauf hindeuten, dass sich hier um einen irrealen Vergleich handelt.

© Frank & Timme   Verlag für wissenschaftliche Literatur

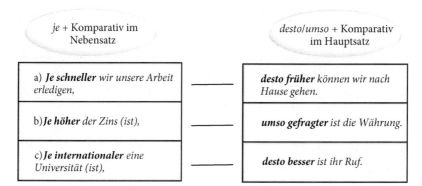

Abbildung 17: Verwendung von *je ... desto* bzw. *je ... umso* in hypothetischen Vergleichssätzen.

Anstelle der Komparativformen können auch die Wörter *mehr* oder *weniger* (entweder im Nebensatz, im Hauptsatz oder in beiden) verwendet werden. In diesen Fällen folgt auf *je* oder *desto/umso* kein kompariertes Adjektiv, sondern ein Substantiv bzw. eine Nominalphrase, wie in den folgenden Beispielen:

Beispiel 80: Verwendung von *weniger* oder *mehr* nach *je* oder *desto/umso* anstelle eines Komparativs.

  a) *Je weniger Sonne in eine Wohnung scheint, **desto schlechter** ist das für die Gesundheit.*
  b) *Je schwerer eine Aufgabe ist, **desto mehr** Freude habe ich daran.*
  c) *Je mehr Völker sich kulturell austauschen, **umso mehr** Frieden wird es auf der Welt geben.*

In a) ist ein Komparativ in beiden Teilsätzen und in b) nur im Nebensatz zu finden. In c) ist sowohl im Neben- als auch Hauptsatz kein kompariertes Adjektiv zu finden. In beiden Teilsätzen wird der proportionale Vergleich durch *mehr* hergestellt. Ob mit kompariertem Adjektiv oder ohne, in der semantischen Reihenfolge der in beiden Teilsätzen ausgedrückten Sachverhalte folgt der im Hauptsatz stehende Sachverhalt auf den des Nebensatzes und nicht umgekehrt.

Für eine intensivere Beschäftigung mit den verschiedenen Formen und Funktionen von Vergleichssätzen vgl. Zifonun et al. (2011 [1997]: Kap. H1, neben Abschnitt 7.2.2 insbesondere Abschnitt 8.1); zu den mit dem Begriff *Proportionalsätze* bezeichneten Vergleichssätzen mit proportionalem Vergleich vgl. Zifonun et al. (2011 [1997]: Kap. H1, Abschnitt 8.2).

10.8 Finalsätze

Finalsätze werden zum Ausdruck eines Zweckes bzw. eines Ziels verwendet. Sie lassen sich z. B. mit *Wozu? Mit welchem Ziel?* erfragen. Eingeleitet werden sie insbesondere mit der Subjunktion *damit*, dabei ist es irrelevant, ob der Finalsatz vorangeht oder nachgestellt ist, wie in den folgenden Beispielen zu sehen:

Beispiel 81: Finalsätze mit der Subjunktion *damit*.

a) *Die Schuhe müssen gut poliert werden, **damit** sie wieder wie neu aussehen.*

b) ***Damit** wir nicht nochmal so viel Zeit verlieren, müssen wir das nächste Mal besser planen.*

Die Anzahl finaler Subjunktionen ist überschaubar und hinsichtlich ihrer Frequenz gilt Folgendes: „Der wichtigste finale Subjunktor ist *damit*; daneben wird, vor allem umgangssprachlich [...], *daß* verwendet. Das eher veraltete *auf daß* findet sich heute überwiegend, wo eine spezielle, z. B. ironisierende Stilwirkung erreicht werden soll." (Zifonun et al. 2011 [1997]: 2317–2318). Unabhängig vom Tempus, das im Hauptsatz realisiert wird, ist im Finalsatz oft das Präsens zu finden, wie z. B. in *Sie schickten ihren Sohn auf eine Universität im Ausland, **damit** er eine gute Ausbildung bekommt* (Präteritum im Hauptsatz – Präsens im Nebensatz) im Vergleich zu *Sie schicken ihren Sohn auf eine Universität im Ausland, **damit** er eine gute Ausbildung bekommt.* Präsens im Hauptsatz – Präsens im Nebensatz).

Betrachtet man die finale Subjunktion *damit* semantisch im Kontrast zum modal-instrumentalen *indem*, dann fällt auf, dass bei beiden ein „Mittel-Zweck-Verhältnis" (Duden 2016: 1109) zugrunde liegt, wobei *damit* „semantisch die Konverse" (Eisenberg 2020: 362) zu *indem* darstellt, was bedeutet, dass Mittel und Zweck in beiden Fällen gegeben sind, dass diese aber unterschiedlich auf Nebensatz und Hauptsatz verteilt sind: „Bei **indem** liefert der Nebensatz das Mittel, der Hauptsatz den Zweck. Bei **damit** liefert der Nebensatz den Zweck, der Hauptsatz das Mittel." (Eisenberg 2020: 362; Hervorhebungen im Original).

Auch Infinitivkonstruktionen mit **um … zu** werden zum Ausdruck von Finalität verwendet (vgl. aber z. B. die kritischen Anmerkungen in Eisenberg 2020: 403). Dies gilt jedoch nur, wenn das Subjekt des Finalsatzes dasselbe ist wie das des Hauptsatzes. In diesem Fall ist auch eine Ersetzung von *damit* durch *um … zu* möglich, wie in den folgenden Beispielen:

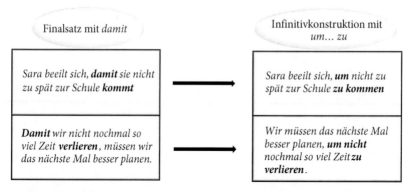

Abbildung 18: Umformulierung von Finalsätzen mit *damit* in Infinitivkonstruktionen mit *um … zu*.

Eine Umformulierung eines finalen *damit*-Satzes in eine Infinitivkonstruktion mit *um … zu* ist nicht möglich, wenn die Subjekte verschieden sind (vgl. die folgenden Beispiele):

Beispiel 82: Nichteinsetzbarkeit einer Infinitivkonstruktion bei verschiedenen Subjekten.

a) <u>Sie</u> *schicken ihren Sohn auf eine Universität im Ausland,* **damit** <u>er</u> *eine gute Ausbildung bekommt.*
b) *Sie schicken ihren Sohn auf eine Universität im Ausland, um eine gute Ausbildung zu bekommen.

Für eine intensivere Beschäftigung mit finalen Konnektoren im Allgemeinen vgl. z. B. Breindl/Volodina/Waßner (2014: Kap. C4.5, Abschnitt 4.5.1). Dort wird auch darauf hingewiesen, dass *um … zu* nicht zu den finalen Konnektoren gezählt wird. Fakt ist jedoch, dass mit Hilfe der *um-zu*-Konstruktionen unter bestimmten Umständen ebenfalls Finalität ausgedrückt werden kann. Eine solche Konstruktion kann jedoch nicht zu den subjunktional eingeleiteten Adverbialsätzen gezählt werden, da darin kein finites Verb enthalten ist.

Literatur

Adamzik, Kirsten (2010): *Sprache: Wege zum Verstehen*. 3., überarbeitete Auflage. Tübingen und Basel: A. Francke Verlag.

Ágel, Vilmos; Ludwig M. Eichinger; Hans-Werner Eroms; Peter Hellwig; Hans Jürgen Heringer; Henning Lobin (Hrsg.) (2003): *Dependenz und Valenz: Ein internationales Handbuch der zeitgenössischen Forschung* (= Handbücher zur Sprach- und Kommunikationswissenschaft; 25.1). Berlin, New York: Walter de Gruyter.

Ágel, Vilmos; Ludwig M. Eichinger; Hans-Werner Eroms; Peter Hellwig; Hans Jürgen Heringer; Henning Lobin (Hrsg.) (2006): *Dependenz und Valenz: Ein internationales Handbuch der zeitgenössischen Forschung* (= Handbücher zur Sprach- und Kommunikationswissenschaft; 25.2). Berlin, New York: Walter de Gruyter.

Ágel, Vilmos; Klaus Fischer (2010): 50 Jahre Valenztheorie und Dependenzgrammatik. *Zeitschrift für germanistische Linguistik 38*, S. 249–290.

Aronoff, Mark; Kirsten Fudeman (2011): What is Morphology. 2. Auflage. New York: Wiley-Blackwell.

Attaviriyanupap, Korakoch; Gabriela Perrig (2009): Person und Pronomen. In: Elke Hentschel, Petra M. Vogel (Hrsg.), *Deutsche Morphologie*. Berlin, New York: de Gruyter. S. 310–324.

Auer, Peter (1998): Zwischen Parataxe und Hypotaxe: ‚Abhängige Hauptsätze‘ im gesprochenen und geschriebenen Deutsch. *Zeitschrift für germanistische Linguistik 26*, S. 284–307. Online unter: http://www.inlist.uni-bayreuth.de/issues/2/index.htm (letzter Zugriff: 05.04.2022).

Auer, Peter (2013): Einleitung. In: Peter Auer (Hrsg.), *Sprachwissenschaft: Grammatik – Interaktion – Kognition*. Stuttgart, Weimar: J. B. Metzler. S. 1–41.

Bauer, Laurie (2000): Word. In: Geert Booij, Christian Lehmann, Joachim Mugdan (Hrsg.) unter Mitarbeit von Wolfgang Kesselheim und Stavros Skopeteas, *Morphologie: Ein internationales Handbuch zur Flexion und Wortbildung* (= Handbücher zur Sprach- und Kommunikationswissenschaft; 17.1). Berlin, New York: de Gruyter. S. 247–257.

Blake, Barry (2000): Case. In: Geert Booij, Christian Lehmann, Joachim Mugdan, Stavros Skopeteas (Hrsg.) unter Mitarbeit von Wolfgang Kesselheim, *Morpho-

logie: Ein internationales Handbuch zur Flexion und Wortbildung (= Handbücher zur Sprach- und Kommunikationswissenschaft; 17.2). Berlin, New York: de Gruyter. S. 1073–1090.

Bloomfield, Leonard (1973 [1933]): *Language*. New York. [Nachdruck der überarbeiteten Ausgabe London 1935]. Allen & Unwin: London.

Bloomfield, Leonard (2001): *Die Sprache. Deutsche Erstausgabe.* Übersetzt, kommentiert und hrsg. von Peter Ernst und Hans Christian Luschützky unter Mitwirkung von Thomas Herok. Mit einem Geleitwort von André Martinet. Wien: Edition Praesens.

Breindl, Eva; Anna Volodina; Ulrich Hermann Waßner (2014): *Handbuch der deutschen Konnektoren 2: Semantik der deutschen Satzverknüpfer* (= Schriften des Instituts für Deutsche Sprache; 13). Berlin, Boston: de Gruyter.

Buscha, Joachim (1992): Statement zur Podiumsdiskussion. In: Ludger Hoffmann (Hrsg.), *Deutsche Syntax. Ansichten und Aussichten* (= Jahrbuch des Instituts für Deutsche Sprache; 1991). Berlin, New York: Walter de Gruyter. S. 378–385.

Bühler, Karl (1965 [1934]): *Sprachtheorie. Die Darstellungsfunktion der Sprache.* Mit einem Geleitwort von Friedrich Kainz. 2., unveränderte Auflage. Stuttgart: Gustav Fischer Verlag.

Carnie, Andrew (2013): *Syntax. A Generative Introduction.* 3. Auflage. New York: Wiley-Blackwell.

Chomsky, Noam (2002): *Syntactic Structures.* 2. Auflage. Berlin, New York: Mouton de Gruyter.

Corbett, Greville G.; Michael Noonan (Hrsg.) (2008): *Case and Grammatical Relations. Studies in Honor of Bernard Comrie.* Amsterdam, Philadelphia: John Benjamins Publishing.

Dahl, Östen; Vivekta Velupillai (2005): Tense and Aspect. In: Martin Haspelmath, Matthew S. Dryer, David Gil, Bernard Comrie (Hrsg.), in Zusammenarbeit mit Hans-Jörg Bibiko, Hagen Jung und Claudia Schmidt, *The World Atlas of Language Structures.* Oxford: Oxford University Press. Kap. 65–68.

de Saussure, Ferdinand (1995 [1916]): *Cours de linguistique générale.* Hrsg. von Charles Bailly und Albert Séchehaye Paris: Payot.

Duden (2009): *Die Grammatik: Unentbehrlich für richtiges Deutsch* (= Duden; 4). Hrsg. von der Dudenredaktion. 8., überarbeitete Auflage. Mannheim, Wien, Zürich: Dudenverlag.

Duden (2016): *Die Grammatik: Unentbehrlich für richtiges Deutsch* (= Duden; 4). Hrsg. von Angelika Wöllstein und der Dudenredaktion. 9., vollständig überarbeitete und aktualisierte Auflage. Berlin: Dudenverlag.

Dürscheid, Christa (2010): *Syntax. Grundlagen und Theorien*. 5., durchgesehene Auflage. Göttingen: Vandenhoeck & Ruprecht.

Ehlich, Konrad (1992): Zum Satzbegriff. In: Ludger Hoffmann (Hrsg.), *Deutsche Syntax. Ansichten und Aussichten* (= Jahrbuch des Instituts für Deutsche Sprache; 1991). Berlin, New York: Walter de Gruyter. S. 386–395.

Eisenberg, Peter (2013): *Grundriss der deutschen Grammatik. Band 1: Das Wort*. Unter Mitarbeit von Nanna Fuhrhop. 4., aktualisierte und überarbeitete Auflage. Stuttgart, Weimar: Metzler.

Eisenberg, Peter (2020): *Grundriss der deutschen Grammatik. Band 2: Der Satz*. Unter Mitarbeit von Rolf Schöneich. 5., aktualisierte und überarbeitete Auflage. Stuttgart, Weimar: Metzler.

Elsen, Hilke (2011): *Grundzüge der Morphologie des Deutschen*. Berlin, Boston: de Gruyter.

Engel, Ulrich (1996): *Deutsche Grammatik*. 3., korrigierte Auflage. Heidelberg: Julius Groos.

Engel, Ulrich (2004): *Deutsche Grammatik. Neubearbeitung*. München: Iudicium Verlag.

Engel, Ulrich (2014): Die dependenzielle Verbgrammatik (DVG). In: Jörg Hagemann; Sven Staffeldt (Hrsg.), *Syntaxtheorien: Analysen im Vergleich* (= Stauffenburg Einführungen; 28).Tübingen: Gunter Narr. S. 43–62.

Eroms, Hans-Werner (2009): Doppelperfekt und Doppelplusquamperfekt. In: Elke Hentschel, Petra M. Vogel (Hrsg.), *Deutsche Morphologie*. Berlin, New York: de Gruyter. S. 72–92.

Fleischer, Wolfgang; Irmhild Barz (2012): *Wortbildung der deutschen Gegenwartssprache*. 4. Auflage; völlig neu bearbeitet von Irmhild Barz unter Mitarbeit von Marianne Schröder. Berlin, Boston: de Gruyter.

Frey, Werner (2015): Zur Struktur des Nachfelds im Deutschen. In: Hélène Vinckel-Roisin (Hrsg.), *Das Nachfeld im Deutschen. Theorie und Empirie* (= Reihe Germanistische Linguistik; 303). Berlin, Boston: de Gruyter. S. 53–75.

Geilfuß-Wolfgang, Jochen (2015): Syntax. In: Jörg Meibauer, Ulrike Demske, Jochen Geilfuß-Wolfgang, Jürgen Pafel, Karl Heinz Ramers, Monika Rothweiler, Markus

Steinbach (Hrsg.), *Einführung in die germanistische Linguistik*. 3., überarbeitete und aktualisierte Auflage. Stuttgart, Weimar: J. B. Metzler. S. 122–163.

Geuder, Wilhelm (2019): Eine Art Wortart: Das Adverb im Deutschen. *Zeitschrift für Sprachwissenschaft 38(2)*, S. 191–241. Online unter: https://doi.org/10.1515/zfs-2019-2004 (letzter Zugriff: 26.01.2022).

Glück, Helmut (2016a): Satz. In: Helmut Glück, Michael Rödel (Hrsg.), *Metzler Lexikon Sprache*. 5., aktualisierte und überarbeitete Auflage. Stuttgart: J. B. Metzler. S. 582–583.

Glück, Helmut (2016b): Nomen. In: Helmut Glück, Michael Rödel (Hrsg.), *Metzler Lexikon Sprache*. 5., aktualisierte und überarbeitete Auflage. Stuttgart: J. B. Metzler. S. 465.

Groß, Thomas Michael (2003): The Valency of Non-Verbal Word Classes: The Adjective. In: Vilmos Ágel, Ludwig M. Eichinger, Hans-Werner Eroms, Peter Hellwig, Hans Jürgen Heringer, Henning Lobin (Hrsg.), *Dependenz und Valenz: Ein internationales Handbuch zeitgenössischer Forschung* (= Handbücher zur Sprach- und Kommunikationswissenschaft; 25.1). Berlin, New York: de Gruyter. S. 835–842.

Harden, Theo (2009): Modus und Modalität. In: Elke Hentschel, Petra M. Vogel (Hrsg.), *Deutsche Morphologie*. Berlin, New York: de Gruyter. S. 227–246.

Harnisch, Rüdiger; Günter Koch (2009): Substantiv. In: Elke Hentschel, Petra M. Vogel (Hrsg.), *Deutsche Morphologie*. Berlin, New York: de Gruyter. S. 389–424.

Harnisch, Rüdiger; Igor Trost (2009): Adjektiv. In: Elke Hentschel, Petra M. Vogel (Hrsg.), *Deutsche Morphologie*. Berlin, New York: de Gruyter. S. 17–37.

Haspelmath, Martin; Andrea D. Sims (2010): *Understanding Morphology*. 2. Auflage. London: Hodder Education.

Heidolph, Karl Erich (1992): „Satz" als Kategorie der Grammatik. In: Ludger Hoffmann (Hrsg.), *Deutsche Syntax. Ansichten und Aussichten* (= Jahrbuch des Instituts für Deutsche Sprache; 1991). Berlin, New York: Walter de Gruyter. S. 396–407.

Helbig, Gerhard; Joachim Buscha (2001): *Deutsche Grammatik*: Ein Handbuch für den Ausländerunterricht. Berlin usw.: Langenscheidt.

Hentschel, Elke (2009): Dativ: In: Elke Hentschel, Petra M. Vogel (Hrsg.), *Deutsche Morphologie*. Berlin, New York: de Gruyter. S. 59–69.

Hentschel, Elke (2010): Substantiv. In: Elke Hentschel (Hrsg.), *Deutsche Grammatik*. Berlin, New York: de Gruyter. S. 341–350.

Hentschel, Elke, Petra M. Vogel (2009a): Präteritopräsens. In: Elke Hentschel, Petra M. Vogel (Hrsg.), *Deutsche Morphologie*. Berlin, New York: de Gruyter. S. 338.

Hentschel, Elke; Petra M. Vogel (2009b): Verb. In: Elke Hentschel, Petra M. Vogel (Hrsg.), *Deutsche Morphologie*. Berlin, New York: de Gruyter. S. 446–463.

Hentschel, Elke; Harald Weydt (2021): *Handbuch der deutschen Grammatik*. 5., überarbeitete und aktualisierte Auflage. Berlin, Boston: de Gruyter.

Heringer, Hans Jürgen (2014): *Deutsche Grammatik und Wortbildung in 125 Fragen und Antworten*. Tübingen: A. Francke Verlag.

Hoffmann, Ludger (1992): Einleitung und Materialien. In: Ludger Hoffmann (Hrsg.), *Deutsche Syntax. Ansichten und Aussichten* (= Jahrbuch des Instituts für Deutsche Sprache; 1991). Berlin, New York: Walter de Gruyter. S. 363–377.

Iggesen, Oliver A. (2005): Number of Cases. In: Martin Haspelmath, Matthew S. Dryer, David Gil, Bernard Comrie (Hrsg.), in Zusammenarbeit mit Hans-Jörg Bibiko, Hagen Jung und Claudia Schmidt, *The World Atlas of Language Structures*. Oxford: Oxford University Press. Kap. 202–206.

Imo, Wolfgang (2016): *Grammatik: Eine Einführung*. Stuttgart: J. B. Metzler.

Kamber, Alain (2008): *Funktionsverbgefüge – empirisch. Eine korpusbasierte Untersuchung zu den nominalen Prädikaten des Deutschen*. Tübingen: Max Niemeyer Verlag.

Kästner, Erich (1993 [1961]): *Gullivers Reisen*. Hamburg: Cecilie Dressler Verlag.

Klabunde, Ralf (2018): Zur Geschichte der Sprachwissenschaft – Wegbereiter und Koryphäen der modernen Linguistik. In: Stefanie Dipper, Ralf Klabunde, Wiltrud Mihatsch (Hrsg.), *Linguistik. Eine Einführung (nicht nur) für Germanisten, Romanisten und Anglisten*. Berlin: Springer Verlag. S. 196–207.

Klenk, Ursula (2019): Generative Syntax: Konstituentenstrukturen. In: Ludger Hoffmann (Hrsg.), *Sprachwissenschaft: Ein Reader*. 4., aktualisierte und erweiterte Auflage. Berlin, Boston: De Gruyter. S. 703–717.

Knobloch, Clemens; Burkhard Schaeder (2000): Kriterien für die Definition von Wortarten. In: Geert Booij, Christian Lehmann, Joachim Mugdan (Hrsg.) unter Mitarbeit von Wolfgang Kesselheim und Stavros Skopeteas, *Morphologie: Ein internationales Handbuch zur Flexion und Wortbildung* (= Handbücher zur Sprach- und Kommunikationswissenschaft; 17.1). Berlin, New York: de Gruyter. S. 674–692.

Köpcke, Klaus-Michael; David A. Zubin (2009): Genus. In: Elke Hentschel, Petra M. Vogel (Hrsg.), *Deutsche Morphologie*. Berlin, New York: de Gruyter. S. 132–154.

Kucharczik, Kerstin (2009): Strukturalismus. In: Jost Schneider (Hrsg.), *Methodengeschichte der Germanistik*. Berlin, New York: Walter de Gruyter. S. 679–700.

Lehmann, Christian; Edith Moravcsik (2000): Noun. In: Geert Booij, Christian Lehmann, Joachim Mugdan (Hrsg.) unter Mitarbeit von Wolfgang Kesselheim und Stavros Skopeteas, *Morphologie: Ein internationales Handbuch zur Flexion und Wortbildung* (= Handbücher zur Sprach- und Kommunikationswissenschaft; 17.1). Berlin, New York: de Gruyter. S. 732–757.

Malchukov, Andrej; Bernard Comrie (Hrsg.) (2015a): *Valency Classes in the World's Languages. Vol. 1: Introducing the Framework, and Case Studies from Africa and Eurasia*. Berlin, Boston: De Gruyter Mouton.

Malchukov, Andrej; Bernard Comrie (Hrsg.) (2015b): *Valency Classes in the World's Languages. Vol. 2: Case Studies from Austronesia, the Pacific, the Americas, and Theoretical Outlook*. Berlin, München, Boston: De Gruyter Mouton.

Meibauer, Jörg (2015): Lexikon und Morphologie. In: Jörg Meibauer, Ulrike Demske, Jochen Geilfuß-Wolfgang, Jürgen Pafel, Karl Heinz Ramers, Monika Rothweiler, Markus Steinbach (Hrsg.), Einführung in die germanistische Linguistik. 3., überarbeitete und aktualisierte Auflage. Stuttgart, Weimar: Metzler. Kap. 2.

Merrell, Floyd (2005): Charles Sanders Peirce's Concept of the Sign. In: Paul Cobley (Hrsg), *The Routledge Companion to Semiotics and Linguistics*. London, New York: Routledge – Taylor & Francis Group. S. 28–39.

Métrich, René; Eugène Faucher (2009): *Wörterbuch deutscher Partikeln: unter Berücksichtigung ihrer französischen Äquivalente*. In Zusammenarbeit mit Jörn Albrecht. Berlin, New York: de Gruyter.

Musan, Renate (2021): *Satzgliedanalyse*. 4., aktualisierte Auflage. Heidelberg: Universitätsverlag Winter.

Müller, Sonja (2019): *Die Syntax-Pragmatik-Schnittstelle. Ein Studienbuch*. Tübingen: Narr.

Müller, Stefan (2013a): *Grammatiktheorie*. Tübingen: Stauffenburg Verlag. Online unter: http://hpsg.fu-berlin.de/~stefan/Pub/grammatiktheorie.html (letzter Zugriff: 13.03.2022).

Müller, Stefan (2013b): *Head-Driven Phrase Structure Grammar: eine Einführung*. 3., überarbeitete Auflage. Tübingen: Stauffenburg-Verlag.

Nübling, Damaris (2011): Von *in die* über *in'n* und ins bis *im*. Die Klitisierung von Präposition und Artikel als „Grammatikalisierungsbaustelle". In: Torsten Leuschner, Tanja Mortelmans, Sarah De Groodt, *Grammatikalisierung im Deutschen*. Berlin, New York: Walter de Gruyter. S. 105–132.

Pafel, Jürgen (2011): *Einführung in die Syntax: Grundlagen – Strukturen – Theorien*. Stuttgart, Weimar: Metzler Verlag.

Pasch, Renate; Ursula Brauße; Eva Breindl; Ulrich Hermann Waßner (2003): *Handbuch der deutschen Konnektoren. Linguistische Grundlagen der Beschreibung und syntaktische Merkmale der deutschen Satzverknüpfer (Konjunktionen, Satzadverbien und Partikeln)* (= Schriften des Instituts für Deutsche Sprache; 9). Berlin, New York: de Gruyter.

Pittner, Karin (2016): Wort. In: Helmut Glück, Michael Rödel (Hrsg.), *Metzler Lexikon Sprache*. 5., aktualisierte und überarbeitete Auflage. Stuttgart: J. B. Metzler. S. 769–770.

Pittner, Karin; Judith Berman (2021): *Deutsche Syntax. Ein Arbeitsbuch*. 7., überarbeitete und erweiterte Auflage. Tübingen: Narr.

Pittner, Karin; Daniela Elsner; Fabian Barteld (Hrsg.) (2015): *Adverbs: Functional and diachronic aspects* (= Studies in Language Companion Series; 170). Amsterdam, Philadelphia: John Benjamins Publishing Company.

Repp, Sophie; Volker Struckmeier (2020): *Syntax: Eine Einführung*. Stuttgart: J. B. Metzler.

Rothstein, Björn (2018): Syntax – die Analyse des Satzes und seiner Bestandteile. In: Stefanie Dipper, Ralf Klabunde, Wiltrud Mihatsch (Hrsg.), *Linguistik. Eine Einführung (nicht nur) für Germanisten, Romanisten und Anglisten*. Berlin: Springer Verlag. S. 71–86.

Schümann, Michael (2010): Konjunktiv. In: Elke Hentschel (Hrsg.), *Deutsche Grammatik*. Berlin, New York: de Gruyter. S. 159–165.

Storrer, Angelika (2003): Ergänzungen und Angaben. In: Vilmos Ágel, Ludwig M. Eichinger, Hans-Werner Eroms, Peter Hellwig, Hans Jürgen Heringer, Henning Lobin (Hrsg.), *Dependenz und Valenz: Ein internationales Handbuch zeitgenössischer Forschung* (= Handbücher zur Sprach- und Kommunikationswissenschaft; 25.1). Berlin, New York: de Gruyter. S. 764–780.

Strecker, Bruno (1992): Zum Begriff des Satzes. In: Ludger Hoffmann (Hrsg.), *Deutsche Syntax. Ansichten und Aussichten* (= Jahrbuch des Instituts für Deutsche Sprache; 1991). Berlin, New York: Walter de Gruyter. S. 408–416.

Tesnière, Lucien (1959): *Éléments de syntaxe structurale*. Paris: Librairie C. Klincksieck.

Tesnière, Lucien (2015): *Elements of structural syntax*. Übersetzt aus dem Französischen von Timothy Osborne und Sylvain Kahane (Franz.: Éléments de syntaxe structurale). Amsterdam, Philadelphia: John Benjamins.

Teubert, Wolfgang (2003): Die Valenz nichtverbaler Wortarten: das Substantiv. In: Vilmos Ágel, Ludwig M. Eichinger, Hans-Werner Eroms, Peter Hellwig, Hans Jürgen Heringer, Henning Lobin (Hrsg.), *Dependenz und Valenz: Ein internationales Handbuch zeitgenössischer Forschung* (= Handbücher zur Sprach- und Kommunikationswissenschaft; 25.1). Berlin, New York: de Gruyter. S. 820–835.

Thielmann, Winfried (2021): *Wortarten. Eine Einführung aus funktionaler Perspektive* (= Germanistische Arbeitshefte; 49). Berlin, Boston: de Gruyter.

Thieroff, Rolf; Petra M. Vogel (2012): *Flexion*. 2., aktualisierte Auflage. Heidelberg: Universitätsverlag Winter.

Öhl, Peter; Guido Seiler (2013): Wörter und Sätze. In: Peter Auer (Hrsg.), *Sprachwissenschaft: Grammatik – Interaktion – Kognition*. Stuttgart, Weimar: J. B. Metzler. S. 137–185.

Velupillai, Viveka; Elke Hentschel (2009): Tempus. In: Elke Hentschel, Petra M. Vogel (Hrsg.), *Deutsche Morphologie*. Berlin, New York: de Gruyter. S. 425–440.

Vogel, Petra (2009): Genus Verbi. In: Elke Hentschel, Petra M. Vogel (Hrsg.): *Deutsche Morphologie*. Berlin, New York: de Gruyter. S. 154–168.

Welke, Klaus (2011): *Valenzgrammatik des Deutschen: Eine Einführung*. Berlin, New York: de Gruyter.

Welke, Klaus (2014): Satzgliedanalyse. In: Jörg Hagemann, Sven Staffeldt (Hrsg.), *Syntaxtheorien. Analysen im Vergleich*. Tübingen: Stauffenburg Verlag. S. 21–42.

Welke, Klaus (2016): Valenz. In: Helmut Glück, Michael Rödel (Hrsg.), *Metzler Lexikon Sprache*. 5., aktualisierte und überarbeitete Auflage. Stuttgart: J. B. Metzler. S. 743–744.

Weydt, Harald (2009): Konjunktiv. In: Elke Hentschel, Petra M. Vogel (Hrsg.), *Deutsche Morphologie*. Berlin, New York: de Gruyter. S. 207–224.

Wöllstein, Angelika (2014): *Topologisches Satzmodell*. 2., aktualisierte Auflage. Heidelberg: Universitätsverlag Winter.

Zifonun, Gisela (2021): *Das Deutsche als europäische Sprache. Ein Porträt*. Berlin, Boston: de Gruyter.

Zifonun, Gisela; Ludger Hoffmann; Bruno Strecker; Joachim Ballweg; Ursula Brauße; Eva Breindl; Ulrich Engel; Helmut Frosch; Ursula Hoberg; Klaus Vorderwülbecke (2011 [1997]): *Grammatik der deutschen Sprache* (= Schriften des Instituts für Deutsche Sprache; 7). Berlin, New York: de Gruyter. https://doi. org/10.1515/9783110872163 (letzter Zugriff: 31.01.2022).

SPRACHWISSENSCHAFT

SPRACHWISSENSCHAFT

Γ Frank & Timme

SPRACHWISSENSCHAFT

Γ Frank & Timme

SPRACHWISSENSCHAFT

SPRACHWISSENSCHAFT